Susanna Tamaro

Ein jeder Engel ist schrecklich

Aus meinem Leben

Susanna Tamaro

Ein jeder Engel ist schrecklich

Aus meinem Leben

Roman

Aus dem Italienischen
von Barbara Kleiner

Piper München Zürich

Mehr über unsere Autoren und Bücher:
www.piper.de

Die Originalausgabe erschien 2013 unter dem Titel
»Ogni angelo è tremendo« bei Bompiani, Milano.

Von Susanna Tamaro liegt im Piper Verlag außerdem vor:
Mein Herz ruft deinen Namen

MIX
Papier aus verantwortungsvollen Quellen
FSC® C014496

ISBN: 978-3-492-05609-0

Gesetz aus der Legacy Serif ITC Pro
Satz: Fotosatz Amann, Memmingen
Druck und Bindung: GGP Media GmbH, Pößneck
Printed in Germany

I

Ich wurde an einem der Tage des Jahres geboren, die am wenigsten Licht haben, mitten im tiefsten Herzen der Nacht. Es wehte eine düstere, starke Bora mit Schnee und Eis.

Sie wehte noch immer, als ich aus der Klinik kam. Der steile Anstieg, der zu uns nach Hause führte, war praktisch unbegehbar, und so gelangte ich, dem unsicheren Gleichgewicht meiner Eltern anvertraut, ans Ziel. Der Wind packte sie an den Schultern und stieß sie vorwärts, mit solchen unvorhergesehenen und heftigen Böen, wie nur die Bora sie kennt, während das Eis jeden ihrer Schritte zu einem Wunderwerk der Geschicklichkeit machte. Meine drei Kilo und noch was Menschenwesen waren wie ein *cannolo* in eine von meiner Mutter gemachten rosa-blau-weißen Decke eingeschlagen und wurden schließlich in Sicherheit gebracht.

Wenige Dinge faszinieren mich so sehr wie Neugeborene. Jedes Mal, wenn ich eins sehe, kann ich nicht anders als es zu befragen: Wer bist du? Woher kommst du? Welches Geheimnis birgst du in deinen Augen, die noch nicht sehen?

Nein, vielleicht wäre es besser zu sagen, die anderes sehen ...

Neun Monate im Bauch der Mama, aber vor diesem Bauch ist da noch die Geschichte ihrer Eltern, ihrer Großeltern und ihrer Urgroßeltern. Und die Geschichte ihrer Eltern und Großeltern ist die Geschichte von deren Entscheidungen, Erfolgen und Irrtümern, ihrer Erbärmlichkeit und Größe. In ihre kleinen Geschichten greift die große Geschichte ein, diejenige, in die man, auch wenn man es nicht will, verwickelt wird und die einen oft auch zermalmt. Und Geschichte, häufig bedeutet das Krieg und Hass, Gewalt und Tod – Schmerzen, die auf subtile Weise von Generation zu Generation weitergegeben werden.

Jedes Kind, das geboren wird, kommt mit gebeugten Schultern auf die Welt, wie Atlas. Nur dass es statt der Weltkugel Seiten um Seiten von Geschichten trägt – Geschichten und Geschichte –, und es sind ebendiese Seiten, die seine Augen in den ersten Tagen so müde und so fern wirken lassen.

Nur einige besonders naive und optimistische Eltern können glauben, das Neugeborene sei eine *tabula rasa*, ein Klumpen Lehm, den sie mit ihrer Liebe und ihrem guten Willen in das Wesen ihrer Träume verwandeln können. Man müsste etwas weniger ahnungslos sein, um gewahr zu werden, dass diese Händchen ein langes, aufgerolltes Pergament halten, in dem, wenn Vater und Mutter den Mut hätten, es zu öffnen, sie in großen Zügen das Schicksal des Wesens vorgezeichnet sähen, das sie soeben auf die Welt gebracht haben.

Wo wird man geboren?

Von wem wird man geboren?

Wann wird man geboren?

Liegt in diesen drei Fragen nicht eines der großen

Mysterien beschlossen, in das unser Leben gehüllt ist?

In der Tat kann man in einer Villa auf dem Aventin oder in einer Baracke in den Slums von Nairobi geboren werden.

Man kann von liebevollen Eltern geboren werden oder von Trinkern, von solchen, die ganz einfach zerstreut sind oder liebend gern der Grausamkeit frönen. Man kann in eine Mülltonne geworfen werden und dort sterben inmitten von dreckigem Plastik und fauligem Abfall oder schon von Geburt an Erbe eines Wirtschaftsimperiums sein. Man kann Vater und Mutter haben oder nur eine Mutter, womöglich eine Frau, der Verletzungen zugefügt wurden oder die schwachsinnig ist oder einfach unfähig zu lieben. Man kann als Frucht einer großen Liebe geboren werden oder eines hastigen Ficks in der Toilette einer Diskothek oder auch einer Vergewaltigung.

Und wann wird man geboren?

Wenn man das Pech hat, mitten in einem Krieg geboren zu werden, wird Angst unseren Atem in der Welt bestimmen. Wenn man hingegen nachts geboren wird, auf einem Flüchtlingsboot, besteht die Gefahr, gleich zu sterben, den Fischen zum Fraß vorgeworfen zu werden. Man kann an einem wunderschönen Maimorgen geboren werden, wenn alle Rosen blühen und die Düfte in der Luft ein einziger Hymnus auf das Leben sind, oder man kann in einer stürmischen Nacht auf die Welt kommen, wenn der Wind jedes Ding ausreißt und entwurzelt wie eine rücksichtslose eisige Hand.

Kein Wiegenlied sondern Geheul ist es, was dich empfängt, und dieses Geheul ist neu und uralt. Es erinnert dich an die Geschichte der Anfänge, die unvordenkliche, die auch in dir ist. Du weißt, du bist ein Nichts, verloren in der Unendlichkeit, und diese Unendlichkeit ist blind und gewalttätig, bereit, dich zu verschlingen und dich gleich, nachdem sie dich verschlungen hat, zu vergessen.

Da vertraust du also deinen Eltern, der Decke, die dich einhüllt, den Schritten, die dir einen Moment lang fest erscheinen.

Dieses Vertrauen ist dein einziger Anker.

Noch nach Jahren wirst du daran glauben, auch wenn die Wirklichkeit dir das genaue Gegenteil bewiesen hat. Du musst daran glauben, du kannst nicht anders, denn dein Vertrauen wurzelt im Boden deiner Eltern. Was auch geschieht, sie sind der Grund deines Daseins.

Aus welchem Grund sollten sie dich also nicht beschützen?

Die erste Wohnung meines Lebens befand sich in einem kleinen Mehrfamilienhaus aus Stahlbeton, rechteckig und schmucklos. Es war unmittelbar nach dem Krieg schnell hochgezogen worden, auf den Trümmern eines anderen Gebäudes, das durch Bomben zerstört worden war – also auf einem Abgrund von Verzweiflung und Tod –, und hatte sich bald mit jungen Ehepaaren bevölkert. Rundherum standen wesentlich ältere Häuser mit Gärten, die sanft abfielen, und vom Küchenbalkon aus konnte man das Meer sehen.

Meine Eltern waren jung, wie viele Mütter und Väter in der Nachkriegszeit. Häuser wieder aufbauen und Kinder in die Welt setzen, das war das nahezu biologische Gebot dieser Jahre. Bei den letzten Bombardierungen hatte meine Mutter die Villa verloren, in der sie geboren worden war, und mit der Villa ihr geliebtes Hündchen. Meinen Vater hingegen hatten die Deutschen noch als Heranwachsenden geschnappt und in ein Arbeitslager gebracht.

All das lag jedoch hinter ihnen und sollte dort bleiben. Vor ihnen taten sich die glänzenden Tage des Wirtschaftswunders auf. Das Fernsehen kam, und einige Nachbarn hatten bereits eine Waschmaschine. Eine Stimme im Radio sang fröhlich *Una casetta in Canadà*, ein Häuschen in Kanada, und die Kohle für den Ofen wurde auf einem Pferdewagen gebracht.

Die amerikanische Besatzungszeit, die seit knapp drei Jahren vorbei war, hatte in der Stadt eine unbändige Begeisterung für Jazzmusik hinterlassen.

Die Wohnung, in der wir lebten, war ständig von Sonne beschienen, und im Sommer, wenn die Zimmer zu einem Brutofen wurden, verhängte meine Mutter den Balkon mit schweren grünen Tüchern. So glich die Wohnung einem Aquarium, in dessen Licht wir wie verwunderte Fische schwammen.

Licht!

Vielleicht war das der Grund gewesen, weswegen meine Eltern sich diese so wenig attraktive Wohnung ausgesucht hatten.

Licht und Leben hingen zusammen. Das Licht machte jedes Ding hell und klar, die Kinder waren eine in die Zukunft ausgeworfene Angel.

Licht, denn hinter ihnen war nur Dunkel.

Ich schreibe ›Dunkel‹, bemerke jedoch sofort, dass

das Wort ungenau ist. Im Dunkeln kann man eine Lampe anzünden, im Dunkeln können unverhofft und freundlich die Sterne erscheinen.

Es war kein Dunkel sondern Finsternis, was sie hinter sich gelassen hatten. Krieg, Genozid, Tote, Massaker. All das war in dem Raum-Zeit-Kontinuum eingeschlossen, das ihre Tage umfing.

Einen Kilometer von unserem Haus entfernt erhoben sich, noch warm, die Mauern der Risiera di San Sabba, dem einzigen Vernichtungslager der Nazis in Italien, während auf den Anhöhen rund um die Stadt immer noch Männer in Gesteinshöhlen hinabgelassen wurden, um in diesen sogenannten *foibe* Leichen zu bergen, die die jugoslawische Besatzung dort zurückgelassen hatte. Die Aufschrift US – *uscita di sicurezza*, Sicherheitsausgang – war an vielen Gebäuden noch zu sehen, sie hatte während der Bombardements den Rettungsweg angezeigt.

Der Sicherheitsausgang war damals ein »amerikanisch« geprägtes Leben, das sich vor ihnen aufzutun schien, ein Leben ganz im Zeichen von Fortschritt, Frieden und Wohlstand. Es war ein Sicherheitsausgang aus ihren Ängsten, ihrer Verletzlichkeit, aus allem, was sie durchlebt hatten und nicht hätten durchleben wollen.

Bis dahin hatte die große Geschichte ihr Leben bestimmt. Von diesem Zeitpunkt an, da waren sie sich sicher, würde ihre kleine Geschichte über die große Geschichte siegen.

Die Geschichte der Normalität, des alltäglichen Lebens, das weitergeht und mit seiner stillen Banalität die Finsternis in eine Ecke drängt und unschädlich macht.

Sie waren jung, meine Eltern, und von glühender Naivität. Nie waren ihnen Zweifel gekommen, dass ein Kind, statt eine in die Zukunft ausgeworfene Angel zu sein, ein Anker werden könnte, der, einmal ins Boot geholt, Reste vom Bodensatz der Vergangenheit mit sich schleppen könnte. Sie hatten nie wirklich die Zeit gehabt, sich die Augen eines Neugeborenen anzuschauen.

Sie hatten meine nicht gesehen – groß, weit aufgerissen und fragend.

Sie hatten meine Segelfliegerohren nicht beachtet, immer gespitzt, immer lauschend. Antennenohren, Radarohren, imstande, auch das kleinste Knirschen im Getriebe der Welt zu vernehmen.

2

Seit einiger Zeit verspüre ich ein merkwürdiges Unbehagen, wenn von Literatur die Rede ist.

In den letzten zwanzig Jahren haben in der Verlagswelt außerordentliche Veränderungen stattgefunden. Die Schulen für kreatives Schreiben – Anfang des 20. Jahrhunderts in den Vereinigten Staaten als Kurse innerhalb eines akademischen Studiengangs entstanden – haben sich auch in Italien wie ein Lauffeuer verbreitet. Viele Leute haben sie in diesen Jahren besucht und erheblichen Nutzen daraus gezogen. Erheblichen Nutzen haben davon auch die Verlage, denn statt mit grammatisch fehlerhaften solipsistischen Delirien überschwemmt zu werden, bekommen sie nun Geschichten mit interessantem Plot vorgelegt, voller Spannung und mit überraschenden Wendungen, die das Buch kommerziell interessant machen.

Das einzige Mal, als man mich bat, in einer solchen Schule zu unterrichten, habe ich die Einladung freundlich abgelehnt. Mir hat niemand das Schreiben beigebracht, also wäre ich nicht imstande, die Schüler in der Weise zu unterhalten, die sie vermutlich erwarten. Obwohl ich zwanzig Bücher veröffentlicht habe, bleibt das Schreiben für mich ein absolut geheimnisvolles Ereignis.

In den ersten Jahren meines Schriftstellerdaseins kam

es häufig vor, dass ich in Interviews sagte, das soeben erschienene Buch werde mein letztes sein. Das war nicht zum Scherz so hingesagt, sondern in dem Augenblick meine Gewissheit. Aus dem gleichen Grund habe ich nie einen Vertrag über ein künftiges Buch abgeschlossen, keine Klausel, keine Option.

Für mich war wirklich jedes Buch das letzte.

Es war das letzte, weil ich am Horizont nichts entdecken konnte, vielleicht wegen der Müdigkeit und Erschöpfung, die das Schreiben in mir zurückgelassen hatte, oder vielleicht, weil jedes Buch – in seinem Erscheinen und seiner Entwicklung – die Aura des Wunders umgibt. Und Wunder geschehen bekanntlich nicht auf Befehl.

Jetzt sage ich das nicht mehr, ich wurde zu oft widerlegt. Ich trage diese Auffassung nur weiterhin in mir, wie eine Vorahnung. Eine Vorahnung, aber auch wie ein ethisches Gebot. In dem Moment, in dem ich feststellen sollte, dass das Schreiben zur Routine geworden ist, ein Metier wie viele andere, getragen nur von technischem Können und gesundem Menschenverstand, würde ich damit aufhören. Aus dem gleichen Grund habe ich es auch sofort bereut, als ich ein einziges Mal eine Erzählung auf Bestellung schrieb. Ich kann nicht auf Befehl schreiben, das macht mir keinen Spaß, es erregt mich nicht, es befriedigt mich nicht. Ich habe tausend interessantere Dinge zu tun, als über Themen, die andere vorgeben, Aufsätze zu schreiben.

Ich habe das Schreiben nie als Zeitvertreib betrachtet, als Beruf, als etwas, was man tun kann wie viele andere Dinge auch, so wie ich nie der Auffassung war, dass ein ausgesuchter, geschliffener Schreibstil zum wahren Schreiben führt.

Das wahre Schreiben ist anderswo zu Hause, in der Tiefe, im Glutkern der Erde und im Herzen der Finsternis des Menschen. Es bewegt sich und balanciert zwischen diesen beiden Extremen.

Deshalb macht es müde, strapaziert und schadet der Gesundheit.

Deshalb unterrichte ich nicht, erteile keine Ratschläge.

Ja, sooft ich kann, rate ich ab.

Dort, wo ich hinkam, gab es schon ein Kind, drei Jahre älter als ich – meinen Bruder. Um seine heftige Eifersucht zu beschwichtigen, hatte ich ihm einen schönen kleinen roten Lastwagen geschenkt. »Schau, was dir dein Schwesterchen mitgebracht hat!« In Wirklichkeit ging das auf einen unerwarteten psychologischen Geistesblitz meiner Eltern zurück. Dieser Lastwagen hat allerdings wenig ausgerichtet.

Das erste Foto von uns beiden – ich auf dem Bett mit der rosa-blau-weißen Decke und er neben mir mit verwundertem Gesichtsausdruck und die Hände nach meinem Hals ausgestreckt – hat wirklich wenig Beruhigendes.

Sein Königreich als erstgeborener Knabe – erster auch von sämtlichen Enkeln – war untergegangen. Vor allem hätten wir verschiedener nicht sein können. Es war, als wären wir aus Waisenhäusern verschiedener Länder adoptiert worden. Er war ein vollendet türkisches Kind, während ich eine typische Tochter des Balkans war. Noch heute, wenn wir gemeinsam auftreten, fällt es schwer, eine so nahe Blutsverwandtschaft zwischen uns zu vermuten.

Außer dem Lastwagen hat ihm mein Dasein weiter nichts Gutes beschert. Schon bald stellten meine Eltern fest, dass sie nicht füreinander geschaffen waren, und das »Häuschen in Kanada«, mit seinen »Becken, Fischlein und tausend Fliederblüten«, löste sich schnell auf. An seiner Stelle senkte sich eisige Kälte herab. Eine schneidende, scharfe Kälte, die das Atmen unmöglich machte.

Meine erste Erinnerung zeigt meinen Bruder, wie er nach einer kräftigen Ohrfeige vom Stuhl fliegt. Ich saß im Kinderstuhl und sah ihn verschwinden. Ich erinnere mich noch an das Gefühl von Erstaunen und dann schlagartig der Unsicherheit. In diesem Augenblick habe ich, glaube ich, verstanden, dass jeder Schritt falsch sein konnte, jeder Atemzug verkehrt.

Überleben würde eine Aufgabe sein, eine Notwendigkeit.

Die zweite Erinnerung betrifft meine ersten Schritte. Ich machte meine Gehversuche auf dem Küchenbalkon, das war eine lang gestreckte schmale Terrasse, abgeschlossen nicht von einem Geländer, sondern von einer Betonmauer. Man konnte nichts sehen, aber man hörte die Sirenen. Die Wohnung ging auf den Industriehafen hinaus, dort kamen die Frachtschiffe an und von dort fuhren sie los und ließen jedes Mal die Sirene heulen. Auch die Werften ließen eine Sirene heulen, um die Arbeitsschichten anzuzeigen.

Dieses so oft wiederholte Tuuuuuuu versetzte mich in Unruhe und Traurigkeit.

Sicher litt da jemand, aber wer? Wer konnte so groß sein, dass er auf diese Weise heulte?

Wenn das Leben im Haus schon ziemlich bedrohlich war, so schien das draußen gewiss nicht besser.

Ich schlief im selben Zimmer wie mein Bruder, und daher war er, sobald ich zu sprechen anfing, der erste Zeuge meiner Verrücktheiten. Er war mein Idol, mein Mythos, und da das Interesse der Eltern uns gegenüber nachgelassen hatte, war er die einzige ältere Person, an die ich mich wenden konnte.

Die Qual begann, sobald das Licht im Zimmer gelöscht wurde. Da erhob sich von meinem Bettchen meine kleine Stimme und rief ihn, und sobald er »Hä?« antwortete, legte sie unerbittlich mit einer geballten Ladung Fragen los. Ich fing um neun an und machte bis tief in die Nacht weiter – oder genauer, ich hätte weitergemacht, wenn nicht irgendwann ein Elternteil hereingekommen wäre und mit schrecklicher Stimme geschrien hätte: »Ruhe! Genug jetzt!«

»Was habe ich dich gefragt?«, fragte ich meinen Bruder vor einiger Zeit.

»Unmögliche Dinge«, antwortete er mir.

»Welcher Art?«

»Von der Art, wer hat die Sterne gemacht? Woher kommt das Licht? Wer hat die Sonne gemacht? Und wohin geht sie, wenn sie verschwindet? Sie wird immer wiederkommen, nicht wahr? Jeden Morgen?«

»Und du, was hast du geantwortet?« – »Eine Weile lang erfand ich etwas, und wenn ich müde war, sagte ich zu dir: ›Ich weiß es nicht. Schlaf!‹

Ich weiß es nicht, schlaf! Der Satz all meiner Nächte.

Nur dass er schlief, ich aber nicht.

3

Schlaflosigkeit ist die längste Zeit meines Lebens meine treue Gefährtin gewesen. Vielleicht habe ich deshalb, was meine frühe Kindheit angeht, mehr nächtliche Erinnerungen als solche an Tagesereignisse.

Ich könnte noch jeden Augenblick meiner Nächte beschreiben, als sei es die Radioübertragung eines Fußballspiels. Das Ins-Bett-Gehen nach der Unterhaltungssendung *Carosello*, der Gutenachtkuss – dieser Kuss, der ein Schutzschild hätte sein müssen, ein Zaubertrank gegen den Schrecken, mit dem ich nun bald zu tun haben würde – und die übliche rhetorische Frage, die ich meiner Mutter stellte: »Ich werde schlafen, nicht wahr?« und ihre ebenso rhetorische Versicherung: »Gewiss wirst du schlafen!«. Das Licht ging aus, und dann waren da noch ein paar Stunden lang die vertrauten Geräusche im Haus – zuerst das Radio, später der Fernseher. Irgendwann wurden diese Stimmen leiser, und es begann die Reihe der Badezimmergeräusche: Wasserrauschen, Klospülungen und das letzte Pinkeln vom Mieter über uns, das den Reigen abschloss.

Erst da tat sich das Grauen der Nacht auf: immer seltener werdende Motorengeräusche, das Ächzen des O-Busses, der unter meinem Fenster mit einem Schnauben seine Türen öffnete, um bis zur Endstation weiterzufahren.

Dann stellte auch der O-Bus seine Fahrten ein, und es begann eine Zeit in der Schwebe, eine leere Zeit. Die Zeit des Schreckens und der Klaustrophobie, die Zeit des Geknisters und Geflüsters, die Zeit der Stimmen und der Ungeheuer und ihres sadistischen Gelächters, das im Zimmer widerhallte.

Solange ich noch mit meinem Bruder in einem Zimmer schlief, versuchte ich es mit einem »Schläfst du schon?«, aber sein Schweigen war als Antwort beredter als alles andere.

Eines Nachmittags ersann ich sogar ein Gegenmittel und zeichnete mit Bleistift ein Ungeheuer an die Wand neben meinem Bett, ein Ungeheuer, wie es ungeheuerlicher nicht sein konnte. Da es meine Schöpfung war, hatte dieses Ungeheuer eine kostbare Eigenschaft – es war mein Freund, ein Golem in meinen Diensten. Als ich es jedoch meinem Bruder zeigte, entsprach die Antwort ganz seinem praktischen Sinn:

»Wo ist es? Was ist das? Ich sehe nur Gekritzel.«

Die Tragödie mit dem leeren Zimmer begann mit fünf, als wir umzogen. Es gab keine Fragen mehr, nicht mehr die beruhigenden Atemzüge eines Kindes mit Polypen.

Allein!

Allein mit der Stille. Allein mit den Ungeheuern. Allein mit der Morgendämmerung, die nicht kommen wollte. Welche Erleichterung, wenn die Helligkeit allmählich zum Fenster hereinsickerte! Und mit der Helligkeit fingen die Vögel auf den Bäumen ringsum an zu zwitschern – zuerst die Amseln, dann die kleineren Vögel. Wenn die Tauben mit ihrem überaus traurigen Gurren begannen, entspannte sich mein Körper schließlich. Da war endlich der Augenblick gekommen zu schlafen.

Aber schon nach einer Stunde stand der Albtraum des Zur-Schule-Müssens vor mir. In der Klasse schaukelte ich mit dem Kopf und verstand noch weniger als ich imstande war zu verstehen. Wenn meine Mutter in die Sprechstunde ging, machte die Lehrerin ihr Vorwürfe. »Das Kind darf nicht so lang aufbleiben und fernsehen.«

War ich ein depressives Kind?

Gewiss. Sobald ich eine freie Minute hatte, legte ich mich auf den Boden und fing an zu weinen. Ich weinte stundenlang, rückhaltlos bis zur Erschöpfung. Ich war eine Marathonsportlerin im Schluchzen. Mein Weinen hatte keinen ersichtlichen Grund, und das irritierte meine Mutter sehr. »Warum weinst du?«, herrschte sie mich an, und ich erwiderte, ohne meine Tätigkeit zu unterbrechen: »Ich weiß es nicht.«

In Wirklichkeit wusste ich sehr wohl, warum ich weinte.

Ich weinte, weil alles zu Ende geht, weil hinter dem Licht stets das Dunkel auf der Lauer liegt. Ich weinte, weil die Wolldecke mir Wärme und Liebe vorgegaukelt hatte, und es ist schlimm, aus Illusionen zu erwachen. Ich weinte, weil mir der Kopf barst vor Fragen und weil da niemand war, an den ich mich hätte wenden können. Ich weinte wegen des tiefen Brunnens schmerzlicher Einsamkeit, in den ich gefallen war. Ich weinte, weil alle von mir erwarteten, dass ich ein braves normales Mädchen sein sollte und ich nicht imstande war, es zu sein.

Wäre ich heute Kind, hätte man mich wahrscheinlich zum Psychologen gebracht, der stundenlang mit ruhiger Stimme mit mir geredet hätte. Ich hätte mit Puppen gespielt, und aus meiner Verhaltensweise hätte man den Grund für so viel Unglück sicher erkannt. Ich hätte Hunderte von therapeutischen Sitzungen absolviert, vielleicht hätte man mir auch ein paar Pillen gegeben, einfach so, um die Sache zurechtzurücken, und am Ende wäre ich das geworden, was alle sich von mir erwarteten – ein Kind, das schläft, wenn es schlafen soll, und redet, wenn es reden soll, im rechten Maß sozialisiert und im rechten Maß folgsam.

Kurz, ein Kind, das man versteht.

Aber damals nahm man die Kleinen nicht so wichtig; wenn es Probleme gab, würde die Zeit sie lösen. Und wenn die Zeit sie nicht löste, die Probleme, dann würde schon die natürliche Auslese dafür sorgen. In der Tat war der Pädagoge, nach dem mein Vater sich richtete, Darwin: Seiner Ansicht nach waren nur die Starken und Tüchtigen es wert zu überleben. Tongefäße zwischen Eisengefäßen interessierten ihn nicht, sie würden von selbst eliminiert. Meine Mutter hingegen war in ihrem Wesen einem Dompteur wilder Tiere oder sehr ungezogener Affen näher. Kinder mussten vor allem gezähmt werden, und um das zu erreichen, waren alle Mittel recht, außer dem Belohnungshappen. Wie jede andere Form des Lobs konnte der Belohnungshappen nämlich als Schwäche gedeutet werden und so bei den Kindern unpassende Widerstände wecken.

Mit dieser Methode sind sowohl mein Bruder als auch ich in kürzester Zeit geschickte Gedankenleser geworden. Immer auf der Hut, immer bereit zu gehorchen, noch bevor der Befehl in Worte gefasst wurde.

In diesem Erziehungssystem hatten Unwohlsein oder Krankheit natürlich keinen Platz. Jeder Schmerz, jede Klage fiel in die Kategorie: »ungehöriger Versuch, Aufmerksamkeit zu erhaschen« und wurde strikt ignoriert. Vielleicht war das der Grund, weswegen ich mit drei Jahren beinah eine Bauchfellentzündung bekam. Zum Glück war zu dieser Zeit der beharrlichste Verehrer meiner Mutter ein Kinderarzt, und er bemerkte, dass mein anhaltendes Weinen keine Masche war, um Zärtlichkeit oder einen Kuss zu ergattern, sondern etwas wirklich Ernstes, das sich in meinem Bauch abspielte. Ich erinnere mich noch genau an den plötzlich ängstlichen und besorgten Ausdruck meiner Mutter. Mit einem Mal war sie da, war sie präsent, und vor allem sah sie mich.

Dann erinnere ich mich an die Fahrt im Auto, wie ich auf dem Rücksitz ausgestreckt lag und die Bäume verkehrt herum sah, dann den Operationssaal und wie mir eine rüsselähnliche schwarze Gummimaske aufs Gesicht gesetzt wurde. Ein schrecklicher Gestank und dann nichts mehr. Stille, Dunkelheit, endlich Schlaf!

Und auch dank dieses Kinderarztes tauchten irgendwann auf meinem Nachttisch orangefarbene Pillen und weißes Brausepulver auf. Die Zaubertränke, auf die ich schon lange wartete! Man brauchte sie nur einzunehmen, und in wenigen Minuten war man in Morpheus' Armen versunken. Meine Hand zitterte, wenn ich nach dem Wasserglas fasste, wie die der Schiffbrüchigen, wenn sie die erste Kokosnuss zu fassen bekommen. Schnell hinunter mit den Pillen, schnell hinunter mit dem Pulver. Dankbarkeit für die plötzlich schweren Lider, für die immer fernere Wasserspülung, für den Bus, der kommen würde und mich nicht wartend vorfinden würde, weil ich wie alle anderen auch endlich im Reich der Träume war.

Danke, Chemie! Als niemand sich meiner annahm, hast du es getan! Danke, Brom, süßer Gefährte meiner Nächte und Tage.

Warum ich nicht schlief?

Ich schlief nicht, weil ich an den Tod dachte. Ich hatte noch keinen meiner Großeltern verloren, und doch dachte ich an nichts anderes. Ich dachte an den Tod meiner Eltern, an meinen eigenen Tod, an den Tod der Tiere und Pflanzen, ich dachte, dass auch die Sonne eines Tages sterben könnte.

In der Nacht bauschte die Bora den Vorhang im Zimmer, er wirkte wie ein großes weißes Gespenst, das nur für mich tanzte. Aber es war kein wohlwollender Tanz, denn in seinem Inneren versteckten sich Skelette. Sie tanzten auch wie entfesselt, fröhlich. Ich konnte das rhythmische Geräusch ihrer Kieferknochen hören, wie von Kastagnetten, das Knirschen ihrer Kniescheiben und Schlüsselbeine; sie schwangen die Hüften, warfen die Arme in die Luft und sangen: »Du wirst uns gehören, du wirst uns gehören!«

Erst im zweiten Teil der Nacht, wenn die Bora mit ihrem Geheul stärker wurde, erschienen die Wölfe. Sie tanzten nicht, sondern lagen auf der Lauer. Sie taten nichts, saßen still da, mit aufgerissenem Rachen, die Zähne funkelnd wie Diamanten und mit großer roter heraushängender Zunge. Sie warteten und keuchten. Ein Augenblick der Zerstreuung hätte genügt, und sie wären über einen hergefallen.

Mit der Zeit hatte ich gelernt, schwache Gegenmittel anzuwenden, um sie fernzuhalten. Ich zählte, wie viel Paar Strümpfe in einer Schublade lagen. Da ich mir nie sicher war, mich an ihre Farbe, Anzahl und Anordnung zu erinnern, stand ich ständig auf, um das zu kontrollieren. Andere Male sagte ich Worte rückwärts auf, berührte bestimmte Gegenstände oder berührte sie eben nicht, ging an bestimmte Stellen oder eben nicht, in der Hoffnung, derlei Rituale könnten diese düster funkelnden Augen von mir fernhalten.

Die Skelette und die Wölfe konnte ich aufhalten, aber gegen den Wind hatte ich überhaupt keine Macht.

»Woher kommt er?«, fragte ich eines Tages meinen Bruder.

»Aus der Steppe«, antwortete er mir.

»Kann niemand ihn aufhalten?«

»Niemand.«

Vor Kurzem hatte man mir die Geschichte von den drei Schweinchen und dem Wolf erzählt, und dieses ›Ich werde wehen und wehen, bis ich euer Haus zerstör‹ war mir schmerzlich vertraut geworden, weil klar war, dass die Bora nichts anderes tun würde.

Sie wollte ausreißen, entwurzeln, zerstören.

Auch wenn sie sich anfangs stellte wie ein schwacher Wind, der nur leise die Vorhänge bewegt und erfrischend um die Knöchel streicht, zeigte sie bald darauf ihr wahres Gesicht und ließ Fenster und Bett erzittern. Auch die Fundamente zitterten. Ich fühlte deutlich, dass das Haus schwankte wie ein Boot in der Gewalt der Wellen, ein wenig nach rechts, ein wenig nach links. Es schwankte und wankte, wankte und schwankte. Deshalb klammerte ich mich ans Bett, als ob es ein Rettungsboot wäre. Wenn das Haus nachgeben würde, wären die Bettdecke und die Matratze meine Rettung. Ich würde weit wegfliegen, in ferne Länder, wie Aladin auf seinem Teppich.

Die Bora machte mir Angst, weil sie viele Stimmen hatte, und keine davon war freundlich. Sie machte mir Angst, weil an diesen Tagen das ohnehin schon hohe Niveau an elektrischer Spannung in meinem Kopf extrem anstieg. Wenn ich mir selbst einen Namen hätte geben können, hätte ich mich Elektra genannt.

4

In Capri oder in Triest geboren zu werden, ist nicht dasselbe.

In Capri hätte ich früher oder später eine liebevolle Tante gefunden, die sich ihrer Nichten und Neffen angenommen hätte, einen sympathischen Cousin, der uns zu Bootsausflügen mitgenommen hätte, eine Großmutter, die imstande gewesen wäre, unsere Traurigkeit durch frisch gebackene Pizzas zu vertreiben.

In Capri hätte ich die Sanftheit des Meeres betrachten können, mich vom Duft der Zitronenblüten und dem des Jasmins betören lassen, meine Mutter auf den Markt begleiten und feststellen können, dass das Leben ein Abenteuer voller Farben und Geräusche ist, ein fröhliches, leichtes Abenteuer, das verdiente, gelebt zu werden.

In Triest nicht.

In jenen Jahren war Triest eine düstere, dunkle Stadt voller Rauch.

Der Rauch der Züge, die langsam an den Kais entlang in Richtung Campo Marzio fuhren.

Der Rauch der Eisenhütte, der bis heute wie ein Atompilz über einem Teil der Stadt wabert.

Der Rauch der Zentralheizungen, die zum größten Teil mit Kohle betrieben wurden.

Und der Rauch der Geschichte.

Der Rauch des Rassenhasses, des ethnischen Hasses.

Der Rauch der Flüchtlingsboote, die aus Istrien und Dalmatien kamen.

Der Rauch der Millionen Leben, die geopfert wurden, um unsere Stadt während des Ersten Weltkriegs wieder an Italien anzuschließen. *Trento e Trieste*, wie oft war mir danach zu fragen: »Sie liegen nah beieinander, nicht wahr?«

Der Rauch des Kommunismus, der uns von dort bis Wladiwostok im Nacken hockte.

Der Rauch der Enttäuschung, weil schon klar zu werden begann, dass die Rückkehr ins Vaterland im Grunde genommen ein großer Schwindel gewesen war.

Und all dieser Rauch machte sich nicht draußen in Demonstrationen Luft, wie das womöglich in Capri gewesen wäre, sondern implodierte und verwandelte sich in kaltes Gift. Und dieses Gift begann zusammen mit dem Blut in den Adern zu fließen.

Auch ich atmete diese stillen Gase.

Durch die Poren drangen diese toxischen Substanzen in mein Inneres. Ich nahm Arsen auf, Zyanid, Radon und Amiant. Seit den frühesten Jahren und ohne dass ich es merkte, hatten sie sich in der Lymphe abgesetzt, waren in die Blutbahnen eingedrungen, und mit dem Blut hatten sie sich überall verteilt. Das Gift war mein innerer Motor.

Tagsüber lebte ich natürlich ein normales Kinderleben. Ich ging mit meinem Bruder hinunter in den Hof, um mit den anderen Kindern aus dem Haus zu spielen, immer als Opfer oder zum Schmiere stehen. Ich war jedenfalls dankbar, zur Welt der Großen zugelassen zu sein.

Ihr Lieblingsspiel war Cowboy und Indianer, und meine Rolle war – selbstverständlich – die des Toten. »Jetzt stirbst du«, sagten sie zu mir, und folgsam streckte ich mich am Boden aus. Oder sie schossen mit der zum Revolver ausgestreckten Hand auf mich. Und da musste ich mit einem Schlag zu Boden fallen. In der zweiten Variante wurde ich an einen Pfahl gefesselt und von den Pfeilen der Indianer durchbohrt. »Stirb, du Hund!«

Bei den ersten Malen, als ich noch kein Profi war, fragte ich mich bekümmert selbst: ›Aber werde ich dann wiedergeboren?‹ In der Tat fürchtete ich, dass die Fiktion Wahrheit werden könnte. Wer konnte schon sicher sein, dass ich mich nur tot stellte und nicht etwa mit einem echten Toten verwechselt wurde? Vielleicht war es möglich, von einem Zustand in den anderen zu wechseln, ohne es zu bemerken. So starb ich immer mit einem halb offenen Auge, um im Notfall zu rufen: »Ich schlafe nicht, ich bin nicht tot, ich bin wach. Ich tue bloß so!«

Und während dieser langen fiktiven Momente des Totseins fragte ich mich: ›Aber wie oft im Leben kann man sterben? Einmal oder mehrmals?‹ Und diese Frage war verknüpft mit der viel drängenderen: Wo war ich, bevor ich in diese Welt kam? Wo, wer und wann?

Obwohl ich wusste, dass ich in jener Sturmnacht geboren worden war, konnte ich nicht umhin, hinter diesem Ereignis etwas anderes zu fühlen. Es war ein bisschen so, als würde ich die Vergangenheit durch ein Kaleidoskop betrachten. Hinter der einen Ebene war noch eine andere mit leuchtenden Farben. Man brauchte das Rohr nur zu schütteln, und die eine Ebene fiel in sich zusammen und eine neue von unvergleichlicher Schönheit erschien. Drehte man das Rohr wieder, änderte sich die leuchtende Landschaft noch weiter, mit Perspektiven, die man zuvor nur schwerlich hatte erahnen können.

Wie viele Leben, so fragte ich mich damals, sind hinter einem Leben?

Waren das wirklich meine Eltern, oder waren sie bloß Darsteller in einer neuen Aufführung?

Und wenn es sich um eine Aufführung handelte, was wäre dann meine Rolle auf dieser Bühne?

Und würde es nach dieser Aufführung noch andere geben?

Eines Tages würde ich sterben und man würde mich begraben, und während alle – wenige – weinten, würde ich anderswo in einer anderen Wiege wiedererwachen. Womöglich einer Wiege aus Binsen unter Palmen auf einer tropischen Insel, mit Eltern mit Mandelaugen, die mich immer anlächeln würden. Und auch ich würde sie anlächeln, würde auf meinen unaussprechlichen neuen Namen hören und würde am Strand laufen lernen und Muscheln sammeln.

Nur manchmal würde ich nachts aus dem Schlaf hochfahren, weil etwas Grauenhaftes in mein Herz, in meinen Geist eingedrungen war. Es würde ein Pfeifen geben, nein, ein Heulen. Das Heulen von schrecklichem Wind. Einem Wind mit Schnee und Eis, mit Wolfsschnauzen und Hexenfratzen, mit Erwachsenen, die nicht lächeln und einen nicht in den Arm nehmen. Schreiend und schweißgebadet würde ich aufwachen, meine neuen Eltern würden sofort herbeieilen und mich trösten. »Es ist alles vorbei«, würden sie zu mir sagen und mich mit kühlen Lippen auf die Stirn küssen.

Die Vorstellung, dass diese nur eine von vielen Existenzen war, munterte mich in gewisser Weise auf. Wenn das Leben nicht so verschieden war von einer Lotterie, brauchte man nur ein wenig Geduld zu haben und auf die nächste Ziehung zu warten. Ich war überzeugt, dass diese Wahrheit allen klar war.

In der Tat fragte ich in der Grundschule einmal eine Klassenkameradin: »Aber du, wo hast du früher gelebt?« Und sie: »Ich habe immer in Triest gelebt.« »Aber nein, davor«, insistierte ich dummerweise. »In dem anderen Zuhause, mit den anderen Eltern!« Statt mir zu antworten, fing sie an, hartnäckig die Figuren auf ihrem Blatt auszuradieren.

Ausradieren!

Das war genau das, was auch ich hätte tun müssen, mit der enormen Menge an Dingen, die ich im Kopf hatte.

Ich begann zu begreifen, dass es eine Welt in meinem Kopf gab und eine andere draußen und dass diese beiden Welten nur sehr selten auf die glückliche Idee kamen zusammenzufallen.

Mit dem Eintritt in das öffentliche Leben – Kindergarten und dann Schule – war sofort allen klar, dass Geselligsein nicht zu meinen Lebensinhalten gehören würde. Ich lebte versunken in meiner Gedankenwelt, und die ungeschriebenen Gesetze des sozialen Lebens erschienen mir unverständlich. Das Leben der Mädchen erschien mir noch besonders irritierend. Wichtig war ihnen die Welt der Feen und Prinzen, der Ränke und Schwänke, der kleinen Bosheiten, die man einander hinter dem Rücken der anderen zuflüsterte. Diese Wirklichkeit ging mich nichts an, ich spürte darin immer etwas Überflüssiges, Oberflächliches und Falsches. So froh ich war, wenn ich bei den Spielen im Hof die Squaw war und für die Indianerhäuptlinge im Tipi aus Schlamm Essen zubereiten konnte, so verzweifelt war ich, wenn mir bei den Spielen im Kindergarten die Rolle der Königstochter zugeteilt wurde.

Ich liebte die Spiele der Jungs, weil in ihnen der Tod immer gegenwärtig ist. Und schon damals erschien mir der Tod als der einzige Garant für Wahrheit.

Außer für den Tod hegte ich in dieser Zeit eine echte Leidenschaft für die Figuren des Käses *Mio*. Es handelte sich dabei um eine Beigabe des Herstellers, winzige dreidimensionale Figürchen, man brauchte sie nur ein wenig zu bewegen, damit hinter der ersten eine zweite Figur auftauchte. Ich hatte ein paar davon und hütete sie wie einen Schatz.

Dann stimmte es also, dass sich hinter der Wirklichkeit immer eine andere verbarg, und das war ein großer Trost für mich.

Auch der Traum vom Fliegen geht auf diese Zeit zurück. Da ich eher zwanghaft bin, übte ich jeden Tag. Ich rannte im Hof, bis mir das Herz barst, und wenn die Geschwindigkeit groß genug war, begann ich mit den Armen durch die Luft zu rudern. Im richtigen Moment versuchte ich die Beine anzuziehen, als ob sie das Fahrwerk eines Flugzeugs wären.

Mein Bruder war oft Zeuge meiner Versuche.

»Bin ich geflogen?«, fragte ich ihn am Schluss hoffnungsvoll.

»Ja. Ein bisschen, scheint mir, ja«, antwortete er großzügig.

5

Ja, fliegen.

Weit wegfliegen, die Knochen plötzlich hohl und ein Luftsack anstelle der Bronchien. Eines Morgens würde ich mich auf die Betonmauer unseres Balkons stellen und von dort aus würde ich zum allgemeinen Erstaunen – aber schau doch nur, wer hätte das gedacht, sie hat fliegen gelernt! – zum Flug ansetzen und große Proberunden über dem Hof drehen. Dann würde ich in die Höhe aufsteigen, immer höher hinauf, bis ich die Häuser der regelmäßig angelegten kleinen Städte unter mir sah, die wirkten wie die Holzklötzchen, mit denen ich gewöhnlich spielte.

Dort oben würde ich dann beschließen, wohin ich fliegen wollte. Richtung Osten, auf die Berge, von wo die Bora herabkam, das hatte ich aus Sicherheitsgründen von vorneherein ausgeschlossen. Das Meer dagegen schien eine verlockende Alternative. Je weiter man nach Süden fliegt, umso wärmer wird es, hatte mein Bruder zu mir gesagt, und dann war dort unten Istanbul … Istanbul! Schon allein der Name brachte mich zum Träumen!

Trotz meiner Bemühungen waren meine Fortschritte im Fliegen beängstigend gering, und so verlegte ich die Verwirklichung meines Unternehmens auf das Jahr zweitausend.

»Glaubst du, dass wir im Jahr zweitausend fliegen können?«, fragte ich meinen Bruder.

»Sicher werden wir fliegen können«, antwortete er, »wir fliegen in Gedanken. Wir setzen uns in unser Schlauchboot, und es wird mit uns fliegen.«

»Ohne Steuer? Ohne alles?«

»Ohne Steuer, ohne alles. Gedanken und sonst nichts.«

Kleine Denkpause, dann fragte ich ihn: »Aber werde ich im Jahr zweitausend überhaupt noch am Leben sein?«

»Natürlich, dann bist du dreiundvierzig.«

Ja, aber unterdessen, wie überleben bis zum Jahr zweitausend?

Seitdem sie festgestellt hatten, dass sie nicht füreinander geschaffen waren, hatten meine Eltern Fortschritte gemacht. Die Anwesenheit meines Vaters war sporadisch geworden, mal war er da, mal wieder nicht – und für diese Abwesenheiten gab es keine Erklärung. Nicht, dass es einen großen Unterschied gemacht hätte, denn wenn er da war, schwieg er. Er saß immer mit Sonnenbrille im Sessel und starrte ins Leere. Auch meine Mutter trug immer eine dunkle Brille, saß in einem anderen Sessel und starrte von der anderen Seite ins Leere. Irgendwann bekam sie Probleme mit den Augen, und statt der Sonnenbrille trug sie nun wie die Piraten eine schwarze Augenklappe.

Wir versuchten, nicht da zu sein.

Keinen Lärm machen, nicht sprechen, nicht stören, keine albernen Ansprüche stellen. Ich glaube, mein Vater hatte eine fast physische Abneigung gegen Kinder – schwache Wesen, bedeutungslos, vor allem lästig. Wenn ihm wieder einfiel, dass er zwei davon gezeugt hatte, bekam er plötzliche Wutanfälle.

So gingen wir auf Zehenspitzen und hielten die Luft an. Zum Glück war mein Bruder sehr gut darin, den Teppich in der Diele zu lenken. Er saß vorn, ich hinten, und auf diesem Teppich machten wir weite Reisen. Schiffsteppich, Zugteppich, fliegender Teppich, der uns im Handumdrehen nach Istanbul brachte.

Nachdem meine Eltern die Vorstellung aufgegeben hatten, eine Familie zu sein, suchten sie nach neuen Richtungen, in die sie ihr Leben lenken konnten. Es war, als wäre unsere Wohnung zu einem Busbahnhof geworden. In ihrem rastlosen Bestreben, Neues auszuprobieren, stiegen sie in ein Verkehrsmittel ein und stiegen aus einem anderen aus, manchmal allein, andere Male in Begleitung. Ab und zu begegneten sie sich in der Diele, um die Koffer umzupacken. Ihr Ausdruck war immer traurig, angespannt. Bei all diesem Hin und Her und diesen Aufbrüchen hatten sie zwei Pakete vergessen, für die sie eigentlich zuständig gewesen wären.

Die Pakete waren wir.

Wir standen da auf dem Gehsteig und warteten auf ein Zeichen, einen Wink, einen Pfiff, auf jemanden, der uns ansprach, der uns ein Schild umhängte mit dem Bestimmungsort darauf.

Just als wir darauf warteten, dass uns jemand den Weg zeigte, trat Gianna in unser Leben. Gianna kam nachmittags von halb vier bis sieben und kümmerte sich um uns. Heute würde man sie Babysitter nennen, damals aber wurde sie in Triest ›Signorina‹ genannt, wörtliche Übersetzung des deutschen *Fräulein.* Sie war von meinem dritten bis zum siebten Lebensjahr bei uns, und eher als ein Fräulein war sie für uns ein Rettungsfloß. Vom fliegenden Teppich in der Diele sind wir direkt auf sie aufgesprungen und haben uns dort mit zähen Faultierklauen festgeklammert.

Gianna war jung, freundlich, liebevoll. Statt uns wie schlaue und aufsässige Affen zu behandeln, behandelte sie uns wie Kinder, die man lieb haben kann. Als Erwachsene ist mir oft durch den Kopf gegangen, dass mein Bruder und ich es ihrer Anwesenheit zu verdanken haben, wenn wir nicht in jugendlichem Alter mit einer Spritze im Arm in einer Toilettenanlage am Stadtrand gestorben sind.

Sie war der Vergil, mit dem wir anfingen, kreuz und quer durch die Stadt zu streifen. Wir gingen bei jedem Wetter hinaus, denn das Darwin'sche Kind hatte meteorologischen Schwankungen gegenüber ja absolut unempfindlich zu sein. Wir verließen das Haus – im Sommer in T-Shirt und Sandalen; im Winter, wenn die Bora mit über hundert Stundenkilometern durch die Stadt fegte, in unseren abgetragenen Lodenmänteln, die wie Fahnen um unsere Körper schlotterten – und gingen auf Entdeckungsreise.

Ich erinnere mich an lange Märsche an den Kais entlang, mit den Lokomotiven, die langsam fauchend dahinfuhren und einen Großteil des Meeres verdeckten; an die Aufenthalte auf der Piazza Unità d'Italia, wo eine alte Frau Tütchen mit Maiskörnern als Taubenfutter verkaufte; an die Nachmittage, als wir mit baumelnden Beinen auf den Pollern der Mole saßen, mit einer Angelschnur in der Hand, und neugierig warteten, was an dieser durchsichtigen Schnur, die in das dunkle Wasser des Hafens eintauchte, zutage kommen würde. Und dann, sobald die Schnur sich spannte, kam der Schrecken, denn ›Du sollst nicht töten‹ war für mich von Anfang an ein kategorischer Imperativ.

Mit Gianna entdeckten wir das Aquarium bei der Mole, es wurde zum Lieblingsort meiner Kindheit. Einen Teil des riesigen roten Backsteinbaus kannte ich schon, weil es der zentrale Fischmarkt war und ich oft mit meiner Mutter dort einkaufen gegangen war.

Die Stimmen hallten dort drinnen ungewöhnlich laut wider, es roch sehr stark nach Fisch, und meine Gefühle waren immer widersprüchlich. Einerseits war ein Teil von mir – den ich erst später kennenlernen sollte – erregt bei dem Gedanken, so viele so unterschiedliche Formen des Lebens zu sehen; andererseits konnte der Teil von mir, den ich schon kannte – der schlaflose, dem Tod ergebene –, den Anblick von diesen krampfhaft sich weitenden Kiemen, von diesem Zucken und Springen, von diesen immer mehr erlöschenden Augen nicht ertragen.

Vor der Kiste mit Heuschreckenkrebsen – *lebend!!!* stand mit drei Ausrufezeichen auf einer schwarzen Tafel – habe ich, glaube ich, zum ersten Mal in meinem Leben metaphysische Tränen vergossen. Wie war es möglich, den Anblick von so viel Schmerz zu ertragen? All diese Lebewesen, die sich verzweifelt wanden, mit ihren unzähligen Beinchen zappelten und ihre Kiemen aufrissen wie Mäuler und dabei einen lautlosen Schrei ausstießen. Wie konnte man all dieses Leiden betrachten und gleichgültig bleiben?

Und aus welchem Grund musste man solchen Schmerz zufügen?

Meine Bronchien bebten wie ihre Kiemen, ihre Beinchen waren Dornen, bereit, mein Herz zu durchbohren.

Ich schaute mich um, um zu sehen, ob sonst noch jemand von dieser Bestürzung gepackt war, aber ich sah nur Leute, die redeten, lachten, die armen Tiere in Tüten aus gelblichem Papier packten und diese, immer noch zuckend, auf die Waage warfen.

Im widerhallenden Lärm der riesigen Fischhalle stand ich dem Schmerz der Welt gegenüber, wehrlos und allein.

Von diesem Zeitpunkt an gesellten sich in den schlaflosen Nächten zu den Wölfen und Skeletten die Heuschreckenkrebse. Während die Skelette tanzten, kletterten die Krebse an den Vorhängen hinauf. Die Vorhänge waren nicht aus Stoff, sondern aus demselben festen Papier wie Tüten, so verursachten ihre Beinchen ein leises Rascheln. Doch es war weniger ein Rascheln als ein sehr hoher, lauter Schrei. Um ihn nicht zu hören, um zu verhindern, dass er mir das Herz zerriss, war ich gezwungen, mir die Finger in die Ohren zu stopfen.

In dieser Hinsicht war das Aquarium ein Trost. Dieselben Fische, die jenseits der Wand im Todeskampf lagen, lebten hier geschützt und gut genährt, fern aller Gefahren, und obendrein stand auf einem Schild ihr Name.

Im Aquarium gab es nicht all die bunten Exemplare,

die die Kinder der globalisierten Welt heute zu sehen gewohnt sind, sondern die grauen und gewöhnlichen Fische, die in den Gewässern außerhalb des Hafens lebten. Hinter dem Glas schwammen Wolfsbarsche, Meerbrassen, Sardinen, Laxierfische, Dornteufel, Meeräschen und Seebarben vor unseren Augen zwischen Algen und Seegras herum. Grund zur Aufregung war aber nicht ihr Anblick – auch wenn es schön war, sie in Sicherheit zu wissen –, sondern das Becken mit den Teufelsfischen und den Haien. Und vor allem das Pinguinpaar. Es lebte in einem Häuschen wie Hofhunde, mit einer kleinen Badewanne davor.

An den Namen des Pinguinweibchens erinnere ich mich nicht, vielleicht, weil es jung gestorben ist; an den Namen des Männchens dagegen, Marco, erinnern sich alle Triestiner meiner Generation, weil er eine Art Held der Stadt war. Er lebte seit langen Jahren dort, und an Tagen mit Schönwetter wurde er auf der Mole vor dem Aquarium spazieren geführt, als ob er ein Pudel wäre.

Vor dem Becken mit den Teufelsfischen gab es Holzschemel, um den Kindern das Hineinschauen zu ermöglichen. Das Becken war quadratisch und gekachelt, etwas größer als ein Bidet und ungefähr so groß wie ein Minischwimmbad. Die Haie waren, glaube ich, nur Katzenhaie und die Teufelsfische eigentlich Dornrochen, aber das wusste ich damals noch nicht, sie kamen mir wie schreckliche Ungeheuer vor.

Dass Haie einen fressen können, wusste ich schon; hingegen war es mein Bruder, der mir erklärte, dass Rochen einem mit ihrem spitzen Schwanz einen tödlichen Stoß versetzen können.

Mein Bruder ließ sich keine Gelegenheit entgehen,

einen verdeckten Sadismus auszuleben, der sich bei ihm schon bald als hervorstechender Charakterzug entpuppen sollte. »Steck die Hand ins Wasser«, sagte er verführerisch zu mir, »schauen wir, ob etwas passiert.« Aber ich hielt meine Hände fest in den Manteltaschen vergraben. Zu oft war ich seinen Einladungen gefolgt, die sich regelmäßig als Fallen erwiesen.

Bei diesen Besuchen empfand ich etwas Mitleid mit dem Pinguin, das stimmt. Mir schien, im ewigen Eis zu leben, müsse schöner sein, als sein Dasein zwischen einer Badewanne und einer Hundehütte zu fristen. Die Gefangenschaft der Fische dagegen bereitete mir kein Problem, weil sie dadurch in Sicherheit waren. Im Grunde hätte es auch mir nicht missfallen, in einem kleinen, bequem ausgestatteten Raum zu leben, regelmäßig gefüttert, vor unvorhergesehenen Ereignissen geschützt und eingetaucht in ein gleichbleibendes Halbdunkel voller *Blublub*.

Mit Gianna gingen wir auf die verschiedenen Eislaufbahnen in der Stadt. An Winternachmittagen, wenn es früh dunkel wurde, brachte sie uns zu der Eisbahn auf der Piazza Rosmini, die in der Nähe unseres Zuhauses lag. An den längeren Tagen dagegen gingen wir zu der besonders aufregenden im Park San Michele – es war eine Piste in Form einer Achterbahn mit Steigungen und abschüssigen Strecken, die mir damals als Verheißung von außergewöhnlichen Heldentaten erschien. Oder wir besuchten die sehr weit entfernte bei der Villa Revoltella.

Hauptaufgabe meines Bruders bei diesen Gelegenheiten war, mich so oft wie möglich und so übel wie möglich zu Fall zu bringen, und meine Aufgabe war es, auf den Beinen zu bleiben und zu versuchen, meine Haut zu retten.

Die Rollenverteilung blieb die gleiche, wenn wir an Sommertagen ins Ausonia-Bad gingen. Statt mich zu stoßen oder zu ziehen, hatte er dort die Angewohnheit, mich so lang wie möglich mit dem Kopf unter Wasser zu halten. Wie lange konnte ein menschliches Wesen auskommen, ohne zu atmen, fragte er sich neugierig. Es waren die Zeiten des Tauchers Enzo Maiorca, und ich glaube, er wollte mich in dessen direkte Nacheiferin verwandeln, wenn niemand hinsah. Deshalb ließ er mich auch zu Hause die Experimente wiederholen, in der Badewanne, im Waschbecken und auch in der Kloschüssel, er zog die Spülung und fragte mich: »Atmest du noch?«

Ich fürchtete diese Experimente. Zwischen mir und den Fischen in der Fischhalle war kein Unterschied. Alle kämpften wir ums Überleben, mit erweiterten Kiemen und komprimierter Lunge wanden wir uns auf der verzweifelten Suche nach Sauerstoff.

Mit dem Ausonia-Bad ist auch eine der wenigen Erinnerungen an die Gestalt meines Vaters verknüpft. Ich muss noch sehr klein gewesen sein und das Wasser ringsum war wirklich düster, durchzogen von den Ölschlieren des nahe gelegenen Hafens. Man hatte mich auf seinen Rücken gesetzt, die Arme um seinen Hals geschlungen. Er stieg über die Eisenleiter ins Wasser und schwamm auf das zu, was mir das offene Meer schien.

Ich klammerte mich an seinen Rücken, als ob er

ein Delfin wäre. Ich hatte Angst vor dem Dunkel ringsum, aber gleichzeitig spürte ich die Sicherheit seiner Bewegungen, und das beruhigte mich. Er kam mir unglaublich stark und mächtig vor, und ein paar kurze Augenblicke lang – die sich nie wiederholen sollten – hatte ich das Gefühl, mein Vater wäre jemand, dem ich im Grunde hätte vertrauen können.

Gianna brachte uns auch zu den Großeltern und holte uns dort wieder ab.

Bei Gianna bekamen wir eine Kugel Eis. Häufiger aber, wenn das Geld knapp war, nahmen wir nur die Eistüte, den Geschmack dachten wir uns dazu.

An Regennachmittagen schauten wir uns mit Gianna die Abenteuer von Rintintin an. »*Juhuu Rinty*!« war unser Losungsruf.

Mit Gianna lasen wir Comics und bauten mit Legobausteinen Häuser.

Gianna machte uns die Jause am Küchentisch. Marmeladenbrote und Butterbrot mit Zucker, der herrlich zwischen den Zähnen knirschte.

Mit Gianna sahen wir auch vom Balkon aus die Schlepper, die die großen Schiffe in den Hafen zogen. Die kamen aus Istanbul, aus Suez, aus Polynesien, von allen Orten, die sich mein Bruder mit seiner geografischen Phantasie ausdachte.

Mit Gianna waren wir glücklich.

Auch wenn die Bora die Fensterscheiben erzittern ließ, mit Gianna waren wir nicht in Triest sondern in Capri.

Von Gianna fühlten wir uns geliebt.

Ihr stets äußerst pünktliches Klingeln an der Wohnungstür war das Pawlow'sche Zeichen für die Stunden des Glücks. Glänzende Augen, reichlicher Speichelfluss, einsetzendes Wohlbefinden.

Dann eines Tages im Herbst, als ich in die dritte Grundschulklasse ging, blieb die Klingel stumm. Drei Uhr fünfunddreißig, drei Uhr vierzig, drei Uhr fünfundvierzig. Mit zunehmender Angst fixierte ich die Küchenuhr, drei Uhr fünfzig, drei Uhr fünfundfünfzig. Um vier Uhr ging ich ins Wohnzimmer zu meiner Mutter, die wie üblich in die einsame Kontemplation der Leere versunken war.

»Gianna kommt nicht«, sagte ich schüchtern.

Und sie sagte, ohne ihre Aktivität zu unterbrechen:

»Gianna wird nie mehr kommen.«

6

Um diese Zeit tauchte in meiner Gedankenwelt eine neue mentale Kategorie auf: die der Leere. Erst war da etwas, und dann war es nicht mehr da. Es war unklar, aus welchem Grund das geschah, aber es war klar, dass das eine Bedrohung war, mit der man unbedingt rechnen musste. Der Boden, auf dem wir gingen, schien fest. In Wirklichkeit aber waren unter unseren Füßen an einigen Stellen Ziegelsteine und an anderen bloß Stroh, aber das konnte man von oben nicht erkennen, man musste den Fuß daraufsetzen, um die wirkliche Beschaffenheit herauszufinden.

Das Leben war also nicht viel anders als ein Gang über ein Minenfeld.

In der Eingangshalle der Schule, die ich mittlerweile besuchte, war im Schaukasten ein großes Plakat mit einer Bildgeschichte. Sie zeigte die Abenteuer einer Gruppe von Kindern wie wir, die auf der Straße spielten. Irgendwann fand eins von ihnen auf dem Feld einen seltsam geformten Gegenstand, und alle miteinander rüttelten im Spiel daran. Auf dem folgenden Bild war eine Art Feuerwerk mit Flammen und Blitzen in allen Richtungen zu sehen. Auf dem darauffolgenden Bild erschienen wieder dieselben Kinder, aber etwas anders als vorher. Dem einen fehlte eine Hand, dem anderen beide Arme, ein drittes hatte eine Binde um die Augen, weil es blind geworden war, und noch ein anderes schleppte sich mühsam auf Holzkrücken dahin.

Achtung! Gefahr! Nicht anfassen! Kein Spielzeug! stand in riesigen Lettern als Bildlegende darunter. Und darunter waren verschiedene seltsame Gegenstände abgebildet – Granaten, Minen, Fliegerbomben –, Ursache all der Verletzungen.

Es gab also Krater unter dem Stroh, und abgesehen von den Kratern konnte ein Feuerwerk dir die Beine wegreißen. Du konntest hinabstürzen oder für immer blind werden.

Es brauchte nicht viel Phantasie, um zu verstehen, dass jede Bewegung gefährlich ist.

Also besser reglos bleiben und den Atem anhalten.

Wenn du einen Fuß auf eine Mine setzt, fliegst du in die Luft, in tausend Stücke zerfetzt wie der Kater Sylvester im Comic – mit dem einzigen Unterschied, dass der auf dem nächsten Bild wieder ganz ist, während du in Stücken bleibst –, aber wenn du den Fuß auf den Boden setzt, wo würdest du landen? Was würde mit dir passieren? Unter dem Stroh, was war da? Die Leere.

Aber was war die Leere?

Mein Vater war verschwunden, der nette Kinderarzt, der einige Jahre mit meiner Mutter zusammen war – ein Mann mit dunkler Hautfarbe und den behaarten Ohren eines Bären, der uns kurierte, Ausflüge mit uns unternahm und uns Cowboycolts und Indianerbögen schenkte –, war verschwunden, Gianna war verschwunden.

Diesem Verschwinden war keine Vorwarnung vorausgegangen, kein Alarmzeichen. Von einem Tag auf den anderen existierten sie einfach nicht mehr. Sie hatten keine Telefonnummer, keine Adresse, keinen Ort, wohin man ihnen eine Ansichtskarte hätte schicken können. Und es ergab sich auch nicht, dass man sie auf der Straße traf, leider. Personen, denen ich verwandtschaftlich verbunden war, wie unser Vater, oder bloß gefühlsmäßig, wie Gianna, denen ich vertraut und denen ich gestattet hatte, gegen die ständig in mir dräuende Nacht anzukämpfen, hatten sich in Nichts aufgelöst.

Zu dieser Zeit legten mein Bruder und ich ein Sammelalbum mit Bildchen an. Es hieß *Menschen und Länder*, und dieses Album - dick und knisternd wegen des mit Mehl angerührten Kleisters - begeisterte uns nachmittagelang.

In diesem Album habe ich außer dem Nordlicht die phantastische Welt der Polarkappen kennengelernt. Auf diesem ewigen Eis wuchs wirklich gar nichts, weder ein Hälmchen Gras noch Moos, kein Baum und keine Blume, nichts. Auch die Tiere, die bei uns braun oder rötlich waren wie der Fuchs, am Nordpol waren sie weiß. Weiß wie die Bären, die über das Packeis trotteten, berühmt dafür, die grausamsten Lebewesen der Tierwelt zu sein, ebenso wie ihre Gefährten im Wasser, die Killerhaie, die auch überaus grausam waren.

Im Weißen und in der Kälte zu leben, ließ einen also extrem bösartig werden. Rund um die Polkappen schwammen die Eisberge. Die Bildlegenden sagten nicht, ob diese Berge in ihrem Inneren voll waren oder hohl wie Schokoladenostereier. Da auch der Karst, der doch scheinbar so solide und fest war, in Wirklichkeit unter seiner Oberfläche von Grotten, Höhlen und *foibe* durchzogen war, war ich zu der Überzeugung gelangt, dass auch die Eisberge in ihrem Inneren Hohlräume haben mussten.

Aber wer lebte in diesen Eisblasen? Unsere Bilder sagten nichts darüber aus, also waren sie noch nicht erforscht worden.

An einem Nachmittag, als die Bora das Haus erzittern ließ, beschloss ich, dass ich die erste Bewohnerin eines Eisbergs werden würde. Anderen wäre das zu kalt, ich aber würde mich dort sehr wohlfühlen, da war ich mir sicher. Das Licht würde da nur gedämpft hinkommen, wie auch der Lärm. Von dem ganzen Getöse der Welt würde nur ein schwaches Echo dorthin dringen, und die Personen würden nur abstrakte Schemen sein. Ich würde nichts anderes um mich herum haben als einen Berg aus Eis. Eis auf den Augen, Eis auf dem Herzen, Eis auf meinen Gedanken. Eis auf Händen und Füßen.

Es war wunderbar, endlich ein Kind aus Eis zu sein. Unerfahrenen mochte das Eis wie ein zerbrechlicher Kristall erscheinen. Man braucht aber nur fest daran zu rütteln, um zu bemerken, dass es härter ist als Stahl.

Frost, eisiger Wind.

Nach einer Sage, die man uns in der Schule erzählte, entsteht die Bora in einer geheimnisvollen Grotte an einem weit entfernten Ort, da drinnen tobt sie, rollt sich ein, entrollt sich und rollt sich wieder ein, tosend mit immer wachsender Wut, bis sie mit Gewalt hinaus stürmt und ihren verrückten Lauf auf die Stadt zu beginnt. Ihre unsichtbare und schreckliche Kraft reißt alles mit, lässt Blumentöpfe und Dächer fliegen, zerbricht Äste, entwurzelt Bäume, versetzt Autos und Fahrer, dann fällt sie in Triest ein und dringt durch den Schornstein ins Haus meiner Großeltern. Von dort eilt sie brüllend die Treppe hinunter und fährt durch das Haustor und hinterlässt zur Erinnerung an ihr Vorbeikommen Stalaktiten aus Eis.

Ja, dieses Haustor – durch das wir andächtig einmal in der Woche schritten, um die Großeltern zu besuchen – hatte Ähnlichkeit mit dem Eingang zu einer Höhle, rund und dunkel, imstande, dich mit einem eisigen Hauch zu überfallen, auch wenn die Luft ruhig war und die Bora friedlich in ihren verlassenen Gefilden schlief.

Wenn wir eintraten, rochen wir gleich den scharfen Geruch von Katzenpisse, und in dem dunklen Hausflur kamen wir an der winzigen Werkstatt eines Schuhmachers vorbei, im Triestiner Dialekt ›calligher‹ genannt. Wir sahen ihn immer in seiner Schürze über einen Schuh gebeugt, beim schwachen Licht einer Glühbirne, die an einer sehr langen Schnur hing, umgeben von einem großen Durcheinander aus Nägeln, Hämmern, Schuhsohlen und einem starken Geruch nach Klebstoff.

In diesem Haus wohnten die Eltern meines Vaters, und in gewisser Weise teilten sie die hervorstechende Eigenschaft ihres Sohnes.

Sie waren da, aber es war, als wären sie nicht da.

Vom Großvater – der starb, als ich erst drei Jahre alt

war – erinnere ich mich nur an die Steifheit des Körpers, den angespannten Nacken, den kurzen Schnauzbart, der typisch ist für Leute, die eine schlecht verhohlene Wut in sich tragen.

Von der Großmutter erinnere ich mich fast nur an ihre Küche. Sie stammte aus Ungarn, und der erschreckend hohe Cholesterinspiegel, der mir seit Jahren zu schaffen macht, ist, glaube ich, eine Nachwirkung ihrer köstlichen Speisen. Gebratene Palatschinken mit Fleischfüllung, in Sauerrahm ertränkt, Gulasch mit Kartoffeln, in Zwiebeln und Schweineschmalz schwimmend, Blumenkohl mit kiloweise in Butter gerösteten Semmelbröseln, Radicchio mit knusprigen Speckstreifen.

Sosehr ich mich auch bemühe, an ihr Gesicht erinnere ich mich nur undeutlich. Man hatte mir gesagt, sie sei herzkrank und deshalb liege sie so viel im Bett wie die Großmutter von Rotkäppchen. Ich sehe noch das Kissen und die Steppdecke vor mir, auf die sie ihre Hände legte, aber weder das Gesicht noch der Mund noch der Blick tauchen aus der Vergangenheit auf.

Und doch gingen wir jede Woche hin. Und doch schenkte sie uns jedes Jahr zu unserem Geburtstag eine 500-Lire-Münze mit den drei Karavellen darauf und ermahnte uns, sie ja nicht auszugeben. Aber abgesehen von ihrer Stimme, die mir vorkam wie die des Wolfes, nachdem er die Großmutter gefressen hat, erinnere ich mich an nichts weiter von ihr.

Die Wohnung war dunkel und unbeheizt. Da war nur ein einziger Kerosin-Ofen, der meine ganze Aufmerksamkeit auf sich zog. In der Tat verbrachte ich die meiste Zeit meines Besuchs auf Knien vor diesem Ofen und beobachtete die tanzenden Flammen, die von rechts nach links hüpften und dabei die Farbe wechselten: Rot, Gelb, Orange, Orange, Gelb, Rot.

Seitdem ich von der Existenz der Hölle erfahren hatte, schaute ich ihn mit noch größerem Interesse an. Der Ofen hatte ein braunes Rohr, das in der Decke verschwand, es erschien mir daher ziemlich logisch, dass es in der Wand ein anderes Rohr geben musste, das nach unten führte. Und dieses Rohr war nichts anderes als der bequeme Fahrstuhl hinunter, unter die Erdkruste zu den Satanassen. Ich verspürte überhaupt keine Furcht vor den Teufeln. Im Vergleich zu den Skeletten, den Wölfen und den Heuschreckenkrebsen erschienen sie mir nur wie blasse Schemen.

Die sonntäglichen Mittagessen fanden in fast vollständigem Schweigen statt. Am Anfang setzte meine Mutter – die trotz des Verschwindens des Ehemanns eine treu ergebene Schwiegertochter war – die Großmutter von den Ereignissen der Woche in Kenntnis. Waren diese Kurznachrichten beendet, so senkte sich eine Glocke des Schweigens über den Tisch. Man hörte nur das Geklapper des Bestecks, das Kauen der Kiefer, das Gurgeln der Kehlen, wenn das Wasser hindurchfloss.

Von allen Gästen war jedoch Tante Marisa die Schweigsamste.

An ihrem Platz war immer gedeckt, ihr Glas war immer voll, und doch trank sie nicht, sie benutzte nicht das Besteck, rollte die Serviette weder aus noch ein und hinterließ darauf, im Gegensatz zu uns, keine Spuren von Lippenstift oder Sugo.

Ich konnte nicht sagen, ob Tante Marisa sympathisch oder unsympathisch war. Ihre Anwesenheit führte eine neue Kategorie in das Phantasie-Universum meines Eisbergs ein. In der Tat war die Tante durchsichtig. Man sah sie nicht, aber sie war da. Im Unterschied zu Gianna oder dem Kinderarzt, die, bevor sie im Nichts verschwanden, eine Stimme gehabt hatten, ein Gesicht und eine Art zu sprechen, war das bei ihr nicht der Fall. Sie war unsichtbar. Wenigstens ich konnte sie nicht sehen. Die anderen offenbar wohl, wenn sie sich jeden Tag an den Tisch setzte. Und sie hatte ein Zimmer, das wir weder betreten noch inspizieren durften.

Wir kamen daran vorbei, wenn wir uns die Hände waschen gingen, und jedesmal hatte ich schreckliche Angst. Denn diese Tür konnte durch einen eisigen Windstoß aufspringen und mich ins Innere zerren. Und statt mich dort im beschränkten Raum eines Zimmers zu befinden, würde mich eine Reihe von Türen verschlucken, die sich eine nach der anderen öffneten, und ich würde im Nichts verschwinden, bis ich in die Höhle der Bora gelangte oder in den schwarzen Strudel, aus dem die Skelette entsprangen.

Erst viele Jahre später erfuhr ich, dass Tante Marisa kein Gespenst war, sondern die Schwester meines Vaters, die mit zwanzig Jahren gestorben war. Meine Mutter kämpfte wie eine Löwin, damit ich nicht ihren Namen bekam. »Den Namen einer Toten? Niemals!«, war ihre Losung.

Eines Tages übergab mir mein Vater bei einem seiner flüchtigen Auftritte eine Reitpeitsche, als wäre sie die kostbarste Sache der Welt. »Sie hat Tante Marisa gehört, sie war eine ausgezeichnete Reiterin«, sagte er zu mir. Folglich sollte auch ich eine ausgezeichnete Reiterin werden.

Ja, denn für die Familie meines Vaters – Name hin oder her – war ich sie, nein, sollte ich sie sein. Ich sollte sehr langes Haar haben, zu einem wunderbaren Zopf geflochten; ich sollte von früh bis spät mit strenger Miene zu Pferd sitzen; ich sollte im Vorbeigehen mit meinem Blick sämtliche Männer verführen. Kurzum, ich hätte mit meiner bescheidenen Person die schreckliche Leere ausfüllen sollen, die Tante Marisa im Leben der Familie hinterlassen hatte.

Ein paar Monate lang wurde ich also zum Reiten geschickt. Ich war nicht älter als sieben. Die Pferde waren schrecklich groß, furchtbar hoch, maßlos breit und unkontrollierbar. Das Mädchen aus dem Eisberg hatte eine sakrosankte Angst vor ihnen.

Zum Glück scheute das Pferd, das man mir zugewiesen hatte, nach wenigen Stunden und warf mich über seinen Hals ab, setzte dann über mich hinweg und ließ zu, dass die nachfolgenden Pferde das Gleiche taten. Meine Mutter, die bei der Szene anwesend war, beschloss daher, dass das die letzte Vorführung des Films »Tante Marisa ist zurück« sein sollte.

Dieser schauerliche Gegenstand, die Reitpeitsche, lag noch eine Weile lang in meinen Schubladen, um am Ende zu meiner großen Erleichterung zu zerbrechen.

Einen weiteren Akt der Rebellion beging ich in der Mittelschule. Ich verließ am Nachmittag das Haus, allein, mit meinen Ersparnissen in der Tasche, und ging zum Friseur.

»Was wollen wir denn machen?«, fragte mich der, schon mit der Schere in der Hand.

»Alles abschneiden«, antwortete ich entschlossen, »kurz schneiden.«

Obwohl ich anscheinend ihr Klon werden sollte, hatte mir niemand gesagt, wie Tante Marisa gestorben war. Wolkige Umschreibungen, Halbsätze, eisiges Schweigen. Schicksal. Eine mysteriöse Krankheit. Ein ärztlicher Kunstfehler.

»War sie schwach?«, fragte ich da. »War sie krank? Hatte sie TBC?«

»Aber nein«, antwortete man mir, »sie war gesund und sportlich, sie ging immer mit ihrem Schäferhund in die Berge. Sie lag in ihrem Bett, es sah aus, als schliefe sie, dabei war sie tot.«

Irgendwann, ich ging in die fünfte Klasse, hörten wir plötzlich auf, zum Essen zur Großmutter zu gehen. Ihre Wohnung, ihre Palatschinken, ihre 500-Lire-Münzen hörten auf zu existieren. Der Boden hatte nachgegeben, und auch sie war verschwunden.

Neun Monate lang sagte mir niemand etwas.

Im Juni tauchte mein Vater auf, ich nahm meinen ganzen Mut zusammen und stellte ihm die Frage, die ich seit Monaten mit mir herumtrug.

»Ist Großmutter denn gestorben?«

»Ob tot oder lebendig, welche Bedeutung hat das?«, antwortete er mir. Dann setzte er in liebevoll-vertraulichem Ton hinzu: »Siehst du, in Wirklichkeit sind wir alle tot, wir sind bloß Staub, der sich verwandelt. Die Leere bringt uns hervor, und in die Leere kehren wir zurück – leer. Deshalb ist es alles in allem unnütz, Gefühle zu haben.«

In wenigen Tagen würde die Schule aus sein, die

Juniluft trug den salzigen Geruch des Meeres heran. Wir standen vor der Blechtafel einer Bar, auf der die Eissorten meiner Lieblingsmarke abgebildet waren, die mit den zwei Bärchen. Da gab es vielfarbiges Fruchteis mit Überzug, kleine Becherchen, herrliche Eistüten.

Ich erinnere mich, dass ich sie lange angestarrt, dann den Blick gesenkt und auf meine Sandalen geschaut habe, die wirklich voller Staub waren. Dann stieg aus der Tiefe meines Eisbergs ein Gedanke auf, der wie ein Schrei war. Ich bin nicht die Leere! Ich will leben! Ich will ins Wasser springen und schwimmen! Ich will alle, aber wirklich alle diese Eissorten essen!

7

Was wissen wir schon über das, was die Gene von einer Generation an die nächste weitergeben? Scheinbar viel, immer mehr, aber in Wirklichkeit immer noch fast nichts.

Wenn ich an meine väterliche Linie denke, an die Eiseskälte, die aus diesem Haustor drang, und an die Gefühllosigkeit, die von allen mir bekannten Gestalten ausging, kann ich mir das nur so vorstellen wie einen winzigen DNA-Abschnitt, der getreulich von Generation zu Generation weitergegeben wurde.

Es war das Eis der Karpaten, das Eis des Ural, das Eis des Kurganvolks, das aus den östlichen Steppen kam, begleitet vom Wind, um die milden Gestade der Adria zu besiedeln, es war das Eis Transsilvaniens und seiner Vampire, die in den Verliesen der Schlösser schlummern, lebende Tote, die Sliwowitz trinkend und Geschichten erzählend durch die Länder des Balkans ziehen.

Die Wahrheit über den Tod der Schwester meines Vaters erfuhr ich erst mit etwa dreißig und eher zufällig.

Ich war in Rom bei Freunden zum Abendessen eingeladen, und meine Tischnachbarin, eine Dame in einem gewissen Alter – damals war ich noch nicht berühmt – rief, als sie mich die Serviette auffalten sah: »Marisas Hände!«

»Wahrscheinlich ja«, antwortete ich ihr, »ich bin ja auch ihre Nichte.«

Da erzählte die Dame mir die Geschichte, die ich seit über zwanzig Jahren kennenlernen wollte. Marisa war ihre beste Freundin gewesen, gemeinsam hatten sie das Gymnasium besucht, und sie hatte die letzten Tage ihres Lebens mit ihr verbracht. Meine Tante lebte damals in Florenz, wo sie Naturwissenschaften studierte. Meine Tischnachbarin dagegen war von Triest nach Venedig gegangen. Auf dem Weg nach Hause in die Weihnachtsferien hatte Marisa sich ein paar Tage bei der Freundin aufgehalten. Sei es durch die Kälte, sei es durch die Strapazen der Reise, sie hatte jedenfalls eine schlimme Grippe bekommen, so hatte sie den Vater angerufen und gebeten, in Venedig bleiben zu dürfen, bis sie sich besser fühlte. Aber der Vater, ein unbeugsamer Mann – steifer Nacken und schmaler Schnauzbart –, ein autoritärer und gewalttätiger Mann, hatte nichts davon hören wollen. »Weihnachten verbringt man in der Familie! Von dieser Regel gibt es keine Ausnahme!«

So musste Marisa sich, obwohl sie krank war, auf die Reise von Venedig nach Triest machen, bei Bora, bei Eis und Schnee, und das bei den Zügen von 1936. Zu Hause angekommen, nahm sie am Weihnachtsessen teil – was die feierten, ist mir nicht klar, da sie alle erbitterte Antiklerikale waren – und legte sich ins Bett. Ein paar Tage später ging sie in demselben Bett vom Schlaf in den Tod hinüber. Sie war allein zu Hause, der Vater war ins Café gegangen und die Mutter Freundinnen besuchen.

Als sie zum Mittagessen wiederkamen, fanden sie ihren Körper schon erkaltet. Die geheimnisvolle Krankheit, das böse Schicksal waren am Ende wahrscheinlich nichts anderes gewesen als eine Lungenentzündung.

Von der Freundin erfuhr ich auch, dass Marisa ihre Eltern nicht ertrug, dass sie eine freie, unabhängige und rebellische Person war, mit einem einnehmenden Wesen und einer großen Leidenschaft für Hunde. Auch Musik liebte sie sehr, und zu ihren Lebzeiten unterhielt sie einen Briefwechsel mit Bruno Walter.

So verwandelte sich an jenem Abend die leere Form, die ich hätte ausfüllen sollen, endlich in ein reales Wesen, eine Person mit Charakterzügen, die ich als mir sehr verwandt empfinden konnte.

Aus irgendeinem geheimnisvollen Grund war dieser Abschnitt der DNA – das Gen des Frosts, der Lymphe, die sich in Eis verwandelt und von dort ein inneres Sibirien verströmt – auf sie nicht übergegangen. Aber es war genau diese Verschiedenheit, die sie anfällig machte, wenn auch in anderer Weise als mich. Der Frost hatte sie in Form von stupiden Befehlen getroffen, mit anmaßender Autorität, mit dem Wahnsinn des Darwin'schen Credos.

Erst vor ein paar Jahren bin ich auf die Suche nach ihrem Grab gegangen. Es war ein grauer Tag mit Schneefall, und ich musste lange suchen, bevor ich es fand. Da wir Tamaros ja nur von der Leere gezeugte Leere waren, hatte man mich nie von der Existenz irgendwelcher Art menschlicher Bestattung in Kenntnis gesetzt. Soviel ich davon wusste, konnten meine väterlichen Vorfahren auch als Zombies durch die Welt irren.

Aber schließlich habe ich das Grab gefunden.

Einfach Namen, in eine Steinplatte gemeißelt, darum

herum eine schwere Kette. Da war keine Blume, kein Ornament – nur Unkraut und Gestrüpp, wie beim Grab in einem Schauerroman. In der winzigen Vase, die für mitgebrachte Blumen vorgesehen war, lagen nur Steine. Das Regenwasser war gefroren und hielt die Steine darin fest. Es war unmöglich, die Rose, die ich mitgebracht hatte, da hineinzustellen. So habe ich sie auf ihren Namen gelegt, auf die Daten eines zu kurzen Lebens. Dann bin ich schnell weggegangen, ohne mich noch einmal umzusehen.

Marisa, zartes Opfer der Härte und des Wahns.

Zwei Jahre lang besuchte ich den Kindergarten, an den ich wenige traurige und undeutliche Erinnerungen bewahre, die vor allem mit meinem Unwohlsein in der Gesellschaft anderer zusammenhängen.

Der Sommer vor dem Eintritt in die Grundschule dagegen war eine sehr aufregende Zeit. Bald würde ich einen Schulranzen und Hefte haben, ein Federmäppchen mit bunten Stiften, und ich würde endlich durch das würdevolle Portal schreiten, durch das mein Bruder schon seit einigen Jahren ging.

Um ehrlich zu sein, das Gebäude war nicht besonders einladend. Heutzutage sind für Kinder vorgesehene Räume hell und farbenfroh und mit wunderbaren Fensterbildern geschmückt. In meiner Kindheit dagegen nicht, da waren sie düster und streng, nichts ließ an einen Ort der Freude oder des Vergnügens denken.

Meine Schule war ein Bauwerk aus rotem Backstein, ein langes Rechteck mit zwei bedrohlichen Türmen an den Enden – davor je zwei Löwen, die den Eingang für die Mädchen und für die Jungen flankierten – und eingezäunt von spitzen Gitterstäben. Eine Art dunkler Schlund war die sehr schwere Eingangstür aus Holz. Die Kinder verschwanden darin wie im Rachen eines Ungeheuers. Das wirkte nicht sonderlich einladend. Es sah mehr aus wie ein Gefängnis als wie ein Ort der Bildung, aber dieses Aussehen schmälerte meinen Wunsch, diese Schwelle zu überschreiten, in keiner Weise.

Ich erinnere mich noch an den ersten Tag: die große, in der Turnhalle versammelte Menge, die Lehrerinnen, die mit einer Liste in der Hand die ihnen zugeteilten Schüler aufriefen, die Gruppe, die immer kleiner wurde, während die zusammengestellten Klassen den Raum verließen.

Mein Name kam und kam nicht!

Ich dachte schon, man hätte mich vergessen oder man wollte mich nicht, da wurde gerufen: »Tamaro, Susanna!« Die Schritte, mit denen ich auf meine Gruppe zueilte, waren fast Tanzschritte, die Beine zitterten mir vor Angst, aber die Kraft in mir war stärker.

Ich wusste, wenn ich durch dieses Tor schritt, würde nichts mehr so sein wie früher. Ich würde lesen und schreiben lernen, ich würde endlich jemanden finden, der auf alle Fragen, die mir im Kopf herumschwirrten und die mein Bruder nicht hatte beantworten können, eine Antwort hätte.

Die Fragen!

Der Albtraum, die Obsession meines Lebens, der rote Faden, der meine Tage mit den Nächten verband, dieser Faden, der sich sehr oft in ein Netz oder in ein wirres Knäuel verwandelte. Dort drinnen würde ich den Anfang des Garnknäuels finden, jemand würde ihn mir in die Hand legen, und dann würden sich meine Gedanken locker abspulen, es würden Papierdrachen-Gedanken. Ich würde das eine Ende des Fadens in der Hand halten, und sie würden, von einer leichten Brise getragen, in die Luft aufsteigen, hoch und höher hinauf, mit langen, bunten, raschelnden Schwänzen. Man bräuchte nur die Nase zu heben, um sie zu bewundern.

Die ersten zwei Jahre waren wunderbar. Meine Lehrerin, Frau Soldati – hier entsprach der Name einmal nicht der Wirklichkeit –, war eine fröhliche und heitere Person, die ihre Arbeit sehr liebte. Wir lernten das Abc, Striche, Linien, Kurven, Rechentabelle für die Eins, für die Zwei, es gab Kastanien in ihrer stacheligen Schale, Weintrauben und am Fenster Schalen voller Bohnen in Watte.

Die einzigen Schuljahre, in denen ich wirklich etwas gelernt habe, waren diese, ein Stückchen Capri, gefangen in einer düsteren englischen Kaserne. Es war fast, als hörte man im Hintergrund das neapolitanische Liedchen *Funiculì, funiculà*. Ich hatte sogar vergessen, dass ich ein erschütternd schüchternes Wesen war, ein Mädchen mit enormen Schwierigkeiten beim Sprechen.

Mein Bruder und ich gingen zu Fuß zur Schule, zu jeder Jahreszeit und bei jedem Wetter.

Auf dem Weg tauchte ab und zu ein Mann auf, der uns einlud, sein Aquarium anzuschauen. Ich fand den Vorschlag eher interessant, aber mein Bruder beachtete ihn gar nicht und ging weiter.

Damals wusste man noch nicht, was ein Pädophiler ist, aber den Kindern war eingeschärft worden, auf keinen Fall mit Fremden zu reden, keine Bonbons und Vorschläge irgendwelcher Art anzunehmen.

Kurz vor der Schule machten wir beim Bäcker halt und kauften uns unser Pausenbrot. Das Geld verwaltete natürlich mein Bruder, und so fing er gleich von Anfang an, mich zu betrügen. »Du bist krank«, sagte er zu mir, »du hast es an der Leber, deshalb musst du Brot ohne was darauf essen.« So biss ich in der Pause immer in ein aufgeschnittenes Panino mit nichts drin. Und er aß die doppelte Ration Schokolade.

Diese Lebensjahre, das sechste und das siebte, waren Jahre einer relativen Öffnung: Da war Gianna und die leuchtende Verheißung des Wissens, und dann die liebevolle und mütterliche Art der verehrten Lehrerin. Noch war ich nicht in meinem Eisberg eingeschlossen, noch konnte ich mir einbilden, ein Mädchen wie alle anderen zu sein. Ich hatte sogar mit einer Klassenkameradin, die im Nachbarhaus wohnte, Freundschaft geschlossen. Sie, Daniela, war das, was ich nicht war: körperlich robust, extrovertiert, unternehmungslustig, und als ob das nicht genügte, auch noch Besitzerin einer Dalmatinerhündin, Lady. Und das war damals, als Disneys *101 Dalmatiner* im Kino liefen, nicht zu unterschätzen.

Sie hatte eine Mutter mit länglichen grünen Augen, die Hausfrau und Mutter war, auf die Heimkehr der Kinder von der Schule wartete und Bratkartoffeln und knusprige Koteletts zubereitete. Mit Daniela teilte ich die absolute Abneigung gegen die Spiele der anderen

Mädchen und eine gewisse Neigung zum Abenteuer, die bei mir eher theoretisch war, die sie aber leicht in die Praxis umzusetzen wusste.

Mit wahrem Schrecken erinnere ich mich noch an das Mal, als wir mit dem Schlauchboot nach Venedig fahren wollten. Tagelang hatten wir uns das ausgemalt. Wir wollten zum Markusplatz fahren, aus meinem winzigen Schlauchboot steigen – dasselbe, das fliegen sollte –, es festmachen, die Tauben füttern und wieder zurückfahren.

Das schien ein wirklich wunderbares Unternehmen, schade nur, dass wir auf dem offenen Meer die Existenz von Strömungen entdecken mussten. Wir ruderten und ruderten, und das Boot fuhr in die entgegengesetzte Richtung. Das geistige Bild von Tauben auf dem Markusplatz verwandelte sich in das von Robinson Crusoe, dessen Abenteuer ich unlängst im Fernsehen gesehen hatte. Es erstaunt mich immer wieder, wie wenige Kinder eigentlich tagtäglich an den Folgen ihrer Spiele sterben.

Erster Oktober, dritte Klasse.

Ich gehe nach den Ferien leichten Schritts ins Klassenzimmer und komme fünf Stunden später heraus, das Herz in einer stählernen Zwinge. Der Boden hatte nachgegeben, und die Lehrerin war nicht mehr da, sie war von diesem dunklen Strudel, der wie ein Mahlstrom unentwegt um mich kreiste, verschluckt worden.

Verschwunden war die Lehrerin Soldati, verschwunden die Klasse, aufgelöst und auf andere Klassen verteilt.

Ich habe, glaube ich, einen ganzen Monat lang geweint.

Ich wachte auf und weinte, ich aß und weinte. Ich ging zur Schule und weinte, ich machte meine Aufgaben und weinte. Ich schlief wenig, und beim Erwachen war das Kissen immer nass.

Sogar meine Mutter empfand Mitleid, sie flüsterte mir zu: »Sie ist nicht tot, sie ist nur in Pension gegangen.«

In diesem Monat Oktober war ein Teil von mir – der, der gehofft und sich Illusionen gemacht hatte – endgültig gestorben. Ich wusste, dass ich von diesem Tag an damit würde leben müssen. Eine Weile lang würde es mir vielleicht gelingen, es verborgen zu halten, dann aber würde der starke Verwesungsgeruch auch den anderen enthüllen, wie es wirklich um mich stand.

Die neue Lehrerin lebte in schwierigen Familienverhältnissen, daher benahm sie sich ganz anders, als ich es gewohnt war. Sie schrie, wurde schnell ungeduldig. Wenn sie schrie, verwandelte ich mich in einen Einsiedlerkrebs. Ich kroch ins Innere meines Häuschens und machte die Schotten dicht.

Nicht hören, nicht wissen, nicht sehen.

Ab und zu hörte ich eine Art fernes Echo – von draußen drangen Erklärungen, Schreie, in der Pause Lachen herein, alles Dinge, die mich nichts mehr angingen.

Im Turnunterricht marschierten wir zu den Schlägen einer Trommel. Vorwärts, rückwärts, rückwärts, vorwärts, Seit rechts, Seit links, Drehung rückwärts. Ich war nie im Rhythmus, drehte mich immer zur falschen Seite. Oben, unten, links, nichts war mir klar in dem Raum, der mich umgab. Raum der Gefahr, Raum der Bedrohung.

Die literarische Kreativität hielt sich sehr im Verborgenen. Im freien Aufsatz schrieb ich: *Heute scheint die Sonne*, wenn an diesem Tag die Sonne schien. Wenn es dagegen regnete, schrieb ich: *Es regnet und ist kalt.* Der freie Ausdruck – der heutzutage so sehr in Mode ist – versetzte mich in eine Situation absoluten Schreckens.

Zahlen dagegen gaben mir Trost. Sie waren da, und das waren sie seit jeher. Die Finger an einer Hand waren fünf. Und das galt auf der ganzen Welt. Waren es zwei Hände, wurden es zehn Finger, und auch das war universell anerkannt.

Dasselbe galt für die festen Körper. Eine Kugel war eine Kugel, ein Würfel ein Würfel, nur ein Verrückter hätte eine so offensichtliche Realität leugnen können.

Beim Nachdenken in meinem Häuschen war ich zu dem Ergebnis gekommen, dass jedes existierende Objekt auch einen Zahlenwert haben musste, wenn ich sie alle zusammenzählte, musste ich also zu dem gelangen, wonach ich schon immer auf der Suche war: die Zahl der Zahlen, die Zahl, die alle anderen in sich enthielt und imstande war, alles zu erzeugen.

Mit der Demut dessen, der weiß, dass er eine lange Arbeit vor sich hat, begann ich also zu zählen. Das war der einzige mir bekannte Weg, zum Ziel zu gelangen. Ich zählte in jeder freien Minute des Tages. Am Abend schrieb ich die erreichte Zahl auf ein Blatt, und am nächsten Morgen zählte ich von dort aus weiter. Ich zählte, wenn mein Vater da war oder wenn er nicht da war; ich zählte, wenn meine Mutter mit der Binde über dem Auge ins Leere starrte oder wenn sie sie abnahm, um zu kochen; ich zählte, als ich auf der Rollschuhbahn brutal stürzte; ich zählte an der Schwelle zur

Nacht; ich zählte auf der Straße, im Auto und unter dem Tisch bei den Großeltern.

Ich zählte, und diese Zahlen waren der goldene Faden meiner Tage, er zog sich von Zimmer zu Zimmer, von Windung zu Windung, wie im Labyrinth des Minos. Ich folgte diesem Faden, und meine Tage hatten einen Sinn und eine Richtung, ich wusste, wohin ich ging und warum, noch niemand hatte mir so umfassende Antworten gegeben. Ich zählte mit Demut, mit Geduld, mit heimlichem Glücksgefühl. Ich zählte, bis sich eines Morgens beim Erwachen eine schreckliche Frage in meinem Geist auftat: Wie sollte ich sie erkennen, die Zahl, die so groß war, dass sie alle anderen enthielt und alle anderen Zahlen aus sich hervorbrachte? Würde das sein wie beim Flipperautomaten, wo an einem bestimmten Punkt sämtliche Lichter angehen?

Oder ...?

8

Gott erschuf die Welt in sieben Tagen, und am Ende dieser ungeheuren Arbeit, mit noch schweißnasser Stirn und staubigen Händen, sammelte er in einem Sack all das ein, was übrig geblieben war – tonnenweise spitze Steine –, und übergab diesen Sack einem seiner Lieblingsengel mit den Worten: »Geh hin und wirf das aus dem Universum hinaus!«

Der Engel gehorchte. Beladen mit dieser für ihn leichten Last flog er zu den Grenzen der bekannten Welt. Wie alle Engel war er sehr fröhlich und flog pfeifend dahin, ohne sich um das zu kümmern, was um ihn herum vorging. Er dachte nicht daran, dass einer der Engel – der schönste, der am meisten geliebte – den Pakt mit dem Schöpfer gebrochen hatte. So bemerkte er nicht, dass ausgerechnet dieser, Luzifer, ihm insgeheim folgte, um ihm einen Streich zu spielen.

Als er über den Ort flog, wo heute Triest liegt, kam Luzifer näher und schnitt den Sack auf, sodass all das, was beim Bau des Universums übrig geblieben war, mit großem Getöse auf die Erde fiel und die heiteren Gestade in einen wüsten Steinhaufen verwandelte.

Auf diesem Steinhaufen hatte dann jemand die miserable Idee, eine Stadt zu gründen, und jemand anderer, nämlich ich, die ebenso miserable Idee, dort zur Welt zu kommen.

Spitze Steine, scharfe Steine, so unfasslich wie Staub, die in dich eindringen.

Steine in den Augen, Steine im Herzen.

Steine wie Schwämme, die Flüssigkeiten und Lebenssäfte aufsaugen.

Steine wie Kraken, bereit, dich mit ihren langen Fangarmen zu packen und in ihre dunklen Abgründe zu ziehen.

Wie sollten wir an dieser Legende zweifeln, die uns in der Schule erzählt wurde? Wie der Idee entrinnen, dass ein böses Geschick über diese Gegend hereingebrochen war?

Mit gestärkten Schulkitteln, die Zöpfe von Schleifen und Marienkäfern aus Plastik zusammengehalten, schmetterten wir in der Gesangsstunde inbrünstig *Das Testament des Hauptmanns*:

Der Hauptmann der Mannschaft
ist verwundet und liegt im Sterben,
er lässt seinen Alpini sagen
sie sollen ihn besuchen kommen.
Seinen Alpini lässt er sagen,
dass er keine Schuhe hat zum Gehen;
ob mit Schuhen oder ohne Schuhe,
meine Alpini will ich hier sehen.
»Was befehlen Sie, Herr Hauptmann,
wir sind hier zur Stelle«.
»Ich befehle, dass mein Körper
in fünf Stücke geteilt werden soll:
Das erste Stück fürs Vaterland,
damit es sich an seinen Soldaten erinnert,

das zweite Stück für das Bataillon,
damit es sich an seinen Hauptmann erinnert,
das dritte für meine Mutter,
damit sie sich an ihren Sohn erinnert.
Das vierte Stück für meine Schöne,
damit sie sich an die erste Liebe erinnert,
das letzte Stück für die Berge,
damit sie blühen mit Rosen und Blumen.«

Unsere glockenhellen Stimmen erschallten im Klassenzimmer, während wir die Stücke aufzählten, in die der Hauptmann geteilt werden wollte. Mit ebensolcher Leidenschaft sangen wir *Il Piave mormorava* und andere Lieder aus dem Ersten Weltkrieg. Wenn wir aber *Tapum tapum tapum* anstimmten, wippten unsere Pferdeschwänze, unsere Zöpfe und unsere Schleifen im Gleichklang.

Wir sind mit dem Kult des Ersten Weltkriegs aufgewachsen, der Zweite Weltkrieg, der vor nicht einmal zwanzig Jahren zu Ende gegangen war, wurde nie erwähnt. An ihn erinnerten nur die Schautafeln über die Minen im Eingang der Schule, zusammen mit den Ruinen, dem Leid und dem Hass, die jede Familie in sich begraben hatte. Das Erdreich, das diese Erinnerungen bedeckte, war spärlich, nicht mehr als etwas Sand. Unter diesen Siliziumkörnchen konnte man noch die Glut erkennen, scheinbar harmlos glomm sie in der Asche, ein leichter Windstoß hätte genügt, sie wieder anzufachen.

Der Zweite Weltkrieg war das große stille Gespenst, das uns auf Schritt und Tritt verfolgte. Der Erste dagegen war unser natürlicher Lebensraum. Nicht nur sangen wir seine Lieder und betrachteten seine berühmtesten Helden wie Kinostars, sondern wir wurden auch von der Schule aus an die Orte gebracht, wo er stattgefunden hatte.

Mit sieben besuchten wir Redipuglia. Die Gedenkstätte ist eine riesige weiße Treppe, umgeben von Zypressen. Wir klettern die Stufen hinauf.

»Wisst ihr, was hier drunter ist, Mädchen?«

»Nein, Frau Lehrerin.«

»Da sind die Knochen der Toten. Und wisst ihr, wie viele es sind? Über hunderttausend!«

»Und warum sind sie nicht bei sich zu Hause?«, fragt ein Stimmchen.

»Weil die meisten von ihnen kein Zuhause haben, wohin sie zurückkehren könnten. Es gab viele Mütter und viele Ehefrauen, die ihre Lieben nicht beweinen konnten.«

»Und warum?«

»Weil sie in zu kleine Stücke gerissen worden waren, es war schwierig, für jeden von ihnen einen Namen zu finden.«

»Dann können die Frauen und Mütter hierher kommen?«

»Sicher. Das ist eine schöne Sache, nicht wahr?«

Ich stieg hinauf und spürte die Knochen unter meinen Schritten knacken; ich setzte einen Schritt zögernd vor den anderen, gefasst darauf, in dem weißen Marmor einen ersten Riss zu entdecken, durch den Schienbeine, ein Schädel, ein Kieferknochen oder ein Schlüsselbein herausragen konnten.

Wer hatte all die Knochen hier herausgebracht? Und wie hatte man sie verteilt? Mir stand das Bild vom Mikado vor Augen, das chinesische Stäbchenspiel. Man öffnet die Hand, und die Stäbchen fallen in alle Richtungen auseinander. Mit den Knochen musste es genauso gewesen sein. Hunderttausend Tote, das bedeutete eine unerhört viel größere Zahl an Knochen. Vor Zeiten waren diese Knochen von Fleisch umhüllt gewesen, das Schienbein hieß Bein, Elle und Speiche hießen Arm, der Schädel war ein Kopf gewesen, und dieser Kopf wird bestimmt Gedanken gehabt haben.

Als ich oben ankam, dachte ich, dass der Hauptmann aus dem Lied gut daran getan hatte, sich in Stücke schneiden zu lassen. Wäre er dort geblieben, hätten seine Mutter und seine Verlobte ihn wahrscheinlich nicht finden können und hätten über den Gebeinen eines anderen geweint.

Ich hatte jedoch Schwierigkeiten, mir vorzustellen, wie die Aufteilung der Stücke vor sich gegangen war. Hatten seine Alpini vielleicht eine Säge gehabt? Oder hatten sie angefangen, an den Gliedmaßen zu ziehen, wie die Hunde, wenn sie sich einen Bissen streitig machen?

Und wer entschied, welches Stück verschickt werden sollte?

Und wie hatten sie es geschickt, mit der Post?

Vielleicht nicht, die Post ist, sagte ich mir, eine zu moderne Einrichtung. Damals ging man zu Fuß oder ritt, also mussten die Soldaten im Galopp losgeritten sein, jeder mit einem Stück des Hauptmanns im Tornister.

Obwohl ich über den Gebeinen all der armen Toten dahinging, kam mir diese Zeit wie eine sehr weit entfernte Epoche vor. In Wirklichkeit waren seit dem Ende des Großen Krieges noch keine fünfzig Jahre vergangen.

Auf den Ausflug nach Redipuglia folgte der nach Oslavia. Auf der Spitze eines Hügels in der Nähe von Gorizia stand da ein großes zylinderförmiges Bauwerk. Betrat man diesen hellen Raum, sah man nichts als lauter kleine Schubfächer bis unter die Decke, ähnlich wie die Schütten für Zucker und Mehl im Küchenschrank der Großmutter. Mir schien das ein großartiger Raum für Tauben zum Nisten.

»Wisst ihr, was dieser Ort ist, Mädchen?«

»Das Beinhaus, Frau Lehrerin!«

»Und diese kleinen Schubfächer ...?«

Mittlerweile antworteten wir im Chor: »Da sind Knochen drin, Frau Lehrerin.«

Dann strömten wir alle hinaus, setzten uns auf die Steinmäuerchen und verzehrten den mitgebrachten Proviant – wir aßen schweigend oder leise sprechend, weil das ein geheiligter Ort des Vaterlands war –, dann ging es wieder zum Bus, in der Hitze, das Panino wollte nicht hinuntergehen und ein Kloß in der Kehle wollte dagegen hinauf. Ekel, Schwindel, Übelkeit, tiefes Unbehagen.

Wie die Mehrzahl der Großväter meiner Generation hatte auch der Vater meiner Mutter am Ersten Weltkrieg teilgenommen. Er war der einzige echte ›Italiener‹ in der Familie. Als Kind sehr armer Eltern mit sehr vielen Geschwistern in einer Gebirgsregion Mittelitaliens geboren, sah er sich schon bald vor die Notwendigkeit gestellt, für sein Überleben zu sorgen. Da er ein aufgeweckter Bursche war, befürwortete der Pfarrer seinen Eintritt ins Kloster oder ins Priesterseminar, der Großvater jedoch war ein Mann mit ausgesprochen irdischen Gelüsten, also lehnte er die Einladung ab und lebte mit fünfzehn Jahren bereits in Ventotene, wo er im örtlichen Gefängnis als Wärter arbeitete. Allein bereitete er sich auf das humanistische Abitur vor und bestand es, was ihm erlaubte, die Zulassungsprüfungen zur Militärakademie in Modena abzulegen – neben der geistlichen Laufbahn war es damals der einzige Weg, einen sozialen Aufstieg zu schaffen. Als Neunzehnter von vierhundert Bewerbern bestand er das Examen, zog nach Modena und wurde vier Jahre später als junger Offizier aus der Militärakademie entlassen. Übergroßes Pech! In welchem Jahr war das? 1914.

Kaum ein Jahr später war er schon in vorderster Linie an der Front. Für ihn fand der Krieg in der Valsugana statt, auf der Hochebene von Asiago und im Karst um den Isonzo herum. Er wurde mehrmals verwundet, aber dank seiner robusten Natur überlebte er alles.

Auch Großvater nahm uns sonntags auf Ausflüge an die Orte mit, wo er seine Jugend verloren hatte, aber die waren ganz anders geartet als die, die wir mit der Schule machten. Er sprach nicht von Gebeinen zu uns, von Heroen und großartigen Heldentaten, sondern eher von den schmerzlichen Gefühlen und der Qual eines jungen Offiziers, der gezwungen ist, seine Soldaten in den sicheren Tod zu schicken, um den Befehlen seiner Vorgesetzten zu gehorchen. Die Begeisterung eines Enrico Toti, eines Cesare Battisti oder eines Scipio

Slataper war der Truppe von Wehrpflichtigen vollkommen unbekannt, die nur ihre Haut retten und heil nach Hause kommen wollten.

In dem kleinen Ort, in dem ich jetzt lebe, gibt es einen Gedenkstein mit vielen Namen, der an die Toten des Ersten Weltkriegs erinnert, ähnlich wie in allen Ortschaften, ob Stadt oder Dorf – von Sizilien bis zum Piemont –, die ich auf meinen Erkundungsfahrten besucht habe. Sechshundertfünfzigtausend Tote, sechshundertfünfzigtausend menschliche Wesen, die nichts wollten als leben.

Großvater war auch unter den Offizieren, die an der Operation von Cardano teilnahmen. In der Valsugana bestand das feindliche Bataillon größtenteils aus Tschechen. Wie ein Teil der Triestiner waren die Tschechen Irredentisten, das heißt, sie wollten sich von der Vorherrschaft der Habsburger befreien. In geheimer Absprache kamen die tschechischen Offiziere mit den italienischen überein, sie ohne einen Schuss siegreich in Trento einziehen zu lassen. Wie man das bewerkstelligen wollte? In der vereinbarten Nacht würden die Tschechen ihre Soldaten mit einem starken Schlafmittel einschläfern, sodass die Italiener ohne Widerstand vorrücken und siegreich und unversehrt die Stadt Trento einnehmen konnten.

Nach getroffener Übereinkunft gab der Koch wie geplant ein Schlafmittel, das selbst Pferde umgehauen hätte, in die Mannschaftsverpflegung, sodass das ganze tschechische Bataillon in Morpheus' Armen lag, während die italienischen Soldaten im Dunkeln auf den Befehl zum Vorrücken warteten. Sie warteten eine

Stunde, zwei Stunden und nichts geschah. Es wurde Morgen und sie lagen noch immer da im Schützengraben, das Gewehr parat. Die tschechischen Soldaten erwachten – *ahh, selten so gut geschlafen* – und sahen Trento vor sich, eine unbezwungene österreichische Festung.

Was war geschehen?

Das italienische Oberkommando hatte die Nacht mit Streitereien zugebracht. Keiner der höheren Offiziere wollte als Zweiter in die Stadt einziehen. Sie hatten die Nacht mit persönlichen Rachegefühlen, Rivalitäten, Neid, Trotz, Kleinlichkeit, perversen politischen Opportunismusgedanken verbracht. Schließlich geschah gar nichts. Und so blieb es: Vorwärts mit den Waffen, vorwärts mit dem Heldentum, vorwärts in die Schubfächer und Ehrentreppen, die man mit Knochen füllen konnte!

Wenn er von dieser Episode erzählte, war mein Großvater immer noch voller Schmerz und Wut. Er hatte überhaupt keine Achtung vor seinen Vorgesetzten, er hielt sie für militärisch unfähig und für menschlich kriminell. Er erzählte, einmal sei der Kaplan des österreichischen Bataillons zu Unterhandlungen in ihre Schützengräben gekommen. »Ich bitte Sie«, habe er ihn mit Tränen in den Augen gebeten, »lasst euch nicht auf diese Weise abschlachten! Wir sind Christen, wir schaffen das nicht, menschliche Wesen so abzuknallen! Ihr werft euch praktisch vor unsere Maschinengewehre!« Mein Großvater weinte mit ihm. Befehle von oben. Befehle, denen man nicht zuwiderhandeln konnte, weil im Augenblick des Angriffs eine Mannschaft Carabinieri hinter den Truppen Aufstellung nahm. Wer beim Schlachtruf »Savoia!« nicht vorstürmte und sich von den Österreichern durchlöchern ließ, wurde von ihnen mit einem Schuss in den Rücken getötet. Schlachtvieh, Drosseln und Wachteln, die man im Vorbeifliegen erlegt.

Mein Großvater konnte sich retten, weil er als Offizier mit der Pistole in der Hand und dem Ruf »Savoia!« als Erster aus dem Schützengraben sprang. Eine Frage von Sekunden, von Reflexen, die funktionieren oder nicht. Dieselben Kugeln, die ihm die Beine durchschossen, trafen die anderen Soldaten am Kopf oder in die Brust. Alle tot.

Diese Ausflüge verstörten mich auf andere Weise als unsere Schulausflüge. Ich sah zwei Seiten derselben Geschichte, zwei verschiedene Arten, sie zu erzählen. Die erste brachte einen dazu, die Dinge oberflächlich zu betrachten, Stolz zu empfinden, große Worte zu gebrauchen wie Heldentum und Opfer – es war der Weg der Rhetorik. Die zweite zwang einen, den Vorhang zu lüften, hinter die Dinge zu schauen und ihnen auf den Grund zu gehen, Gefühle zu empfinden, aus deren Komplexität man sich nur schwer lösen konnte – der Weg der Realität.

9

Natürlich hätte der Engel anstelle von Steinen andere Abfälle auf die Erde werfen können, zum Beispiel Reste von Blumen. Hunderte und Tausende nicht verwendeter Samen und Blumenzwiebeln, die durch einen Schnitt in den Sack auf die Erde gefallen wären und die ganze Region in einen Vorgeschmack des irdischen Paradieses verwandelt hätten. Wenn ich die Augen in diesem Zaubergarten aufgeschlagen hätte und über einen Teppich aus Krokussen und Schneeglöckchen gewandelt wäre, hätte mein Charakter vielleicht andere Züge angenommen. Oder wenigstens meine Weltsicht. Statt von Skeletten verfolgt zu werden, wäre ich mit Blumen bekränzt worden, statt beim Geklapper von Kieferknochen zu zittern, wäre ich vom wohlriechenden Duft der Blumen betört gewesen.

In jenen Jahren waren zu den Fragen, mit denen ich meinem Bruder jede Nacht zusetzte, andere hinzugekommen, die aus der Beobachtung der uns umgebenden Wirklichkeit hervorgingen. Eine erste Ahnung davon, dass es da eine noch komplexere und geheimnisvollere Welt geben müsse als die mir bisher bekannte – die Nacht, der Tag, die Sterne, die Sonne, die Wölfe und die Skelette –, bekam ich just während eines Sonntagsspaziergangs mit meinem Großvater.

Der Großvater war nicht nur der einzige ›Italiener‹

in der Familie, er war auch der Einzige, der sportliche Tätigkeiten liebte. Er ging gern zu Fuß, und so gingen wir an Feiertagen mit ihm im Park von Miramare spazieren. Die Hauptattraktion für uns Kinder – die wir nicht gerade für Botanik begeistert waren – war der kleine See mit den Schwänen und Enten. Oft brachten wir von zu Hause eine Tüte mit altem Brot mit, denn der interessante Teil des Spaziergangs bestand eben darin, die Tiere zu füttern.

Dieser besondere Tag ist auf einem Foto festgehalten, auf dem ich eine Strickjacke mit goldenen Knöpfen trage. Es war der Tag, an dem ich mir die erste große Frage stellte, die weder mit der konkreten Welt der Natur noch mit den Gespenstern zu tun hatte, die meine Nächte bevölkerten. Als ich meinen winzigen Arm über die Brüstung streckte und diesen herrlichen Geschöpfen großzügig Futter gab, waren sie, anstatt das Brot, wie erwartet, mit erlesener Grazie anzunehmen, wütend auf mich losgegangen und hatten mich in die Hände gezwickt. Eine Art Blitz fuhr in diesem Augenblick durch mein Herz. Wenn ich ihnen Futter gebe, ihnen also etwas Gutes tue, warum tun sie mir weh? Der Blitz erhellte eine dunkle Region, von der ich bis dahin nichts gewusst hatte. Den Handlungen fehlte es an Logik, und diesem Mangel wusste ich keinen Namen zu geben. Es erschien mir natürlich, dass man auf eine freundliche Geste in gleicher Manier antwortete und so beide Handlungen harmonisch aufeinander abgestimmt waren, aber offenbar war dem nicht so.

Von jenem Tag an entstand in mir eine neue Landschaft. Eine Landschaft voller Nebel, Schatten und ziemlich unklaren Dingen. Es gab Fragen, die Wirklichkeit betreffend – der Himmel, die Sterne, die Nacht, die größte Zahl –, daneben aber gab es einen neuen Raum, aus dem tauchten Fragen auf, die an eine andere Wirklichkeit grenzten, von deren Existenz ich bis dahin nichts geahnt hatte.

Worauf sollte ich die Reaktion der Schwäne zurückführen?

Wenn ich gut zu ihnen war, aus welchem Grund waren sie es nicht zu mir?

Außer Skeletten und Wölfen gab es also ein noch beunruhigenderes Element in der Welt. Dieses Element hatte kein Gesicht und keinen Namen. Vielleicht hat es deswegen mit der Zeit angefangen, mir mehr Angst einzuflößen als meine gewohnten Feinde. Im Grunde hatte ich allmählich gelernt, den Totentanz, der meine Nächte bevölkerte, zu beherrschen. Ich konnte Pillen oder Pulver nehmen, konnte magische Worte oder Gesten wiederholen und ihn damit in Schach halten.

Aber das Verhalten der Schwäne?

Und das der menschlichen Wesen, die sich benahmen wie die Schwäne?

Aus welchem Grund gab es in der mich umgebenden Welt dieses Moment von Disharmonie?

Damals erwartete ich schon nicht mehr, dass mein Bruder wie ein Orakel auf meine Fragen antworten würde, und so begann dieser anfangs kleine Nebelfleck sich wie ein Kreisel um sich selbst zu drehen. Aus dem Kopf wanderte er ins Herz, vom Herzen in die Lunge und dort verwandelte er sich in ein Spinnennetz. Die Spinne war die Herrin, mit ihren langen Beinen wanderte sie in den Blutbahnen auf und ab und deponierte ihren giftigen Trank, wo es ihr gefiel.

Warum weinst du?

Warum wirfst du dich auf den Boden?

Warum bekommst du keine Luft?

Warum, warum, warum.

Weil ich mit einem Feind in mir lebe, mit dem Nebel, der Nacht, der Verwirrung. Weil ich den Schmerz sehe und nichts dagegen tun kann. Weil ich das Unvollkommene sehe, die Leere, das Scheitern, und deren Sinn nicht begreife. Weil ich allein bin, weil mir keiner zuhört, mich niemand an der Hand nimmt. Weil ich irgendwo in mir eine immense Harmonie und ein immenses Licht erahne, und ich mich von diesem Licht und dieser Harmonie entferne wie ein Schiff, das in See sticht. Was zu Anfang der Sinn jedes Atemzugs war, wird mit der Zeit zum Blinken eines Leuchtturms in der Ferne. Ich weine, weil ich Angst habe vor der Leere und vor der Einsamkeit, die mich erwarten.

In dem Alter kannte ich die wahren Namen der Gefühle nicht. Erst mit dem Heranwachsen habe ich begriffen, dass dieser Zustand tiefen Leidens nichts anderes war als Mitleid. Ich empfand Mitleid, als ich von der Höhe meines Kindersitzes aus meinen Bruder durch eine Ohrfeige vom Stuhl fliegen sah, es war Mitleid, was ich empfand, wenn ich meine Eltern im Sessel sitzen und ins Leere starren sah, es war Mitleid, was ich empfand, wenn ich auf der Straße einen alten oder kranken Menschen sah. Mitleid mit ihrer Einsamkeit. Mitleid mit den Fischen, die mit dem Angelhaken im Maul aus dem Wasser gezogen wurden, Mitleid mit verlassenen

Kätzchen, mit ausgemergelten Pferden, mit den Vögeln, die der Kinderarzt sonntags nach der Jagd aus seiner Tasche zog. Ihre Federn waren ganz weich, die Köpfchen fielen vor und zurück wie bei Marionetten. Vergeblich versuchte ich, ihnen mit den Fingern die Augen wieder zu öffnen. Der Schmerz der Welt legte sich auf meine winzigen Kinderschultern. Alles, was verletzt war, verletzte mich. Deshalb weinte ich. Deshalb warf ich mich auf den Boden. Deshalb rannte ich, sobald ich konnte, mit dem Kopf gegen die Wand.

Statt zu weinen, spielte mein Bruder dagegen Krieg. Er bombardierte, schoss mit Gewehren und Maschinengewehren. Er konnte das Geräusch jeder Waffe mit dem Mund nachmachen. Je mehr Dinge in die Luft flogen, je mehr Tote da waren, umso mehr geriet er in einen Zustand erleuchteter Glückseligkeit.

Im Sommer zündete er im Freien auch kleine Lunten, ich erinnere mich noch an den grässlichen Lärm dieser Explosionen.

Manchmal besorgte er sich Benzin oder Alkohol und schüttete sie mit Freude auf die langen Ameisenbahnen im Garten, bis zum Ameisenhaufen. In die Ameisenstraßen legte er ein paar Knallfrösche, so zum Spaß, und dann, meine Tränen und mein Flehen nicht achtend, ließ er alles in Flammen aufgehen, verfolgte mit Lust den Tod all dieser unschuldigen Kreaturen.

Als es mir endlich gelang, einen Goldfisch zu bekommen – das erste Haustier meines Lebens –, verging kaum ein Tag, an dem er nicht drohte, Bleichmittel in das Becken zu schütten, und mir beschrieb, auf wie langsame und grausame Weise der Goldfisch sterben würde. »Er wird weiß sein, ganz weiß und aufgebläht«, wiederholte er, indem er um mich herumhopste. Die Lieblosigkeit, mit der wir groß wurden, brachte in ihm Überlebensstrategien hervor, die den meinen entgegengesetzt waren. Obwohl er mein Bezugspunkt war, wie konnte ich ihn um Rat und Trost bitten?

Wie konnte ich ihm sagen, dass für mich der Tod eines Schmetterlings ein Grund für tiefen Schmerz war?

10

Ich entstamme einer Familie von entschiedenen Kirchengegnern.

Mein Ururgroßvater ist sogar ins Gefängnis gekommen, weil er einen Pfarrer »albern« genannt hatte. Sein Sohn, mein Urgroßvater – er war Hafenarbeiter, Sozialist und Freidenker gewesen – hatte mit der Frau, die er liebte und die Arbeiterin in einer Konditorei war, zusammengelebt und vier uneheliche Kinder gezeugt. Die wiederum hatte er kein einziges Mal in die Kirche geschickt.

Ohne Trauschein zusammenzuleben, war am Ende des 19. Jahrhunderts eine echte Provokation, die Kinder nicht taufen zu lassen, fast eine Unmöglichkeit. In der Tat war er irgendwann gezwungen gewesen, es doch zu tun, vermutlich, um die Kinder in die Schule schicken zu können, und da beschloss er, es in großem Stil zu tun. Er wählte den richtigen Tag – Faschingsdienstag –, und außer den vier Kindern gingen auch er und seine Frau zum Taufbecken. Sie betraten maskiert die Kirche des heiligen Antonius, Konfetti im Haar, und sobald die Zeremonie vorbei war, tauchten sie wieder in der feiernden Menge unter.

Meine Familie mütterlicherseits war nicht so extrem, empfand aber doch dem Glauben gegenüber völlige Gleichgültigkeit und betrachtete ihn bestenfalls als eine liebenswerte Zeitverschwendung. Die Entdeckung, dass es da etwas gab, was auf den Namen Religion hörte, machte ich in der Schule. In den Sechzigerjahren mussten die Schüler vor Unterrichtsbeginn mit gefalteten Händen in der Bank stehend ein Gebet aufsagen. Bei verschiedenen Gelegenheiten im Jahr war sogar der Besuch der Messe obligat. Von all dem, was an diesem Ort geschah, verstand ich rein gar nichts. Ich sah einen komisch gekleideten Mann, der uns den Rücken zukehrte, in einer unverständlichen Sprache redete und von einer Rauchwolke umgeben war, die einem Tränen in die Augen trieb. Die Tatsache aber, dass es sehr viele Leute gab, die in andächtiger Stille dort ausharrten, ließ mich vermuten, dass etwas wirklich Wichtiges vor sich ging, auch wenn ich nicht imstande war, es zu begreifen.

Die Abbildungen im Schulbuch sollten diese meine Ahnung bald bestätigen. Da war insbesondere eine, die mich von Anfang an beeindruckte. Ein großes Dreieck, von dem aus sich auf die darunterliegende Welt Licht ergoss. Dieses Dreieck hieß Gott.

Ich erinnere mich nicht mehr, wie weit ich mit meiner Zählung gekommen war – dreitausendfünfhundertzwölf oder zehntausendvierundzwanzig –, aber ich erinnere mich, dass ich mir dachte, ich bin auf einem guten Weg, weil Zahlen und Dreiecke im Grunde derselben Kategorie angehören. Und wenn Gott die Welt erschaffen hatte, wie das Buch besagte, so war klar, dass er auch die Zahlen erfunden hatte. Sämtliche Zahlen, von der ersten bis zur letzten waren aus seinem Kopf hervorgegangen, also war Weiterzählen ein bisschen so, wie im Wald den Steinchen zu folgen, die der

Däumling hinterlassen hatte – früher oder später würden sie mich ans Ziel führen.

Außer dem Dreieck war da noch ein anderes Bild, das mir eher vielversprechend schien, und zwar von einem Kind mit zwei geflügelten Wesen zu beiden Seiten, eins war rot und das andere weiß, die ihm etwas in die Ohren flüsterten. Die rote Figur stellte ein Teufelchen dar, die weiße einen Engel, das Kind in der Mitte schien verstört, als wollte es sagen: »Auf wen von beiden soll ich hören?«

Natürlich stellte auch ich mir weiterhin Fragen.

So fragte ich mich zum Beispiel, warum Gott ein Dreieck war und kein Quadrat oder Kreis oder ein großer bunter Rhombus mit wehenden Schwänzen, wie ein Papierdrache.

Ich fragte mich auch, warum er den Teufel erfunden hatte, diese rote Figur, die einen immer die falschen Entscheidungen treffen ließ.

Sprach der Teufel auch mit den Schwänen? Waren sie imstande, seine Sprache zu verstehen?

Hatte Er ihn erfunden, damit wir uns nicht langweilten?

Oder damit die Engel sich nicht langweilten?

Und würde ich mich denn wirklich langweilen, wenn die Schwäne, statt mir wehzutun, das Futter freundlich aus meiner Hand entgegennahmen? Oder wäre ich nicht einfach glücklich? Sonntag für Sonntag würde ich wiederkommen und ihnen tütenweise Futter bringen, und sie würden mir mit anmutigen Verbeugungen danken. Irgendwann würden sie mich wahrscheinlich auch ihren großartigen Hals streicheln lassen. Ihre Freude würde die meine sein und meine die ihre.

Wollte Gott also wirklich, dass wir glücklich waren?

Oder hatte er andere Ziele?

Ich erinnere mich noch genau an den Tag, an dem ich zum ersten Mal in den Katechismusunterricht ging. Mein Vater war absolut dagegen, dass ich mit der Doktrin des Katholizismus gepäppelt wurde. Zum Glück hatte der Kinderarzt mit den behaarten Ohren eingegriffen, der mehr Zeit mit uns verbrachte als unser offizieller Vater. Ein Mädchen, das ohnehin schon so gestört ist, hatte er gesagt, sollte nicht durch ein zusätzliches Moment der Andersartigkeit auffallen. Und dann war da der italienische Großvater, der Einzige, der auf solche Dinge Wert legte, und der uns alle unterhielt, also war seine Stimme in der Angelegenheit eher wichtig.

So wurde ich schließlich in der zuständigen Pfarrei für den Katechismusunterricht eingeschrieben. Es war ein Nachmittag im November, und ich musste in die entgegengesetzte Richtung wie zur Schule gehen. Mit ungewohnter Leichtigkeit lief ich auf dem Trottoir dahin, ich hüpfte sogar. Bald würde ich große Entdeckungen machen, da war ich mir sicher.

Das Gebäude, wo der Unterricht stattfand, war ein Häuschen auf der Rückseite der Kirche inmitten eines von hohen Häusern umstandenen Gartens. Als sich die Tür hinter mir schloss und die winterliche Dunkelheit draußen ließ, hoffte ich, dass außer der winterlichen Dunkelheit auch die Finsternis in meinem Geist für immer ausgeschlossen bleiben würde.

In meiner Erinnerung taucht dieser Raum als ein ungewöhnlich feuchter und dämmriger Ort auf. Es gab Bänke wie in der Schule, und auch einige Klassenkameradinnen waren mit dabei. Unser Lehrer im langen Talar hatte einen außergewöhnlichen Namen, der ihm sofort mein Herz erschloss.

Er hieß Don Volpe, also Fuchs. In meiner Erinnerung hat er rötliche Haare, aber vermutlich war das nicht so, und ein spitzes und elegantes Gesicht, aber vermutlich war das nicht so.

Ich erwartete von einem Moment auf den anderen, dass ein buschiger Schwanz unter seinem Talar hervorkäme – *oh, entschuldigt* – und dass er ihn mit geschickter Geste wieder daruntersteckte, denn in Wirklichkeit war er ein echter Fuchs, nur verkleidet. Diese seine zweite Natur erschien mir wahrhaft verheißungsvoll. Vielleicht musste man wirklich so schlau sein wie ein Fuchs, um zu verstehen, was Gott im Sinn hatte.

In den ersten Wochen hing ich buchstäblich an seinen Lippen, aber schon bald verwandelte sich die Erwartung der Offenbarung in eine neue Form der Qual.

Seit dem Zweiten Vatikanischen Konzil malen Kinder große bunte Bilder, singen festliche Liedchen und schlafen einen festen Schlaf, überzeugt, dass Jesus ein Freund ist, der ihre Probleme löst, der sich freut, wenn sie kommen, auch wenn sie sich dann in ihrem erwachsenen Leben als die größten Äser der Welt entpuppen. Sich gut verhalten, sich schlecht verhalten – das macht keinen großen Unterschied, weil am Ende ein großer Schwamm drübergeht, der all unsere Taten demokratisch gleichmacht.

Vor dem Zweiten Vatikanischen Konzil saßen die

Kinder steif in ihren Bänken, sie hatten kein Mitspracherecht, sie lernten viele Dinge auswendig statt Ringelreihen zu spielen, und es wurden ihnen Geschichten erzählt, die überhaupt nichts Beruhigendes hatten.

In diesem nach Schimmel und Katzenpisse riechenden Raum habe ich gelernt, dass Brüder, um Gott wohlgefällig zu sein, einander töten konnten, und dass zu den bevorzugten Tätigkeiten des Herrn die Aufforderung an Väter zählte, ihre Söhne zu töten.

Warum Er das tat?

Um zu sehen, wie weit ihr Gehorsam ging.

Sicher, im letzten Moment hielt er sie dann auf und verlangte, sie sollten einen im Gestrüpp gefangenen Bock töten, wie um zu sagen: Es ist doch bloß eine Mutprobe gewesen.

Auch die Schwarzfußindianer und die Apachen haben so was gemacht, aber sie waren Menschen.

Warum hatte Gott es nötig, jemandem eine so schreckliche Prüfung aufzuerlegen? Warum wollte er die Wahrheit über Abrahams Herz und seine Treue wissen? Aber wenn es wirklich so war, wenn er auf solche grausamen Spielchen zurückgreifen musste, dann fällt ein anderes Theorem kläglich in sich zusammen, nämlich das von seiner Allmacht und Allwissenheit.

In jedem Fall aber wurde der Bock geschlachtet.

Was war das für ein Gott, der dem Schmerz der Tiere gegenüber gleichgültig war und der einer von Natur aus unschuldigen Kreatur eine so grausame Prüfung auferlegte?

Don Volpe sagte, wir sollten uns voller Zutrauen an unseren Vater im Himmel wenden. Aber wie sollte man ein Gefühl des Zutrauens entwickeln gegenüber einem

Vater, der einem anderen Vater befahl, seinen Lieblingssohn zu töten? Nur ein ungeheuerliches Wesen, dasselbe, das die Schwäne aggressiv machte, konnte so etwas gebieten!

Abraham gehorchte, obwohl er seinen Sohn Isaak über alle Maßen liebte.

Und wenn Er dasselbe einem Vater aufgetragen hätte, der seinen Sohn nicht liebte? Der fragliche Vater würde eifrig gehorchen, und auch wenn im entscheidenden Augenblick der Bock vom Dienst auftauchte, würde er so tun, als sähe er ihn nicht, er würde mit geschickter Hand an die Kehle des Sohnes fahren, *Zack!*, um dann betrübt zu sagen: »Oh zu spät! Tut mir leid, ich hatte ihn nicht gesehen.«

Da unser Vater uns gegenüber unbestimmte und oft bedrohliche Gefühle hegte, malte ich mir beunruhigende Situationen aus. Was, wenn ihm morgens beim Rasieren Gott erscheinen und zu ihm sagen würde: »Nimm deine Kinder, bring sie zur Mole Audace, binde ihnen einen Stein um den Hals und wirf sie ins Meer!«? Am Meeresufer gab es keine Böcke, man konnte höchstens auf eine Möwe hoffen ...

Kurzum: Dieses Dreieck mit dem Auge in der Mitte erschien mir nicht so sehr wie ein weises, liebevolles Wesen, sondern wie ein blutrünstiges Ungeheuer, vor dem man sich besser in Sicherheit brachte.

Als das Alte Testament durchgenommen war, betrat Jesus die Bühne. Zusammen mit seinen Freunden lief er kreuz und quer durch Palästina. Instinktiv flößte er mir mehr Vertrauen ein. Vertrauen, das jedes Mal erschüttert wurde, sooft Don Volpe wiederholte, dass er der Sohn des Vaters sei. Wenn dem so war, dachte ich in meiner Bank kauernd, wer weiß, welche Streiche er hinter seiner engelgleichen Miene ausheckte.

Im Unterschied zum heutigen Jesus war vor dem Zweiten Vatikanischen Konzil der Teufel Jesu' Hauptgesprächspartner. Es war für Jesus eine Art ständige Herausforderung, aus der er immer siegreich hervorging. Manchmal trat Satan direkt mit seinem Gesicht auf, während er sich andere Male im Körper unschuldiger Personen verbarg, denen es plötzlich schlecht ging. Aber Jesus lockte ihn immer mit wenigen Worten hervor, und regelmäßig gelang es ihm, ihn dorthin zu schicken, woher er gekommen war, das heißt in die Hölle. Die Hölle war ein Ort, wo die Flammen loderten und zu dem Feuerwehrleuten der Zutritt strengstens untersagt war. Dieses Feuer brannte seit jeher und würde immer brennen, weil es seine Aufgabe war, für die Ewigkeit Leute zu beherbergen, die nicht so gut gewesen waren.

Und hier gab es wieder eine Verbindung zu dem Bild aus dem Schulbuch: Das Teufelchen und der Engel, die sich die Aufmerksamkeit des armen Kindes streitig machten. Wenn man nicht in dieser Zwickmühle landen wollte, musste man also mit einem zugestopften Ohr leben, nur auf den Engel hören und basta. Weil nur er die richtigen Ratschläge gab und uns davor bewahrte, Gast an diesem glühend heißen Ort zu werden. Der Teufel flüsterte uns nur Sünden ein, und Sünden waren letztlich nicht viel anders als Rabattmarken: Je mehr man davon hatte, desto schneller kam man in die Hölle. Der Engel hingegen flüsterte einem ein, wie man keine Sünden beging.

Vielleicht dank der vielen schrecklichen Figuren, von denen meine Phantasie schon bevölkert war, ist es mir nie gelungen, den Schrecken des Teufels und der Hölle in mein Innenleben hineinzulassen. Da drinnen war nicht einmal ein Stehplatz frei, also blieben sie draußen.

Große Sympathie empfand ich dagegen für den Engel, vor allem, seitdem ich erfahren hatte, dass jeder von uns einen ganz persönlichen nur für sich hatte – seinen Schutzengel. Da das Leben mir bis dahin als eine Wirklichkeit voller unvorhersehbarer Unannehmlichkeiten und Gefahren erschien, war es nicht schlecht, einen unsichtbaren und sehr mächtigen Freund zu haben. Wenn ich vom Unterricht nach Hause ging, stellte ich ihn mir vor, wie er neben mir einherschritt, lichtvoll und größer als ich, mit riesigen gefiederten und weichen Flügeln, beständig lächelnd. Wenn ich eine Straße überqueren musste, schloss ich die Augen und sagte zu mir: ›Übernimm du das!‹ Das war eine eher empirische Methode, mich von seiner Existenz zu überzeugen. Wie blöd die Autofahrer dreingeschaut haben müssen, als sie diese Lichtgestalt sahen, die sie aufhielt!

Außer für den Engel empfand ich eine gewisse Sympathie für die Mutter Jesu. Hinten im Garten stand in einer kleinen Grotte eine Marienstatue mit blauem Mantel, die Arme ausgebreitet, bereit, dich aufzunehmen. Sie lächelte immer mit einem sanften Gesichtsausdruck. Ihr gegenüber konnte ich tun, was ich bei meiner Mutter nicht wagte – ihr ohne Schrecken in die Augen schauen. Ja, diese Figur war für mich eine Oase des Friedens. Hätte man mich nach meiner Meinung gefragt, so hätte ich vorgeschlagen, sie umgehend an die Stelle des Herrn zu setzen, der dazu aufforderte, Kehlen durchzuschneiden.

Auch mit dem Dreieck war die Sachlage ziemlich kompliziert geworden. Endlich hatte ich erfahren, warum Gott weder ein Quadrat noch ein Rhombus sein konnte.

Er konnte es nicht, weil Er, obschon er als Einer erschien, in Wirklichkeit drei war.

Drei!!! Drei!!!

Das war wie ein Schlag auf den Kopf.

Drei, wiederholte ich immer wieder bei mir, drei.

Wie konnte man zu dritt herrschen?

Die Schiffe, die ich, begleitet von Schleppern, in den Hafen einlaufen sah, hatten einen einzigen Kapitän, der sie befehligte. Ein Kommandant auf dem Schiff und einer auf dem Schlepper. Der Autobus, der unter meinen Fenstern vorbeifuhr, hatte immer nur einen Fahrer, dasselbe galt für Züge und Flugzeuge.

Was würde passieren, wenn drei Personen sich das Lenken dieser Fahrzeuge streitig machten? Wahrscheinlich würden sie anfangen, zickzack zu fahren, mal hierhin, mal dahin, je nach Laune dessen, der gerade das Kommando hatte. Keine Endstation, kein Bahnhof, kein Hafen würde je erreicht werden.

Aber damit waren wir vielleicht beim Kern des Problems angelangt.

In der Welt ging es so schlecht zu, weil diese drei sich nicht einigen konnten.

Wenn ich zwischen den Dreien hätte wählen können, hätte ich jedenfalls ohne zu zögern dem Heiligen Geist den Vorzug gegeben, weil die Taube, als unschuldiges Tier, in dem Terzett das Wesen war, das mir am meisten Sympathie einflößte.

Hatte ich in diesen Monaten Antworten bekommen?

Nein, vielmehr hatte sich eine Menge von Personen und Ereignissen in meine Vorstellungswelt eingeschlichen, was noch mehr und noch verzwicktere Fragen aufwarf.

Das Problem der Schwäne hatte sich, anstatt sich zu lösen, erheblich verkompliziert. Gott war gut, wiederholte Don Volpe, aber wenn er gut war, wieso erlaubte er dann den Schwänen, sich so zu benehmen? Und übrigens, wie konnte man jemanden gut nennen, der zu Bluttaten anstachelte? Wenn Er vollkommen, allwissend und allmächtig war, warum hatte er dann die Welt nicht mit diesen Eigenschaften ausgestattet? Vielleicht, weil er sich dann gelangweilt hätte. Eine vollkommene Welt hätte kein Schauspiel geliefert, keine Unterhaltung, ein bisschen wie ein verregneter Nachmittag ohne Kinderfernsehen.

Und aus welchem anderen Grund hatte Er die Welt erschaffen, wenn nicht, um sich ein wenig zu zerstreuen? Die Ewigkeit, erfüllt nur von Ihm selbst, musste sterbenslangweilig sein, also erfand er die Zeit. Wer weiß, wie er sich amüsierte, wenn er unsere Betriebsamkeit sah, unsere Verwirrung, wenn wir unsere Punkte sammelten, um auf der einen oder der anderen Seite zu landen. Auf der Rutschbahn hinunter in die Hölle! Mit dem Fahrstuhl hinauf in den Himmel!

Als die erste Beichte näher rückte, wurde ich zusehends von Angst gepackt. Alle Sünden, die es zu begehen möglich war, schienen meinem Leben sehr fern. Nicht, dass ich mich für heilig gehalten hätte – im Gegenteil, diese duldsamen und so vollkommenen Heiligengestalten machten mir nicht wenig zu schaffen –, sondern weil Sünden mich nicht interessierten. Ich beneidete meinen Bruder, der mit dem Feuer Tausende unschuldiger Ameisen ausrottete. Er wenigstens hätte dort niederknien und sagen können: »Ich habe gesündigt, Vater.«

Aber ich? Ich machte innerlich Verrenkungen, um eine Sünde zu finden. Sicher, ich hätte mich im Vernichtungskrieg meinem Bruder anschließen können, aber dann hätte ich, auch wenn der Priester mir die Sünden erließ, die bei lebendigem Leib verbrannten Ameisen auf dem Gewissen gehabt.

Und dann, was war wichtiger? Das Leben zu achten oder im Beichtstuhl etwas zu sagen zu haben?

Je näher der Zeitpunkt rückte, da ich an der Reihe war, desto mehr krampfte sich mir vor Schreck der Magen zusammen, nicht wegen der Sünde oder des Teufels, sondern wegen der Klemme, in der meine Phantasie steckte. Als ich das Sprechgitter schließlich vor mir hatte, sagte ich in einem Atemzug: »Ich habe die Marmelade gestohlen!«

Der Priester erlegte mir eine Buße auf, und ich steuerte mit hochroten Wangen und in dem Versuch, eine reumütige Haltung einzunehmen, auf die Bankreihen zu. Kaum war ich niedergekniet, wurde mir klar, dass ich vergessen hatte, was mir als Buße auferlegt worden war, und einen Augenblick später ging mir großartig und grandios die Wahrheit auf.

Ich hatte es geschafft, ich hatte gesündigt!

Ich hatte gelogen.

Denn niemals hatte ich die Marmelade gestohlen, ja, um ehrlich zu sein, ich mochte Marmelade überhaupt nicht; diese Lüge war eine handfeste Sünde.

Begeistert von der Entdeckung ging ich noch einmal in den Beichtstuhl, schob den Vorhang triumphierend beiseite und sagte: »Vater, endlich habe ich wirklich gesündigt. Ich habe gelogen, ich habe nie Marmelade gestohlen!«

Im Lauf der Monate – als die Tage länger wurden, die Bora sich in ihre Höhle zurückzog, bescheidene Blümchen den Garten zierten und die zarten Düfte des April in der Luft lagen – stellte ich fest, dass die Dunkelheit in mir nicht mehr dieselbe war wie im Herbst. Sie hatte sich nicht aufgelöst, sondern einen anderen Namen bekommen und hatte nun ein Gesicht. Auf einmal hatte sich die irrationale und irrwitzige Angst in leise Furcht verwandelt. Auf Zehenspitzen und oft den Weg verfehlend, stolpernd, benommen von der Kühnheit meiner Gedanken, war ich an die Schwelle eines geheimnisvollen Bezirks gestoßen.

Das war der Bezirk des Heiligen.

Und dort hatte ich haltgemacht und den Atem angehalten.

Am Tag der Ersten Kommunion rebellierte ich bei der Vorstellung, das weiße Kleid anziehen zu müssen. Warum sollte es nötig sein, sich zu verkleiden? Jesus sollte mich so lieben wie ich war, in Sandalen und Ringelpullover.

Als ich dann zusammen mit allen anderen an der Kommunionbank kniete und der Priester sagte: »Lamm

Gottes, das du hinwegnimmst die Sünden der Welt«, sprengte ein Schluchzer meine kleine Brust.

Das Lamm war neben mir, sanft und wehrlos.

Das Lamm war neben mir, war mit mir.

Das Lamm lebte in mir, still, mild, großzügig seine Schultern darbietend, um den Schmerz der Welt zu tragen.

11

Unterdessen setzten meine Eltern ihre Reise auf der Suche nach neuen existenziellen Zielen fort. Sie stiegen in ständig wechselnde Autobusse ein und wieder aus, unsere Wohnung war ihr Warteraum geworden; staubig, müde, still und angespannt kamen sie dort an; es genügte ein winziges Geräusch, um sie in kurze und sehr heftige Streitereien ausbrechen zu lassen; alles, was sie entdeckten, befriedigte sie nicht, oder vielleicht waren sie außerhalb dieses Raums glücklicher. Es war die Rückkehr in die Wartesaal-Wohnung, die sie so aufbrachte.

Wir wussten jedenfalls, dass sie zerbrechlich, leicht entflammbar und instabil waren, deshalb gingen wir auf Zehenspitzen, waren immer auf der Hut, bereit, auch die kleinste Richtungsänderung des Windes wahrzunehmen.

Mein Vater war fortgegangen, ohne wirklich fortzugehen. Bisweilen kam er und spielte die Rolle des Vaters und Ehemanns der Fünfzigerjahre. Im grauen Anzug und Krawatte, die Aktenmappe unter dem Arm, ging er jeden Morgen aus dem Haus zur Arbeit. Ich habe eine vage Erinnerung, dass er mich zum Kindergarten begleitete. Er hatte Jura studiert, hätte daher Anwalt sein sollen – oder können – , aber Arbeiten war nicht eben seine Berufung. Er hielt es für eine irgendwie entwürdigende Tätigkeit.

Um die Wahrheit zu sagen, war das eine Vorstellung, die seine gesamte Familie ein wenig teilte. Sein Onkel, der sein Lebtag auf Kosten anderer gelebt hatte, war mit vierzig gezwungen gewesen, sich eine Arbeit zu suchen. Eine für ihn unerträgliche Demütigung, der er am ersten Tag im Büro dadurch Ausdruck verlieh, dass er eine Pistole aus der Ledertasche zog und sich in den Kopf schoss.

Nach einigen Jahren des Praktikantentums tat mein Vater sich geschäftlich mit einem Gauner und Pseudo-Reeder zusammen, und gemeinsam heckten sie einige betrügerische Transaktionen mit sicherem und leichtem Gewinn aus. Schade nur, dass er überhaupt nicht gerissen war und auch nicht die levantinischen Fähigkeiten des mütterlichen Teils der Familie besaß. Von Kater, Fuchs und Pinocchio war er sicher Pinocchio.

Er vergrub die Münzen, wo der Geschäftspartner ihm gesagt hatte, und wartete darauf, dass der Baum mit den goldenen Talern daraus hervorwüchse, um den Rest seiner Tage im Schlaraffenland zu verbringen. Aber statt der goldenen Taler wuchsen nur die Probleme.

Irgendwann zog er nach Mailand. Welcher Arbeit er dort nachging, blieb ein Geheimnis. Ich erinnere mich noch an meine Verwirrung angesichts des ersten schrecklichen Aufsatzes: *Der Beruf meines Vaters*. An diesem Nachmittag kam ich mit dem Aufsatzheft zu meiner Mutter in die Küche und fragte sie: »Welchen Beruf hat der Papa?« Sie schaute lang ins Leere, dann murmelte sie mit einem Seufzer: »Er ist Prokurist.« Ich hatte nicht die geringste Ahnung, was es bedeutete, Prokurist zu sein, daher schrieb ich, um die Dinge zu vereinfachen, er sei Maschinenschreiber, weil er große Hände und gepflegte Fingernägel hatte.

Wenn mein Vater je Prokurist war, dann hatte er die Prokura für Unheil.

Von Mailand kam er nach Triest zurück in einem funkelnden blauen Spider der Marke Pininfarina, was ihm in den Augen meines Bruders einige Pluspunkte eintrug. Meine Mutter dagegen tobte. Sie sah den Sportwagen als Manifestation eines Lebensstils – was er auch wirklich war. Ein Familienvater fährt keinen Sportwagen, es sei denn, er ist so reich, dass er auch eine Limousine oder einen Kombi besitzt, um damit Frau und Kinder spazieren zu fahren. Mit seinen zwei Sitzen hatte dieser Sportwagen nur eine, unmissverständliche Bedeutung – er war ein Werkzeug der Verführung.

»Deine Kinder haben keine Mäntel«, schrie sie, »und du hast einen Sportwagen! Man hat uns gepfändet wegen deiner Schulden, und dir ist das egal. Du drehst groß auf und kutschierst fröhlich deine Freundinnen herum.«

Und in der Tat war ihm alles egal, er hielt es nicht für seine Aufgabe, sich um die Kinder zu kümmern. Er zuckte mit den Achseln und lächelte: »Das ist nicht meine Angelegenheit, schaut zu, wie ihr zurechtkommt!« Und dieses ›Schaut zu, wie ihr zurechtkommt‹ hieß nur eines: »Soll dein Vater sich um euch kümmern!«

Und in der Tat war es mein Großvater, der seine Schulden bezahlte und uns erhielt, bis meine Mutter anfing zu arbeiten.

Oft habe ich das Hochzeitsfoto meiner Eltern betrachtet. Beim Ausgang aus der Kirche strahlt das Gesicht meiner Mutter vor Glück, dasselbe lässt sich vom Gesicht meines Vaters nicht sagen: Er hatte einen unruhigen, fliehenden Blick, einen Blick, der nichts Gutes verheißt.

Jedes Mal, wenn ich das Foto ansehe, tut es mir im Herzen weh.

Durch ihre Jugend und vor Liebe blind, hatte meine Mutter nicht gemerkt, wen sie wirklich an ihrer Seite hatte. Wenn sie einen Mann geheiratet hätte, der sie liebte, einen Mann, der auch nur ein bisschen weniger verkracht gewesen wäre als mein Vater, dann wäre sie wahrscheinlich die herrliche und leidenschaftliche Mutter geworden, die zu sein sie sich immer gewünscht hatte. Schon als junges Mädchen hatte sie die Mutterschaft für die schönste Sache der Welt gehalten. Als die Dinge um sie herum – um uns herum – anfingen zu zerbröseln wie poröser Tuffstein, versuchte sie eine Weile lang, diese zu stützen, standzuhalten, ihre Kinder vor dem Zusammenbruch zu bewahren.

Sie heuchelte Normalität, sie log, um das vorzeitig zerschlissene Gewebe ihrer Beziehung zu verbergen. Mithilfe der Nachbarin räumte sie am Morgen den bewusstlosen Körper meines Vaters von der Eingangstür weg, damit wir in die Schule gehen konnten, ohne über ihn hinwegsteigen zu müssen.

Bewusstlos, weil er zu viel Alkohol getrunken hatte.

Ein paar Jahre lang schaffte sie es, stopfte Löcher hier und da. So hin und her laufend bemerkte sie nicht, dass auch in ihr etwas nachzugeben begann. Sie war überzeugt, aus solidem Kalkstein gemacht zu sein, aber mit der Zeit verwandelte der Kalk sich in sehr brüchige Kreide und begann zu bröckeln.

Das Zerbröckeln brachte neue Verhältnisse mit sich. Anstelle einer festen Wand erschien eine Höhle, und aus dieser Höhle – dieser Tür ins Dunkel – kam eine Person zum Vorschein, von deren Existenz man bis dahin nichts geahnt hatte. Eisiger Wind begleitete ihren Auftritt, und dieser Wind – derselbe, den wir aus den Höhlen des Karsts kommen hörten – folgte ihr auf Schritt und Tritt. Sie schien aus einem Abgrund zu kommen. Außen Stahl, innen hohl. Ihrem Blick zu begegnen, konnte einem Angst machen. Wenn sie einen dann absichtlich anschaute, fühlte man den Tod in sich. Wie der Blick bestimmter mythologischer Gottheiten war der ihre imstande, kaum dass er einen streifte, einen zu Staub zerfallen zu lassen.

Es lag Kälte darin, Hass und der Wunsch zu zerstören.

Wir waren nicht mehr die geliebten Kinder, sondern die Kinder unseres Vaters, Träger eines Erbfehlers. Wir waren der lebende Beweis für das Scheitern, die Bürde, die sie aus ihrem vorherigen Leben mit sich schleppte.

Wo war die Frau, die für uns diese herrlichen rosablau-weißen Decken gestrickt hatte? Wo war die junge Frau auf dem Foto geblieben, die uns mit zärtlichem Blick an den Busen drückte, als ob wir die kostbarste Sache der Welt wären?

Wir wussten es nicht.

Hätten wir es gewusst, so hätten wir alles daran gesetzt, dass sie wiederkam. Wir hätten es mit Drachen, Ungeheuern, Opfern und bösem Zauber aufgenommen, hätten Heldentaten vollbracht. Indessen blieb uns nichts anderes übrig, als mit einem doppelköpfigen Wesen zu leben. Auf der einen Seite die wunderbare Mutter, die sich vorwiegend in der Öffentlichkeit zeigte und die jeder gern gehabt hätte, auf der anderen Seite das mythologische Wesen mit dem mörderischen Blick, wenn wir allein waren.

Die beiden Frauen kannten sich nicht, hatten keinen Umgang miteinander, hatten nie auch nur einen Kaffee miteinander getrunken.

Zwischen ihnen stand eine sehr hohe, schalldichte Wand, die oben von Stacheldraht und Glasscherben bedeckt war.

Leider hatten die beiden Wesen dasselbe Gesicht, trugen dieselben Kleider und wohnten in derselben Wohnung.

Daher lebten wir, als würden wir über ein Spinnennetz laufen. Unsicherheit begleitete jeden unserer Schritte, es genügte ein unvorhergesehenes Zittern des Fadens, und die Herrin des Hauses, die Spinne, wäre blitzschnell und unhörbar mit ihrem Gift über uns hergefallen.

Wie der Großteil der Schriftsteller, die diesen Namen verdienen, müsste ich an dieser Stelle von meiner frühen Leidenschaft für Bücher erzählen, und das würde so lauten: *In der Familie gab es eine große Bibliothek; kaum, dass ich mich auf den Beinen hielt, streichelte ich schon die Buchrücken in Vorfreude auf die Genüsse, die ich künftig aus ihnen ziehen würde ... Mit fünf Jahren konnte ich bereits lesen, mit acht stürzte ich mich in die Lektüre von* Krieg und Frieden, *mit zehn setzte ich alle in Erstaunen durch die Vollkommenheit der Erzählungen, die aus meiner Feder flossen ...* Es wäre schön, das eigene Leben so wunderbar verklärend darstellen zu können. Mir dagegen waren Bücher mehr oder weniger gleichgültig.

Meine große Leidenschaft waren Comics. *Micky Maus* an erster Stelle, dann aber auch *Tiramolla, Il Monello, Capitan Miki* und jede andere Form der Erzählung, deren Text in einer Sprechblase enthalten war. Wie das Manna vom Himmel erwarteten wir das Erscheinen dieser bunten Heftchen, die wir dann durch ständiges Wiederlesen abnutzten. Unsere Phantasiewelt bewegte sich vorzugsweise zwischen Entenhausen und Mouseton, und vermutlich fühlten wir uns Goofy und Donald näher als dem Großteil unserer Familienangehörigen.

Noch heute, wenn ich mit meinem Bruder spreche, passiert es uns, dass wir die lautmalerischen Ausdrücke aus den Comics verwenden: *Platsch, gurgel, seufz!* Jeder ist Kind seiner Zeit.

Wir hatten jedenfalls eine leidlich gute Kinderbibliothek, denn damals – in Zeiten geringen oder inexistenten Konsums – bekam man zum Geburtstag vorwiegend Bücher geschenkt. Es handelte sich dabei um Klassiker oder gekürzte Fassungen von Klassikern. Gegenüber den Comics hatten die Bücher, auch wenn sie anstrengender waren, einen unleugbaren Vorteil: Sie dauerten länger. So war damals, als Kinder noch kein so großes Angebot an Vergnügungen hatten, die Lektüre ein wirksames Antidoton gegen die Langeweile der nicht enden wollenden verregneten Sonntage.

Mein Interesse wurde geweckt von Büchern, die Tiere

als Helden hatten: *Das Dschungelbuch*, *Wolfsblut*, *Der Ruf der Wildnis*. Und dann *Lampo, der fährt, wohin er will*, die Geschichte vom Hund eines Bahnhofsvorstehers in Piombino, der die Angewohnheit hatte, mit dem Zug durch ganz Europa zu reisen, aber unfehlbar immer wieder nach Hause kam.

Ich las, ohne dass ich jemals das Gefühl gehabt hätte, zwischen mir und den Worten bestünde eine besondere Verbindung. Wenn ich eine Rangliste meiner Lieblingsbeschäftigungen aufstellen hätte sollen, dann hätte das Lesen von Büchern ziemlich weit unten rangiert. Ich wäre bestens ohne ausgekommen, ohne irgendetwas zu vermissen. Die Wirklichkeit – und das Überleben in ihr – beanspruchte all meine Kräfte. Ich hatte nicht viel Energie übrig, um in andere Welten einzutreten. Außerdem war – und bin – ich ein sehr sportlicher Typ. Fahrradfahren oder die Welt mit dem Ruderboot zu erforschen, das waren wirklich unverzichtbare Dinge für mich.

Im Erwachsenenalter entwickelte ich einen gewissen Neid auf die kleinen Musiker, jungen Mathematiker, werdenden Maler – kurz, auf all die Talente, die sich dank eines bereits vorhandenen Wissens oder einer Technik schon früh zu erkennen geben, um dann allgemeine Anerkennung zu finden. Für sie ist es leichter, die verheerende Last des Talents zu tragen, ja, manchmal kann es früh großartige Leistungen hervorbringen. Dasselbe gilt für die frühreifen Magier der Feder, die die Lehrerin mit der Schönheit ihrer Aufsätze rühren. Mit dreizehn gewinnen sie Poesiewettbewerbe, mit zwanzig leiten sie eine Zeitschrift, mit dreißig sind sie gefeierte Autoren oder fähige Kritiker, die mit ihrer

Meinung im Literaturbetrieb gut oder schlecht Wetter machen.

Aber das Kind, das eine andere Tiefe des Wortes in sich trägt, wie kann es sein Talent überleben?

Es kann Glück haben und an eine sensible Lehrerin geraten, die fähig ist, es anzunehmen, oder an eine Mutter, die es in jedem Fall lieb hat, auch wenn es stundenlang ohne erkennbaren Grund weint.

Es kann dieses Glück aber auch nicht haben.

Und dann?

Dann gibt es keinen Ausweg, gibt es keinen Trost. Jeden Morgen stehst du auf und weißt, du bist anders als alle anderen. Ständig fühlst du in dir den Ruf des Abgrunds, und diesen Ruf – die Angst, die Panik vor diesem Ruf – kannst du mit keiner der dir nahestehenden Personen teilen. Niemandem kannst du sagen: Hilf mir ein wenig, diese Last zu tragen! Niemand wird dir je Komplimente machen für dein Anderssein, weil der Abgrund in dir dazu führt, dass du nicht brillant bist.

Die allgemein beliebte und anerkannte Brillanz ist tausend Meilen von dir entfernt. Du wirst immer still sein und wenn du den Mund aufmachst, wirst du im falschen Augenblick das Falsche sagen. Ständig in einen parallel laufenden Gedankengang vertieft, wirst du nicht merken, was die Außenwelt von dir will. So wirst du von Tag zu Tag ungeschickter, unfähiger und verschreckter und die Gewissheit haben, dass die Umwelt dich für einen Idioten hält. Du siehst die nackte, raue Wirklichkeit, und bald verstehst du, dass dieser Anblick von niemandem gern gesehen wird. Folglich wirst auch du nicht gern gesehen. Also rollst du dich ein, zerknüllst dich und versuchst zu verschwinden.

»Schon von Geburt an hast du anders geweint als alle anderen Kinder«, sagte meine Mutter wiederholt, um mich aufzumuntern.

Ich habe vollstes Verständnis für diese Kinder, die Knall auf Fall vom Balkon springen. Ich persönlich lebte, indem ich tägliche Erstickungsversuche machte. Ich legte mich unters Bett und hielt den Atem an, jeden Tag ein bisschen länger. Ich war überzeugt, dass ich sie eines Tages würde überwinden können, diese Kraft, die mich irgendwann zwang, an die Oberfläche zu kommen und den Mund aufzureißen.

12

Meine Großmutter mütterlicherseits war eine ungewöhnlich intelligente Frau. Sie verband einen scharfen Verstand mit der wunderbaren Gabe der Ironie ohne Sarkasmus. Lebhaft und aufgeschlossen, war sie ihrer Zeit weit voraus und wiederholte oft, dass sie den Großvater nur geheiratet hatte, um das Erbgut unserer Familie aufzubessern.

Sie hatte viele Verehrer, erzählte sie, aber deren weiche Hände und bebende Stimmchen verhießen nichts Gutes.

»Als ich auf einem Ball euren Großvater kennenlernte, verstand ich mit einem Mal, was ein echter Mann ist.«

Einen Mann heiraten zu wollen, der aus den Gebirgsregionen Mittelitaliens stammte, war damals für ein Mädchen des gehobenen Bürgertums ungefähr so, wie heute einen illegalen Einwanderer aus Kurdistan heiraten zu wollen. Großmutter war noch minderjährig, und um diese Leidenschaft zu unterbinden, schickte die Familie sie zu Onkel Ettore, der in einem der Familienwerke in London arbeitete. Sie hofften, die Zeit und der Abstand würden sie diese wenig verlockende Partie vergessen lassen. Doch dem war nicht so, und kaum hatte sie die Volljährigkeit erreicht, kam meine Großmutter nach Triest zurück und heiratete den schönen Leutnant mit der fragwürdigen Herkunft. In der heiter-ironischen Bemerkung lag, glaube ich, ein gerüttelt Maß an Wahrheit.

An den Wänden meiner Wohnung in Triest hängt nur ein einziges Familienfoto in Schwarz-Weiß. Es stammt aus dem Jahre 1930 oder 1931 und zeigt meine Ururgroßmutter Olga Moravia auf der Veranda sitzend, im Kreise all ihrer Enkel. Die zuletzt Geborenen, die sie beide im Arm hält, sind meine Mutter und ihre Cousine Dora. Das Foto hängt dort an der Wand, nicht aus Liebe oder Nostalgie, sondern ganz einfach als Mahnung.

In der Tat ist die Mehrzahl dieser lächelnden Mädchen und Jungen in ihren Matrosenanzügen von einem zerstörerischen Schicksal hinweggerafft worden. Drogen, Selbstmord, Alkohol, Krieg, Verfolgung, Geisteskrankheit haben sie einen nach dem anderen vor der Zeit umkommen lassen.

Das Blut des Großvaters, der es gewohnt war, für das nackte Überleben zu sorgen, war sehr verschieden von dem der kleinen Matrosen, die unter den wachsamen Augen der *nannies* heranwuchsen. Es war Energie darin, Kraft, Gesundheit und das hartnäckige Bestreben, immer und auf jeden Fall vorwärts zu gehen und alle Schwierigkeiten zu meistern. Es war vielleicht diese Kraft, die mich bei meinen Erstickungsversuchen zwang, den Mund zu öffnen. Und es war ebendiese Kraft, die mir in den dunklen Momenten des Lebens erlaubte, immer und in jedem Fall vorwärts zu gehen, mir eine Zukunft vorzustellen, in der die Dinge anders wären.

Zwischen den Kindheitserinnerungen meiner Großeltern – sie fuhr im Wagen mit federgeschmückten Ponys zur Schule und verspürte entsetzliche Scham, wenn sie die Arbeiterviertel rund um die Fabrik durchquerte, und er kletterte auf sämtliche Maibäume, um ein Stück Wurst zu ergattern – lag ein raumzeitlicher Abgrund, den zu überbrücken mir schwerfiel.

Als Kinder aßen wir sonntags mit unseren Cousins bei ihnen zu Mittag. Im Unterschied zu den väterlichen Großeltern erinnere ich mich hier ganz genau an die Wohnung und an das Wohlgefühl, das mich jedes Mal überkam, wenn ich durch diese Tür trat. Es gab große Teller Spaghetti – ein fremdes Gericht, eingeführt vom Großvater –, und es gab Raum nur für uns: eine Schachtel mit Buntstiften und Papier, ein Bilderbuch und drei Platten, die wir mit Erlaubnis des Großvaters so oft hören konnten, wie wir wollten, indem wir sie auf den Plattenspieler legten, der sich in einer großen braunen Truhe befand.

Auf einer der Platten war die Geschichte von *Bambi*, auf der anderen die der *Tiger von Mompracem*, und auf der dritten hörte man die grausamen Liedchen eines deutschen Klassikers, des *Struwwelpeter*.

Das dazugehörige Buch befand sich leider auch in dieser Schachtel, und seine Federzeichnungen sind noch immer fest in meinem Gedächtnis verankert. Es handelte sich um ein Buch mit pädagogischer Absicht, das mit seinen schrecklichen Beispielen darauf abzielte, aus kleinen frechen Wilden brave Kinder zu machen. Die verschiedenen Geschichten hatten alle ein erbauliches Ende. Einem Kind, das leidenschaftlich Daumen lutscht, schneidet ein Schneider, der plötzlich hinter einem Vorhang hervorschießt, beide Daumen ab, der Ärmste bleibt reuig zurück und betrachtet seine verstümmelten Hände sowie die dazugehörigen Finger in einer Blutlache am Boden. Auf diese Geschichte, die sogar meinem Bruder Schauer einjagte, folgte die der kleinen Pauline. Auch Paulinchen war eine Schelmin. Sie lutschte aber nicht am Daumen, sondern spielte mit Streichhölzern, obwohl die Eltern ihr das verboten hatten. Bild Nummer eins: Paulinchen spielt mit den Streichhölzern, der Blick trunken vor Glück; Bild Nummer zwei: Ihre Kleider fangen Feuer; Bild Nummer drei: Zwei Kätzchen vergießen heiße Tränen vor dem, was von Paulinchen übrig bleibt, nämlich ein Häuflein Asche mit roten Schuhen darin. Und was soll man von Kaspar sagen, der seine Suppe nicht essen will? Er isst sie heute nicht, er isst sie morgen nicht, und am Ende bleibt von dem kräftigen Burschen nur ein Häufchen Erde mit einem Kreuz und einer dampfenden Suppenschüssel darauf.

Von der Geschichte des Zappelphilipp erinnere ich mich noch an das Liedchen, das mein Bruder und ich sangen: »Er gaukelt/Und schaukelt/Er trappelt/Und zappelt/Auf dem Stuhle hin und her.« Philipp hat die Angewohnheit, beim Essen auf seinem Stuhl zu schaukeln, und hört nicht auf die wiederholten Ermahnungen der Eltern. So geschieht schließlich das Unvermeidliche: Der Tisch fällt mit allem darauf um und begräbt ihn unter sich.

Noch heute überkommt mich, wenn ich an das Umschlagbild des Buches denke – ein ungewaschenes, ungekämmtes Kind mit so langen Fingernägeln, dass sie fast bis zu den Füßen reichen – ein tiefes Gefühl der Verstörung. Unbarmherzigkeit, Grausamkeit, Sadismus – bis hin zum Tod – begegneten den Kindern, die nur ein wenig aus der Reihe tanzten.

Abgesehen von diesem Buch – der einzige Makel jener Tage – war es bei den Großeltern erlaubt, Decken und Tücher zu nehmen und sich zwischen den Stühlen Häuschen zu bauen, in denen man den Nachmittag zubringen konnte. Großvater war Kindern gegenüber wohlwollend eingestellt, er war weder Darwinist noch Tierbändiger. Auch wenn er streng zu uns war, so war seine Haltung doch immer positiv. Das Leben – so dachte er, glaube ich – bot schon genug Schwierigkeiten, da brauchte man nicht weitere hinzuzuerfinden, um die Kinder zu entmutigen. Großmutter kochte gern Süßspeisen, und oft machte sie am Nachmittag für uns Enkel Palatschinken.

Die ganze Kindheit hindurch hatte ich keine besondere Beziehung zu ihr. Sie selbst gestand mir, als ich schon erwachsen war, dass es unmöglich gewesen war, mit mir in Kontakt zu kommen. »Ich hatte schon Angst, dich bloß anzuschauen«, sagte sie mir einmal. »Du warst völlig stumm, reglos, der Blick verloren in einer unzugänglichen Welt.«

Der Blick. Worauf war er gerichtet?

Worauf er sich nicht hätte richten sollen.

Die Tränen bei meiner Ersten Kommunion gehörten zu den letzten Tränen, die ich weinte. Noch wusste ich es nicht, aber schon bald würden die Tränen, die ich in den unvorhergesehensten Situationen so reichlich vergoss, vom flüssigen Aggregatzustand in den festeren des Eises übergehen. Mein Eisberg wartete geduldig auf mich, wie die Hohlform eines Ostereis. Man brauchte nur hineinzugehen und die Tür zu schließen.

Alle nicht geweinten Tränen verdichteten sich um meine Person und bildeten einen unzerstörbaren Panzer. Diese dichte, durchsichtige Eisschicht erlaubte mir weiterzumachen. Kein Gefühl berührte mich mehr. Ich war bloß ein Automat, der Befehlen gehorchte, und wollte es sein. Verdrossen von so viel Gleichgültigkeit, begannen sogar die Wölfe und die Hexen abzuziehen.

Ataraxie war im zweiten Teil der Kindheit mein Lebensgefühl – oder besser mein Überlebensgefühl –, sich an nichts binden, nichts empfinden. Es gibt Leute, die unterwerfen sich jahrelangen Entbehrungen, anstrengenden Exerzitien und Meditationsmarathons, um diesen Zustand zu erreichen, zu dem ich auf vollkommen natürlichem Wege gelangte.

Mit neun Jahren gab es überhaupt keinen Unterschied zwischen mir und dem kleinen Buddha. Ich hatte keine Wünsche, ich hing an nichts. Etwas zu fühlen, sich zu binden, bedeutete nur eine unendliche Serie von Leiden.

Allen gegenüber legte ich ein rätselhaftes Lächeln an den Tag, bedingungslose Folgsamkeit und einen scheinbar festen Blick. Um nicht allzu viel Bestürzung ringsum auszulösen, tat ich zuweilen so, als würde ich mich für die Dinge interessieren, die Kinder gewöhnlich anziehend finden. Ich saß auf dem Gipfel eines Bergs, während sich unten im Tal das Leben abspielte. Von all seinem Lärm drang, wenn der Wind drehte, nur ein schwaches Echo zu mir – das Muhen einer Kuh, die sich verlaufen hat, die quietschenden Bremsen eines Autos.

An die Stelle der Wölfe, Hexen und Skelette trat in meinem Inneren der Marianengraben, der elf Kilometer tiefe Meeresabgrund in der Nähe der Philippinen. Auch diese Entdeckung verdankte ich, wie die des Eisbergs, den Bildern des Sammelalbums *Land und Leute*. Es war ein riesiger Schlund, der wie ein ungeheuerlicher Trichter wirbelnd bis in die dunkelsten Tiefen der Erde hinabreichte.

Das Geräusch dieses Schlunds begleitete bald meine Tage und meine Nächte. *Wuoom, wuuomm, wuuom*. Obwohl er vom Adriatischen Meer sehr weit entfernt war, wusste ich, dass zwischen ihm und mir eine tiefe schicksalhafte Beziehung bestand.

Wenige Jahre zuvor war es einem Menschen gelungen, dort hinabzutauchen und den Grund zu erreichen. Er war nicht mit Taucherbrille und Flossen aufgebrochen, sondern an Bord eines Tauchboots, einer Art runden U-Boots. Dieses Tauchboot hieß *Triest*, und das nicht aus sentimentalen Gründen, sondern weil es auf der San-Marco-Werft gebaut worden war, nur ein paar Hundert Meter von dort entfernt, wo ich geboren und aufgewachsen bin. Während ich also meine ersten Schritte tat und die düstere Werftsirene hörte, ohne zu wissen, was das war, waren sie dort unten *klong klong* schon dabei, das Tauchboot zu bauen, das die Mission vollbringen würde.

Zur Zeit meines Eintritts in den Kindergarten, 1960, glitt das Boot mit zwei Personen an Bord, einem Offizier und einem Meeresforscher, Jacques Piccard, hinab in die Abgründe. Es brauchte mehrere Stunden, um auf den Grund zu gelangen, und bei elftausend Metern machte es zwanzig Minuten halt. Sie tauchten allein dort hinab, oder so glaubten sie wenigstens, denn in Wirklichkeit war ich bei ihnen. Nur dass sie am selben Tag wieder aufstiegen, während ich eine ganze Zeit lang dort unten wohnen würde.

Der Schlund, der Abgrund, das Nichts.

Ein Loch von elftausend Metern Tiefe, zweitausendfünfhundert Kilometer breit, dreitausend Meter tiefer als der Mount Everest hoch. Aber während der Everest aus festem Gestein war und in die Höhe ragte, dem Licht und den offenen Himmelsräumen entgegen, stürzte der Abgrund ins Dunkel, und die Bewegung, die er vollführte, war zentripetal, also imstande, gnadenlos alles, was in seine Nähe kam, in die Tiefe zu reißen und zu verschlucken.

Elftausend Meter.

Wie lange würde es beim Abstieg Licht geben?

Schon im Ausonia-Bad verspürte ich, wenn ich hinunterschaute, wo das Wasser tief ist, absoluten Schauder. In Grado sah man immerhin die Helligkeit des Sands, den Algenteppich, der sich langsam hin und her bewegte, aber dort war nur das Schwarzblau, worin sich alles verbergen konnte. Die Haie konnten getrost an die Stelle der Wölfe treten, die Teufelsfische mit ihren Stromschlägen waren am Ende schlimmer als die Hexen. Aber in zwei- oder fünftausend Meter Tiefe konnten auch sie nicht hinabkommen. Der Druck der Wassersäule hätte sie schnell plattgemacht.

Der Abgrund war nicht leer, sondern von Ungeheuern bevölkert.

Dort unten war kein Licht, aber diese schrecklichen

Kreaturen waren fluoreszierend, deshalb konnten wir sie sehen. Was sahen wir? Vor allem enorme Reihen spitzer Zähne, einen Schwanz, Kinnladen von ungeheuerlichen Ausmaßen, Flossen, Stoßzähne, Lanzen, giftige Pfeile, das plötzliche Aufblähen eines Magens.

Im Marianengraben zeigte das Leben seine tiefste, nackte Wahrheit. Leben heißt, sich gegenseitig fressen. Fressen und gefressen werden. Der Abgrund mit seiner ständig vor Bewegung wimmelnden Dunkelheit ließ keine Lüge zu.

Im Pazifischen Ozean gab es den Marianengraben, andere Marianengräben gab es überall in der trügerischen Ruhe der Tage. Auch wenn alle so taten, als ob nichts wäre – es war klar, dass wir über einem Abgrund hingen. Es genügte ein Nichts, ein Moment der Zerstreutheit, um den Fuß falsch zu setzen und in dem düsteren Glimmen unterzugehen, zwischen Lanzen, Stoßzähnen und grausamen Pfeilen.

Eines Tages vor dem Schwimmunterricht führte ich mich sehr ungezogen auf. Ich wusste, dass ich einige Chancen hatte, damit durchzukommen, weil Großmutter mich zum Schwimmbad begleitete. Ich klammerte mich an die Tür des Seicento und wurde von der Bora hin und her geworfen, aber das machte mir nichts aus. Schließlich ließ ich los und warf mich zu Boden. Zum Glück hatte Großmutter nicht das Temperament eines Tierbändigers, und es kam ihr gar nicht in den Sinn, mich womöglich am Arm bis zu den Umkleidekabinen zu zerren, daher sagte sie, während ich mich noch auf dem Asphalt wälzte: »Ist gut, für heute kein Schwimmbad.«

Bevor sie den Motor wieder anließ, sah sie mich aber an und fragte: »Was ist los? Stimmt was nicht?«

Mit dem leeren Blick des Eisbergkindes sah ich auf das Armaturenbrett. »Nichts«, sagte ich. »Ich weiß nicht, nichts«, wiederholte ich immer noch zitternd.

In Wirklichkeit wusste ich ganz genau, warum. Das Schwimmbecken hatte auf seinem Grund einen großen Stöpsel, und der hätte jeden Moment aufgehen können. Der Sog wäre mächtig und schnell gewesen. Trotz der Schwimmbretter wären wir alle in den Abgrund gerissen worden. Es war also keine Ungezogenheit, sondern der Versuch, sich einem unheilvollen Schicksal zu entziehen.

Erst viele Jahre später, schon als Erwachsene, habe ich die Erklärung gelesen, die Jacques Piccard abgab, als er wieder an die Oberfläche zurückgekehrt war: »Ich glaubte, dort unten die absolute Finsternis anzutreffen, aber irgendwann erschien der Meeresboden zu meiner großen Überraschung hell und klar.«

13

Ich habe immer an Reisekrankheit gelitten.

Während unserer Ausflüge auf den Karst überhäufte mein Großvater auf dem Fahrersitz mich mit Ratschlägen. »Halt dich gerade, schau nach vorn, mach das Fenster auf ...« Trotzdem nahmen Übelkeit und Schwindel unausweichlich zu, und bei der ersten etwas schärferen Kurve geschah das Unvermeidliche.

Dieselbe Art von Übelkeit befiel mich, wenn ich meine Mutter auf ihren künstlerischen Streifzügen begleitete. Außer dem Traum, Mutter zu sein, hatte sie von Kindheit an den Wunsch gehegt, die Kunstakademie in Venedig zu besuchen. Der Vater aber, eher konservativ, erlaubte ihr das nicht, und da beschloss sie, mit dem jungen Mann, in den sie aufrichtig verliebt war, die Ehe einzugehen.

Von dem Augenblick an, da das Gebäude einzubrechen begann und die Wohnung sich in eine Bahnhofshalle verwandelte, beschloss sie, in den Autobus einzusteigen, der sie in die Welt der Kunst führte. Der Bruder des besagten Kinderarztes war Bildhauer, und dank seiner bekam sie Zugang zu einer Gruppe von Malern ihres Alters. Sie ging oft mit ihnen aus. Im Grunde war sie ein junges Mädchen, sehr hübsch und voller Leben. Es war normal, dass sie sich, um die Verkrustungen ihrer Ehe abzuschütteln, aufmachte und sich amüsierte.

Ich erinnere mich an einen Abend, an dem sie uns auf ein Fest mitnahm. In erster Linie aus meteorologischen Gründen – es muss nicht angenehm sein, sich bei einer Bora, die mit 150 Stundenkilometern dahinfegt, im dreißigsten Stockwerk aufzuhalten – gibt es in Triest wenige hohe Gebäude; eines davon stand an den Kais und wurde daher auch Wolkenkratzer genannt.

Das Fest fand dort oben statt. Es waren sehr viele Leute da, Mädchen in Minirock und mit Bubikopf, junge Männer mit hochgekrempelten Jeans, ein Plattenspieler, der wie verrückt Jazz spielte, sehr viel Rauch, eine unverhältnismäßig große Anzahl an Flaschen, Gelächter, Gläserklingen. Wir wurden auf einem kleinen Sofa beim Eingang abgesetzt, und dort blieben wir, bis uns der Schlaf übermannte.

Das Abgesetztwerden auf Sofas, Sesseln oder verschiedenen Stühlen war die Konstante unserer Jahre in der Kunstwelt.

In der Zwischenzeit war meine Mutter Freundin von Umbro Apollonio geworden, dem damaligen Chef der Biennale, und so wurde im Sommer der Lido von Venedig unser zweites Zuhause. Ich erinnere mich an die Langeweile von nicht enden wollenden Mittagessen, endlosen Abendessen, Wartereien ohne Ende, unverständlichen Reden, die wir ohne zu protestieren über uns ergehen lassen mussten.

Manchmal führte uns Apollonios Tochter, Gabriella, in die Gärten am Lido, aber diese Besuche waren nur eine kurze Ablenkung. Außer den Abend- und Mittagessen waren da leider auch die Ausstellungen. Die Biennale an erster Stelle. Eine Ausstellung zu besuchen, bedeutete, stundenlang reglos auf einem Stuhl zu hocken und unentwegt Bäuche und Beine an sich vorüberziehen zu sehen. Gelegentlich beugte sich ein unbekanntes Gesicht zu einem herunter und fragte: »Wirst du auch Künstlerin wie deine Mama, wenn du groß bist?« Da ich das Eisberg-Mädchen war, das Abgrund-Mädchen, fiel das Nein, das aus meinem Mund kam, eher schwach aus, aber in mir dröhnte es mächtig wie ein Brüllen. NEIN! Ich würde nie Künstlerin werden, um nichts in der Welt. Aus welchem Grund sollte ich mir diese Langeweile antun?

Außerdem: Obwohl sie alle Maler waren, kam zu meiner großen Verwunderung auf ihren Gemälden nie etwas zustande, das ich wiedererkennen konnte, ein Baum, ein Häuschen, ein Gesicht, nichts. Nur Kuben, Kreise, Linien, Rhomben, Dreiecke, vorzugsweise in den Farben Weiß und Schwarz, oder aus glänzendem Metall rotierende Plättchen, aufgehängt an unsichtbaren Nylonfäden.

Es waren die frühen Sechzigerjahre und die Optische Kunst oder Op-Art mit ihrer geometrischen Abstraktion war im Schwange. Es ging nicht mehr um das Herz, sondern um die Netzhaut; die schöne Seele war Studienobjekt der experimentellen Psychologie geworden. Das jedenfalls war die These ihres Gründers Victor Vasarely, dem alle nacheiferten, indem sie immer neue geometrische Formen erfanden, immer abstrusere, die in meinen Augen immer öfter furchtbare Anfälle von Übelkeit ankündigten. Diese Bilder erschienen mir weniger Versuche in experimenteller Psychologie als solche in Gastroenterologie: Muss man sich davon erbrechen? Muss man sich nicht erbrechen? Vermutlich wurden die Werke nach diesem Maßstab beurteilt.

Ich erinnere mich an eine Ausstellung meiner Mutter, auf der ein enormer orangefarbener Kubus zu sehen war, bedeckt mit den üblichen geometrischen Hieroglyphen. Aber das Äußere war noch nichts. Hatte man das Pech, sein Auge an eine Art Fernrohr zu legen, das in einer der Seiten steckte, begann der Kubus zu oszillieren, sodass die in der Schachtel eingeschlossenen Objekte optisch zur Potenz wurden, imstande, nicht die Übelkeit der sanften Kurven des Karsts auszulösen, sondern die heftige des Sella-Passes.

Wenigstens unsere geliebten Comics konnten uns rächen. In Entenhausen kam es in der Tat häufig vor, dass Daisy oder Minnie vor unverständlichem Gekritzel in Ausstellungen moderner Kunst in Verzückung gerieten, aber zum Glück sprachen Goofy oder Donald mit ihren ungeschickten Kommentaren die Wahrheit über diese abstruse Kleckserei aus.

Vor zwei Jahren brachte mir mein Bruder – der das ganze Op-Art-Trainingsprogramm mit mir gemeinsam absolvierte – im Gedenken an diese abscheulichen Tage aus Finnland ein T-Shirt mit, auf dem geschrieben stand: »Ich habe es geschafft, dem Museum für Moderne Kunst zu entfliehen!«

Genau das, was wir in jenen Tagen gern getan hätten. Tausend Meilen weit wegfliehen vom Aktuellen und Faktischen, vor der faktischen Aktualität und der aktuellen Faktizität. Fliehen vor der Welt der pompösen, mit hochtrabenden Worten gewürzten Langeweile. Fliehen, um die Nachmittage am Boden liegend zuzubringen, Schlachten zu zeichnen, Bombardierungen,

Explosionen, Forts von Nordstaatlern, Überfälle von Indianern, Häuschen mit Kamin und Bäumen, Himmel mit Sternen – die ganze anschauliche Welt, die in unseren Kinderaugen noch einen Sinn hatte.

Auf ihrem Weg zur künstlerischen Intellektualisierung ließ meine Mutter nichts aus. Sie musste die Zeit aufholen, die sie in Verfolgung des oberflächlichen Traums verloren hatte, eine perfekte Hausfrau und Mutter zu werden. So legte sie sich eines Abends aufs Sofa, und auf diesem Sofa blieb sie jahrelang liegen, immer mit demselben Buch.

Die Zeit des Lesens war heilig.

Es war verboten, Lärm zu machen, verboten, Bedürfnisse zu haben oder den Lärm der üblichen Überlebenskämpfe hören zu lassen, die mein Bruder mir aufzwang. Wir glitten durch die Wohnung, leise, in Pantoffeln, und um miteinander zu reden, senkten wir die Stimme, wie man das bei Beerdigungen tut.

Flüstern, Wispern, Seufzer.

Auf dem Boden liegend betrachteten wir sie von unten. Auf dem Umschlagbild des Buches war das Foto eines Herrn mit Schnurrbart zu sehen und darüber ein Name: Marcel Proust.

Mit der Zeit wurde dieser Herr Proust mit seinem Schnurrbart und seinem mokanten Lächeln unser erklärter Feind, Gegenstand unserer geheimen Unterredungen. All die Zeit, die sie mit uns hätte verbringen können, widmete sie ihm, und wir verstanden den Grund dafür nicht.

Was konnte so Interessantes auf diesen Seiten geschrieben stehen? Waren es optische Seiten? Waren es hypnotisierende Seiten?

Nach ein paar Monaten nutzten wir einen Tag, an dem sie besonders guter Laune war, und fragten sie: »Aber wann ist dieses Buch denn aus?«

»Es ist schon aus«, antwortete sie uns, »das ist ein anderes.«

Verblüfft sahen wir sie an. Herr Proust war immer noch da, auf dem weißen Umschlagblatt, und auch der Titel war derselbe, aber meine Mutter sagte, es sei ein anderes Buch.

Nahm sie uns vielleicht auf den Arm?

Dem zweiten folgte jedenfalls ein weiteres und dann noch eins. Mit der Zeit wurden wir von einer Art düsterer Resignation ergriffen. Es war sinnlos, mit dem Schnurrbart-Typen konkurrieren zu wollen, um mehr Aufmerksamkeit zu erheischen, denn es war klar, dass Herr Proust – Marcel, Marcello, allein der Name schien uns hassenswert – viel bessere Karten hatte als wir.

Als Erwachsene habe ich meine Mutter nach ihrem Verhältnis zur *Recherche* befragt. »Ich habe sie einmal ganz gelesen«, antwortete sie mir, »und kaum war ich damit fertig, habe ich wieder von vorn angefangen, um jeden Satz einzeln in seiner vollen Tiefe auskosten zu können.« Da war es also gelüftet, das Geheimnis der unendlichen Zeit unserer *Recherche*!

In diese Zeit fällt auch unsere erste Begegnung mit einem Künstler. Um die Wahrheit zu sagen, waren wir auf der Biennale vielen Künstlern begegnet – unter ihnen erinnere ich mich noch gut an Miela Reina und Getulio Alviani –, aber das waren Personen mehr oder weniger im Alter unserer Mutter, die mit uns aßen und tranken, und so war mir der Unterschied zwischen einem Künstler und einem Busfahrer überhaupt nicht klar.

Kurz und gut, Künstler zu sein, schien mir ein Beruf wie jeder andere, und es war klar, dass ich, vor die Wahl zwischen einem Künstler und einem Busfahrer gestellt, Letzterem den Vorzug gegeben hätte.

Doch eines Tages geschah etwas Besonderes. Unsere Mutter rief uns in die Küche und sagte zu uns: »Heute Abend kommt ein großer Künstler zum Essen.« »Wie groß?«, fragte mein Bruder, der immer am physischen Aspekt der Dinge interessiert war.

»Sehr groß. Ein sehr großer Dichter.«

Auf diese Ankündigung folgten die zehn Gebote der Tierbändigerin mit all dem, was wir bei dieser Gelegenheit nicht tun sollten. Außer atmen war uns sehr wenig erlaubt. Den Rest des Tages verbrachte ich wie üblich in meine Überlegungen vertieft. Wenn er sehr groß war, musste er sicher viel größer sein als mein Vater, der doch schon groß war. Würde er durch die Tür passen oder würde er sich bücken müssen, wie wenn er in eine Zwergenhöhle trat? Und die Stühle und der Tisch? Würden sie groß genug sein? Oder wäre es wie bei Schneewittchen, wenn sie in die Behausung der sieben Zwerge kommt? Vielleicht würde ja am Nachmittag jemand einen riesigen Sessel bringen ...

Und übrigens, was sollte das heißen: Dichter?

Die einzige Berührung, die ich mit der Poesie gehabt hatte, endete mit einem fetten »Genügend« in der zweiten Klasse. Es war Oktober, und wir mussten ein Gedicht zum Gedenken an das Unternehmen des Christoph Kolumbus auswendig lernen. Der Titel war: *Die drei Karavellen*. Von der Lehrerin aufgerufen, stand ich auf und schwieg. Statt der Karavellen kamen mir nur Karamellbonbons in den Sinn und um sie herum die absolute Leere.

Am Nachmittag fragte ich meinen Bruder: »Er wird uns doch wohl nicht abfragen?« »Ich glaube nicht«, antwortete er mir, schien aber nicht sonderlich überzeugt.

Endlich kam die Zeit fürs Abendessen. Es klingelte an der Tür, die Tür ging auf, und herein kam ein kleiner Mann mit weißem Haar und funkelnden blauen Augen in einem völlig runzligen Gesicht. Meine Mutter nahm ihm den Mantel ab und bewegte sich dabei vorsichtig, als wäre er ein extrem zerbrechlicher Gegenstand.

Uns war natürlich nicht erlaubt, mit ihnen zu essen, aber als der Dichter schon auf seinem Platz saß, rief er uns zu sich. Mich bat er um Papier, und ich lief sofort und holte ihm das Adressbuch beim Telefon. Ich gab es ihm, und er zog einen großen schwarzen Füllhalter aus der Jackentasche, schraubte ihn auf und begann zu schreiben ...

Außerordentliche Magie: Alle Worte waren grün.

Da war das Geheimnis gelüftet!

Gedichte sind grüne Worte!

Am nächsten Tag in der Schule hatte ich endlich etwas Interessantes zu erzählen. Ich konnte es gar nicht erwarten, meine Entdeckung vom Abend zuvor bekannt zu machen, also hob ich die Hand und sagte: »Frau Lehrerin, ich habe einen großen Dichter kennengelernt!«

»Ach ja? Und wie heißt er?«

»Ungaretti. Giuseppe Ungaretti!«
Untröstlich schüttelte die Lehrerin den Kopf.
»Warum lügst du nur so?«

14

Als meine Beobachtungen des Realen schon etwas weiter fortgeschritten waren, vollzog sich in mir, als ich etwa acht war, eine wichtige Veränderung. Die Erfahrungen, die ich bis dahin gemacht hatte, hatten mir zu verstehen gegeben, dass das Leben Chaos und Willkür war. Es gab keinen Sinn, keinen roten Faden, der die Tage miteinander verknüpfte. Die Welt der Kunst bot überhaupt keinen Anhaltspunkt. Die Welt der Gefühle war nicht viel anders als ein riesiger stygischer Sumpf, der die Personen eine nach der anderen verschluckte und für immer verschwinden ließ.

Was den Himmelsbewohner anging, so war auch da nicht viel zu erwarten. Außer den verrückten Befehlen, die er den Menschen zu geben beliebte – und die ich nicht vergessen hatte –, war ich bei meinen Gängen durch die Stadt auf ein anderes Problem gestoßen, das mir nicht wenig zu schaffen machte.

Wenn wir zu den Großeltern gingen, kamen wir an einer riesigen Kirche mit wunderbaren blauen Kuppeln vorbei. Ein Engel aus goldenen Mosaiksteinchen mit dem Schwert in der einen und der Waage in der anderen Hand thronte an der Fassade.

Das war die serbisch-orthodoxe Kirche, wurde mir gesagt.

Von den Fenstern in der Wohnung der Großeltern

aus sah ich andere blaue Kuppeln, etwas weniger bauchig.

Das waren die der Synagoge.

Wenn wir dann nach Hause gingen, kamen wir an einem anderen weißen Gebäude vorbei – hier standen Glockentürme an den Seiten –, aus dem ich während der Weihnachtsferien eine Reihe Leute herauskommen sah, die hinter einem Kruzifix hergingen. Der kleine Zug erreichte die Mole Audace, und derjenige, der der Priester zu sein schien, warf, als hätte er den Verstand verloren, das Kruzifix ins Wasser. Sogleich zogen sich einige junge Männer aus und sprangen ins eiskalte und übel riechende Wasser, um es wieder herauszuholen.

Man sagte mir, das sei ein Ritual der griechisch-orthodoxen Kirche.

Da plötzlich war mir das Problem klar, das gelöst werden musste.

Gab es nur einen Gott oder gab es viele?

Und wenn es viele waren, wie teilten sie sich die Dinge im Himmel untereinander auf? Gab es dort oben vielleicht Absperrgitter, Grenzübergänge wie auf dem Karst, wo man den Ausweis vorzeigen musste? In meiner Familie waren drei verschiedene Religionen vertreten, die jüdische, die katholische und die orthodoxe. Würden wir im Jenseits alle beieinander sein können? Oder würden wir uns nur flüchtig und von ferne durch ein Loch in der Mauer oder dem Grenzgitter grüßen?

Jedenfalls kehrte die gleiche Frage wieder, die ich mir schon anlässlich der Dreifaltigkeit gestellt hatte. Wenn es viele sind, wer hat das Sagen? Wechseln sie sich ab oder herrscht jeder nur in seinem Sektor? Es schien mir nur logisch, dass jeder im Bereich seiner Gläubigen herrschte. Jedem seine Regeln und seine Verstöße.

Und die Natur, wer herrschte über die?

Die Sonne ging jeden Tag auf und wieder unter, um am anderen Ende der Welt wieder zu erscheinen. Die Jahreszeiten lösten einander regelmäßig ab, und die Pflanzen und Tiere richteten sich vollkommen natürlich nach diesem Wechsel.

Wer leitete all diese außerordentlich komplexen Vorgänge?

Sosehr ich mich auch nach der realen Beschaffenheit und der Allmacht Gottes fragte, ich konnte keine Antwort finden.

Nachdem ich in all diesen Jahren meine Gedanken stets nach oben gelenkt hatte, änderte ich plötzlich die Blickrichtung, und ich schaute nach unten. Da man von dem, was dort oben vorging, nicht viel begriff, konnte ich wenigstens zu verstehen versuchen, was hier unten geschah. Natürlich nicht unter Menschen – das war vermintes Terrain, aus dem ich mich schon vor Zeiten zurückgezogen hatte –, aber unter den realen Dingen.

Steine, Samen, Blumen.

Soweit ich zurückdenken kann, hat mich immer das Unkraut fasziniert, wie es aus dem Asphalt wächst – angefangen beim Glaskraut, woraus Gianna Kränze und Ketten flocht, bis zum Löwenzahn, der plötzlich wie kleine leuchtende Sonnen aus diesem Grau hervorleuchtete. Das Pflaster des Bürgersteigs war verglichen mit den Stängeln sehr hart, und doch waren diese überaus zarten und zerbrechlichen grünen Pflänzchen imstande, den Kampf zu gewinnen und sich ihren Weg zur Sonne zu bahnen. Da unten gab es also etwas wirklich Interessantes zu erkunden. Der Anschein konnte von etwas besiegt werden, dessen Namen ich noch nicht kannte.

Der Name!

Das war die große Frage, die über diesen Tagen schwebte. Mit einem Mal wurde mir klar, dass es viele Dinge gab, deren Namen ich nicht kannte. »Schau die Vögel an!«, sagte man mir, aber Vögel gab es viele, einige braun, andere grau, andere vorwiegend gelb, alle unglaublich verschieden voneinander. Dasselbe galt für das Unkraut, eine Pflanze war anders als die andere, und doch wurden alle zu einer einzigen Bezeichnung zusammengefasst.

Da dachte ich, dass alles, worauf mein Blick fiel, die Würde des Namens haben müsste.

Um ehrlich zu sein, hatte ich mir über den Namen der Dinge schon etliche Gedanken gemacht, als ich mit sieben anfing, Deutsch zu lernen. Zum Unterricht ging ich zu einer alten Freundin meiner Großmutter in eine riesige, gespenstische und knarrende Wohnung. Dort verbrachte ich, an die Kante eines mächtigen Tisches geklammert, eine Stunde mit der sehr strengen Signora über einem Buch, das unmittelbar nach dem Ersten Weltkrieg herausgekommen sein musste.

Damals gab es noch keine fortschrittliche Didaktik, man lernte auswendig und basta. *Der Ball, der Hund, die Kuh, die Mutter, das Kind.* Wenn ich nach Hause kam, schwirrten mir diese Namen durch den Kopf.

Außer dem Deutschen war meinen Ohren auch das Französische vertraut, weil meine Urgroßmutter, die in

Marseille geboren war, es ins Italienische einzuflechten pflegte, vor allem, wenn sie von uns Kindern oder dem Dienstmädchen nicht verstanden werden wollte. Auch meine Mutter und meine Großmutter hatten die Gepflogenheit, diese Sprache zu verwenden, um uns von ihrer Unterhaltung auszuschließen.

So kam ich eines Tages nach Hause, legte mich unter den Tisch und überlegte: Was ist das da über mir?

Ein Tisch, *il tavolo* oder *la table*?

Macht der Name das Ding oder macht das Ding den Namen?

Ist es das Holz, das den Tisch macht, die vier Beine und die Tischplatte, oder ist es der Name?

Und wenn ich denselben Namen in einer anderen Sprache ausspreche, mit anderen Lauten, ändert das Ding seine Natur oder bleibt sie unverändert?

Und wenn ein Ding keinen Namen hat?

Wer entscheidet am Ende über die Namen der Dinge? Über die der Kinder entscheiden die Eltern, aber was ist mit all dem, das existiert und keine Eltern hat?

Der Name als Problem war schon immer an oberster Stelle in meinen Gedanken gewesen, aber jetzt war ich in eine neue Phase eingetreten. Eine Phase der kognitiven Erforschung, denn nun wollte ich den Namen aller Dinge wissen. Wenn es der Welt an einem Sinn mangelte, dann gab es nur einen Weg voranzukommen, ohne in den Ausdünstungen des stygischen Sumpfes zu versinken.

Den Weg der Ordnung.

Die Dinge zu benennen würde bedeuten, ihnen ein Geschick zuzuordnen und in gewisser Weise das Chaos ringsum zu bannen.

Zu dem Zeitpunkt entstand meine Leidenschaft für die Naturwissenschaften, die bis heute unverändert fortbesteht. Indem ich meinen Blick nach unten wandte, entdeckte ich die Steine. Sie bildeten die äußere Hülle des Feuerballs, der unter uns glüht, sie machten es möglich, dass wir auf ihm dahingehen konnten, ohne uns die Fußsohlen zu versengen.

Auf den sonntäglichen Spaziergängen traf ich jedoch nur auf die sture Undurchdringlichkeit des Karstgesteins oder auf die von den Wellen abgeschliffenen Kiesel an den schmalen Stränden des Golfs, vermischt mit Terrakottastücken oder Glasscherben. Erst als ich auf einem Flohmarkt eine naturwissenschaftliche Enzyklopädie für Kinder entdeckte – die mir erstaunlicherweise gekauft wurde –, eröffnete sich mir die wunderbare Welt der Kristalle. Unter dem monotonen Grau, das ich zu sehen gewohnt war, verbargen sich also Juwelen von ungeahnter Schönheit.

Doch was das Auge sah, war nur ein Teil der Schönheit – der ästhetische. Eine geheimere Schönheit lag in den geometrischen Gesetzen, die diese Strukturen entstehen ließen. Das isometrische System, das kubische, das hexagonale, das trikline, das monokline bildeten die herrliche Essenz dieser Materie. Und dieses Privileg – das enthüllte das Buch – war nicht auf die Wunderwerke der Natur beschränkt, die man auch in einem Museum oder in der Auslage eines Juweliers bewundern konnte, sondern es erstreckte sich auf einen Gutteil der uns umgebenden Wirklichkeit und hatte daran teil. Die Tasse, aus der ich die Milch trank, der Zucker, den ich hineinrührte, waren Teil desselben Kristallsystems – einer regelmäßigen Anordnung von Atomen, zusammengehalten von elektrischen Kräften.

Hinter dem Anschein von Chaos waren die Dinge also durch die ehernen Gesetze der Physik und der Chemie geregelt. Und diese Gesetze, wenn auch unsichtbar, waren für mich ungemein beruhigend, weil sie Zeichen von Regelmäßigkeit und Perfektion waren, und aus dieser Regelmäßigkeit und Perfektion erwuchsen eine Schönheit und Harmonie, die keine Op-Art je imstande wäre auszudrücken.

15

Auf dem Grund eines jeden Lebens gibt es eine geheime Weisheit, die bewirkt, dass die richtigen Dinge zum richtigen Zeitpunkt geschehen. In der konkreten Abfolge der Tage fällt es schwer, diese verborgene Gesetzmäßigkeit wahrzunehmen, aber wenn man ein gewisses Alter erreicht hat und auf die Ereignisse zurückblickt, ist es leichter, diesen geheimnisvollen Faden zu erkennen, der regelmäßig auftauchend und verschwindend unsere Tage miteinander verknüpft.

Die Entdeckung der Naturwissenschaften war für mich ein Rettungsanker, der noch eben rechtzeitig vor dem Schiffbruch ausgeworfen wurde. Die Welt unkontrollierten Wahns, in der ich groß geworden war, wies plötzlich eine Ordnung auf. Und diese Ordnung bedeutete Stabilität, Ruhe, methodisches Vorgehen auf einem Weg, den andere gebahnt hatten.

Ich begann damit, mir die Namen anzueignen. Und die Namen zu besitzen, bedeutete in gewisser Weise, Herr der Wirklichkeit zu sein. Herr, nicht Opfer. Mein Interesse dehnte sich dann in weiten konzentrischen Kreisen von den Mineralien auf andere Bereiche der Wissenschaft aus.

Vor allem die Ornithologie, dann die Insekten, die Bäume, die Blumen, die Mikrosäugetiere und die Säugetiere, die nicht mikro waren. Ich hatte ständig die Enzyklopädie in Händen, in der ich unermüdlich las, von Aal bis Zypresse. Noch jetzt geschieht es mir, dass ich morgens aufwache und Erdferkel oder Beryll im Sinn habe – Fragmente dieses Wissens, die noch immer in der Tiefe meines Geistes schlummern.

An Geburtstagen und Weihnachten kamen zu der Enzyklopädie mit der Zeit weitere Bücher hinzu, vor allem die zwei Riesenbände von *Brehms Tierleben*. Dieser Name – Alfred Brehm – ist heute den meisten unbekannt, damals war er bei den Liebhabern der Naturwissenschaften eine echte Berühmtheit. Diese beiden Bände waren für mich wie ein fliegender Teppich. Ich schlug sie auf, legte mich darauf und flog mit ihnen in wunderbare Welten. Auf den Brehm folgte Jules Renard, auf Renard folgte Jean-Henri Fabre mit seinen Geschichten vom Pillendreher. Ich hätte alles darum gegeben, einen am Werk zu sehen. Dieses Glück hatte ich erst als Erwachsene, beim Überqueren eines kahlen Hangs im Apennin.

Im Sommer sammelte ich am Strand von Grado Muscheln. Ich konnte nicht genug staunen über die außergewöhnliche Kühnheit ihrer Formen. Wie bei den Kristallen wirkten die Gesetze der Physik und der Chemie zusammen und brachten etwas Unvorstellbares und auch Magisches hervor, denn zu Hause konnte man mitten im Winter die Gehäuse ans Ohr legen und das Rauschen des Meeres hören. Im Unterschied zu den Kristallen war hier im Inneren Leben. In der Tat beherbergt die Muschel ein Lebewesen, das imstande ist, mit seinen Sekreten diese architektonischen Meisterwerke zu bauen.

Welches Computerprogramm kann sich mit einer Muschelschnecke vergleichen, die Spiralen und Bögen formt, die einer barocken Kathedrale würdig wären! Ich bedauerte lediglich, in Triest geboren zu sein und nicht auf einem Atoll im Indischen Ozean oder mitten im Amazonasurwald.

Ich ging oft zur Piazza Hortis und besuchte das fabelhafte Naturwissenschaftliche Museum. Dort drinnen gab es – ich sage ›es gab‹, weil das Museum durch die Kurzsichtigkeit von Lokalpolitikern verlagert und aufgelöst wurde – eine Muschelsammlung, und ich verbrachte Stunden damit, eine um die andere Muschel zu betrachten, wobei ich darüber staunte, dass alles, was aus fernen Meeren kam, eine entschieden größere Komplexität und Schönheit besaß als das, was aus unserem heimischen Meer kam.

Dasselbe konnte man von den Schmetterlingen sagen. In unseren Breitengraden konnte man höchstens eine Vanessa zu sehen bekommen, einen Segelfalter oder ein Nachtpfauenauge, während am Amazonas eine Schmetterlingsart herumflog, die an schillernde Tücher erinnerte, mit langen Schwänzen wie Papierdrachen.

Als ich dann von dem großen Abenteuer Darwins erfuhr, war mir klar, dass ich es eines Tages machen würde wie er: Ich würde ein Schiff besteigen, würde Europa verlassen und in die paradiesischen Tropen reisen.

Jahrelang habe ich mir einen Hund von der Rasse der Beagle gewünscht, nur weil das der Name des Schiffes war, das den glücklichen Forscher durch die Welt getragen hatte.

Ich hatte nicht die geringste Ahnung, dass keine

Dreimaster mehr die Meere befuhren und dass an ihre Stelle Flugzeuge und Hubschrauber getreten waren. In der zweiten Hälfte des zwanzigsten Jahrhunderts gelangten die Forscher mit ihnen an ihr Ziel.

Meine Welt der Naturwissenschaften war – und ist bis heute – die des neunzehnten Jahrhunderts, eine Welt von gebildeten und neugierigen Herren, die reisten, sammelten und forschten, aus schierer, sehr infantiler Lust daran.

Denn in der Tat, was ist die Naturwissenschaft anderes als die unverhohlene Fortsetzung der kindlichen Neugier für alles, was uns umgibt?

Die Haltung des Naturforschers ist die ursprüngliche Haltung des Menschen, weil wir, um zu überleben, seit Anbeginn unserer Spezies alles uns Umgebende kennenlernen mussten. Esse ich ein Kraut, lebe ich, esse ich ein anderes, bekomme ich Bauchweh und sterbe. Auch um ein Tier zu fangen, muss ich vor allen Dingen wissen, wo und wie es lebt.

Aber abgesehen vom schlichten Überlebenswillen führt diese Art der Beobachtung zu einer anderen Haltung, der des Staunens. Auf einmal überrascht mich etwas, und diese Überraschung entschädigt für alle Mühen. Ich finde etwas, was ich nicht zu finden glaubte. Oder das, was ich sehe, ist so unerwartet schön, dass es mir den Atem verschlägt. Das hätte ich nicht gedacht! Ich glaubte nicht, es hier zu finden! Ich hatte mir nicht vorgestellt, dass es so schön sei!

Die Naturwissenschaften verlangen die Bereitschaft zu staunen.

Noch heute ist es für mich äußerst bewegend, ein

Tier oder Pflanzen, die ich nur aus Büchern kenne, in natura vor mir zu sehen. Ich bin nach Madagaskar gereist, nur um die Lemuren anfassen zu können. Leider habe ich das Fingertier nicht gesehen. Auf den Galapagosinseln habe ich fast geweint, als ich die berühmten Finken um mich herumschwirren sah. Dieselbe Rührung habe ich angesichts der kleinen Elefanten mit behaartem Kopf empfunden, die mit ihrer Mutter aus einem Wasserloch tranken.

Ich liebe das Reisen nicht sonderlich, aber um ein Tier zu sehen, kann ich tausende Kilometer zurücklegen. Zu meinen Wünschen für die kommenden Jahre gehört der, Wale und Eisbären zu sehen. Auch die Koalabären stehen ganz oben auf meiner Wunschliste. Ich möchte wissen, welche Konsistenz ihre Nase hat. Und dann möchte ich natürlich dem Schnabeltier von Angesicht zu Angesicht gegenüberstehen, ein wahres Naturwunder, aber ich fürchte, Australien ist dann doch zu weit entfernt für meine geringe Neigung zum Fliegen.

Jahre hindurch habe ich Notizhefte geführt, in denen ich alles aufschrieb und zeichnete, was in der Natur meine Phantasie anregte. Ich kann es nicht erwarten, dass mein Leben ruhiger wird, um das auch wieder tun zu können.

In den langen Jahren, die ich in Rom lebte, in einem Steinhaus zwischen anderen Steinhäusern, übte ich meine Forschertätigkeit aus, indem ich die Silberfischchen beobachtete – diese winzigen Insekten, die zwischen Büchern leben – und die Asseln, die sich scheu in Ritzen und Spalten flüchteten, sobald ich im Bad das Licht anmachte. Ich ließ immer ein wenig Schmutz in der Wohnung, um diesen winzigen Formen des Lebens

Raum zu geben. Sonntags lehnte ich mich aus dem einzigen Fenster im Zimmer und schaute nach unten, stundenlang, fasziniert vom regen sozialen Leben der Ratten, während ich nachts die Ohren spitzte, um die Ultraschalltöne zu hören, die die Fledermäuse von sich gaben, im Gedenken an die genialen Forschungen von Lazzaro Spallanzani.

Von meinem achten, neunten Lebensjahr an wurde die Lust an der Erkenntnis und Beobachtung der Natur der Fixpunkt meiner Tage. Wer zu mir zu Besuch kommt, ist oft erstaunt zu sehen, wie wenige Gegenstände des literarischen Lebens bei mir versammelt sind. Es gibt keine pompösen Bücherregale, Designerobjekte, Trophäen und Plaketten, alles Symbole für Intelligenz und intellektuelle Überlegenheit. Vielmehr gibt es überall Ansammlungen von Federn, Nestern, Häuschen zur Vermehrung von Marienkäfern und Schmetterlingen, kleine Terrarien, die Raupen Platz bieten, Becken, die Molche beherbergen, mikroskopische Pfützen, um darin Wasserspringschwänze oder die bezaubernde Kieselalge zu beobachten. Das alles gewürzt mit einem Schuss kreativer Unordnung: Taschenmesser, Linsen, Fernrohre, Gartenscheren, Katzen- und Hundehaare, Schlamm und große Weberknechte, die ruhig in den verschiedenen Ecken der Wohnung hängen.

Wenn ich beruflich unterwegs bin, gerate ich des Öfteren in die peinliche Situation, es mit freundlichen Fremdenführern aufnehmen zu müssen, die meinen, mir Gutes zu tun, wenn sie für mich Besuche in Museen arrangieren, womöglich in solchen für moderne Kunst. Wer weiß, vielleicht, weil man annimmt, ein Künstler müsse notwendigerweise an anderen Formen der Kunst interessiert sein!

Ich lehne solche Einladungen immer ab, schütze Kopfweh oder große Müdigkeit vor. Kaum allein, stehle ich mich jedoch aus dem Hotel auf der Suche nach einem Aquarium, einem naturwissenschaftlichen Museum, einem Zoo, nach etwas, was mir dieselben Gefühle vermittelt wie anderen womöglich die Betrachtung von Op-Art.

Einmal sagte ein Journalist am Ende unserer Unterredung zu mir: »Im Grunde könnte Ihre Autobiografie den Titel tragen: *Das Mädchen, das nicht schreiben wollte.*«

»Im Grunde ja«, antwortete ich.

Während des Großteils meiner Bildungsjahre streifte mich nicht einmal von ferne die Idee, dass Schreiben oder irgendeine Form der Kunst etwas mit mir zu tun hätten. Meine Leidenschaft lag woanders, beim Erlernen der Namen für jede Form des Lebendigen. Meine Leidenschaft lag darin, die Beziehungen der Namen untereinander zu entdecken. Für mich genügte es – und genügt es heute noch – auf einem Spaziergang eine Pflanze, eine Blume oder ein Insekt zu sehen, deren Namen ich nicht kenne, um in einen Zustand der Unruhe zu verfallen. Eine Unruhe, die erst vergeht, wenn ich den Namen ausfindig machen kann.

Auch jetzt, da ich schreibe – es ist Mittag –, ruft eine Eule wiederholt nicht weit von meinem Arbeitszimmer entfernt, und das lenkt mich vom Schreiben ab. Wieso ruft sie am Mittag?, frage ich mich. Und weiß keine

Antwort. Aber früher oder später muss es mir gelingen, eine Antwort zu finden.

Jedes Ding von Grund auf zu verstehen und die Beziehungen zwischen all dem, was man sieht, zu entdecken – das ist im Prinzip die Haltung des leidenschaftlichen Naturforschers.

Und wenn es auch die des Schriftstellers wäre?

Was, wenn allen Erzähltheorien und -strukturen, allen Schreibtechniken genau dieses Bedürfnis zugrunde läge: der infantile Wunsch, die umgebende Welt zu entziffern? Die lebendige Materie erzählt mir ihre Geschichte, und ich weiß aus dieser Geschichte alle anderen Geschichten abzuleiten.

Den Ursprung begreifen, den Sinn, die Richtung verstehen.

Sie nicht von Anfang an kennen, sondern sie unterwegs finden, nach und nach, dank einer Spur, eines Kratzers, einer Feder.

Sie langsam aufdecken, Karte für Karte, wie beim Patience-Legen.

Die Leidenschaft für die Naturwissenschaften ist die tiefste Wurzel meines Schreibens. Hinter jedem meiner Sätze steckt die Langsamkeit und die Sorgfalt des Entomologen.

Ich beobachte und befrage, befrage und beobachte.

Ich befrage mich und befrage die Wirklichkeit, die mich umgibt.

Weder nehme ich einen moralistischen Standpunkt ein, noch setze ich die verzerrende Brille des Sentimentalismus auf.

Ich analysiere, zeichne auf, und am Ende suche ich nach dem Sinn. Pindarische Flüge sind nicht meine

Stärke. Das Gebiet, auf dem ich mich bewege, ist das der Hingabe an die Wirklichkeit.

Indem ich in die Wunderwelt des Universums eintrat, konnte ich mich endlich der unverständlichen Welt der Menschen entziehen.

Je unharmonischer das alltägliche Leben wurde, umso leidenschaftlicher warf ich mich in das Studium der Mineralogie, Malakologie und Entomologie. Und je mehr sich mir diese Disziplinen öffneten, desto klarer wurde mir, dass ich die Reihenfolge der Fragen umkehren musste.

Nicht mehr: Wer herrscht in der Welt? Sondern vielmehr: Woher kommen Physik, Chemie und Mathematik? Woher kommen die Gesetze, die den Dingen erlauben, in ihrer konkreten Form zu existieren? Schwebten sie da irgendwo im Dunkel der Finsternis und warteten darauf, dass jemand sich entschloss, sie zu nutzen, oder waren sie durch Zufall entstanden?

Meine persönliche Erfahrung als ziemlich unordentlicher Mensch legte mir allerdings die Einsicht nahe, dass aus Zufälligkeit schwerlich Ordnung entstehen konnte.

Und was dann?

Konnte der Zufall vollkommene Formen wie die Spiralstruktur einer Muschel hervorbringen?

Und diese so überraschende Struktur, enthielt sie nicht auch ein anderes Prinzip, das der Schönheit?

Und was war die Schönheit anderes als das staunende Innehalten? Plötzlich ist da etwas, das ich nicht erwartet habe, und dieses Etwas trifft mich mitten ins Herz.

Noch wusste ich es nicht, aber ich war von Anfang an eine nach Schönheit dürstende Seele. Auch wusste ich noch nicht, dass die Schönheit die Sehnsucht nach Wahrheit als ihre bescheidene Dienerin mit sich führt.

16

Vor einiger Zeit habe ich mich bei einem Besuch in Triest auf die Suche nach der armenischen Kirche gemacht. Dorthin begleitete ich, bevor ich oberflächlich mit den verschiedenen theologischen Lehren vertraut gemacht wurde – also bevor ich acht war –, manchmal meine Großmutter Elsa zur sonntäglichen Messe. Ich erinnerte mich, dass man eine abschüssige Straße hinuntergehen musste, von der aus man in der Ferne das Meer sah, und dass neben der Kirche ein großes Gebäude stand, das Haus der Armenier. Um dorthin zu gelangen, kam man an einer großen, in einem schattigen Park gelegenen Villa vorbei, von der Großmutter sagte, sie gehöre Scipio Slataper.

So fand ich mich, als ich an einem windigen Tag durch diese stillen Straßen streifte, vor der ersten Kirche meiner Kindheit wieder. Sie war viel kleiner, als ich sie in Erinnerung hatte, und in einem Zustand fortgeschrittenen Verfalls. Das Törchen, das auf einen kleinen Vorgarten ging, war geschlossen, und auf den verwahrlosten, von Unkraut überwucherten Beeten sammelte sich jede Art von Müll, den die Bora heranwehte – Plastiktüten, leere Panettone-Schachteln. Um sich vor den heftigen Böen in Sicherheit zu bringen, hatten sich zwei oder drei halbkahle und räudige Katzen zum Schlafen dicht an die Mauer gedrückt.

Auch das Pfarrhaus schien vor Zeiten verlassen, und das Schild, das die »deutschsprachige katholische Gemeinde« anzeigte, hatte überhaupt keinen Bezug mehr zur Wirklichkeit. Das Einzige, was sich mit meiner Erinnerung deckte, war der starke Geruch nach Katzenpisse.

Der Geruch!

Ich weiß nicht, ob wegen meines angeborenen Forscherdrangs oder weil ich mit einer großen Nase gesegnet bin, aber schon seit jeher haben Gerüche für mein Gedächtnis eine große Bedeutung gehabt. Heute ist es immer schwieriger, sich die wichtige Rolle des Geruchssinns zu vergegenwärtigen. Denn heute konkurrieren die diversesten Gerüche miteinander: die der Luftverschmutzung mit den synthetischen Düften wie Deodorants, die unsere und fremde Gerüche überdecken sollen.

Und doch ist es so.

Dank des Magnetits in ihrem Schnabel können Zugvögel tausende Kilometer zurücklegen, indem sie sich an der Sonne und den Sternen orientieren, aber wenn sie in die Nähe des Ziels kommen, das sie erreichen wollen, leitet sie beim Wiedererkennen nicht das Auge, sondern der Geruchssinn. Die lange Winterzeit über hat ihr Gedächtnis die Düfte gespeichert, die sie umgaben, als sie aus der Schale krochen und auf die Welt kamen. Dank dieser Gerüche sind sie in der Lage, genau den Stall, genau den Park oder Baum wiederzufinden, wo sie geboren wurden.

So wie die Schwalben immer wieder an den Ort zurückkehren, wo sie geboren wurden, so kehrte ich zu der armenischen Kirche zurück, in der sich in jenen fernen Jahren die deutschsprachige katholische Gemeinde versammelte und wo ich zum ersten Mal das Gefühl hatte, dass sich hinter der alltäglichen Wirklichkeit etwas anderes verbarg.

Geruch nach Katzenpisse, nach Schimmel und Feuchtigkeit.

Geruch nach Winter, Kälte, fehlender Heizung. Rings um mich viele Leute, die ich nicht kannte. Meine Großmutter nahm immer ein Heft zum Ausmalen mit oder ein Comic-Heftchen zum Durchblättern, weil sie meinte, es müsse für ein Kind langweilig sein, einem Ritus beizuwohnen, von dem es nichts verstand.

So setzte ich mich auf die Fußbank und brachte in aller Stille meine Zeit hin, ohne jemanden zu stören. Die Geschichten von Tiramolla fesselten mich immer mehr als das, was am Altar geschah.

Trotzdem war da immer ein Moment, in dem ich die Lektüre unterbrach. Das war, wenn rings um mich plötzlich absolute Stille eintrat. Kein Husten mehr und kein Knarren von Holz. Alles hielt inne. Und in dieser Stille voller Erwartung läuteten dreimal die Silberglöckchen,

Klingelingeling!

Klingelingeling!

Klingelingeling!

Dieser Klang haftet mir im Gedächtnis wie der Gong der Erleuchtung bei den Buddhisten.

Kling! Die Schale der Wirklichkeit ist hart und undurchsichtig.

Kling! Aber das ist nur Schein.

Kling! In Wirklichkeit ist ein Geheimnis darin verborgen!

Wie viele Töchter Jerusalems, die dann zum Christentum übertraten, besuchte meine Großmutter die Grundschule bei den Schwestern von Notre Dame de Sion. Mit zehn Jahren zog sie für die Zeit des Ersten Weltkriegs mit der Familie nach Florenz, in eine schöne Villa in der Nähe der Boboli-Gärten, und da wurde sie in einer englischen Privatschule eingeschrieben, die von zwei Damen geführt wurde, die – wie meine Großmutter sagte – »sehr befreundet sein mussten, weil ich sie immer eng umschlungen im Salon auf dem Sofa sitzen sah«.

Nach Triest zurückgekehrt, war sie unter den ersten Mädchen, die das humanistische Gymnasium besuchten, und sie schloss es mit Bestnoten ab. Aber die Lehren von Notre Dame de Sion blieben in ihrem Herzen tief verwurzelt. Die Episode von den Lämmchen, die wegen ihrer Sünden in den Abgrund stürzen – ich habe sie in *Geh, wohin dein Herz dich trägt* erzählt –, war Bestandteil ihrer Erziehung. Als unabhängiger Freigeist ertrug sie nur schwer das Klima eines besserwisserischen und fanatischen Moralismus, der in jenen Schulräumen herrschte.

Gerade vor ein paar Tagen erzählte mir meine ältere Cousine Nadia Blitznakoff – eine von den zwei Überlebenden auf dem Foto mit Olga Moravia –, dass sie sich vor dieser Schule retten konnte, weil sie als orthodoxe Christin vom katholischen Religionsunterricht befreit war. Um ihr die Zeit zu vertreiben, nahm eine junge Schwester sie mit auf den Turm, und dort oben erzählte sie ihr sanft vom Horizont des Himmels und dem des Herzens.

»Ich danke dem Himmel stets für diese Begegnung«, gestand sie mir einmal am Ende eines Telefongesprächs, »denn wenn ich diesen Unterricht hätte mitmachen müssen, wäre ich bestimmt Atheistin geworden!«

Ich weiß nicht, was meine Großmutter geworden ist, aber gewiss hatte sie überhaupt keine Neigung zum Religionsunterricht. Und das hauptsächlich aus einem Grund: weil sie in dieser Schule vor allem die Heuchelei hatte triumphieren sehen. Und Heuchelei ist das schlimmste Gift, das man dem Wahrheitssuchenden vorsetzen kann.

Als Kind einer sehr jungen Mutter und einer Familie entstammend, die im Verlauf nur einer Generation einen fulminanten Aufstieg vollbracht hatte – von armen Drogeriewarenhändlern in Marseille zu reichen Industriellen an der Spitze eines weltweit verzweigten Imperiums –, zeigte meine Großmutter alle Anfälligkeiten und Unsicherheiten einer solchen Lage. Wenn ich an ihre Mutter denke, meine Urgroßmutter, die nur siebzehn Jahre älter war als ihre Tochter, und sie danebenstelle, sehe ich deutlich den Graben, der das neunzehnte vom zwanzigsten Jahrhundert trennt.

Im Leben von Urgroßmutter Dora war jedes Ding an seinem Platz und hatte es zu sein. Ich sehe sie noch in den Raum treten mit ihrer gedrungenen und massigen Figur, ihrem schönen sephardischen Gesicht, den runden dunklen Augen und der vernehmlichen und volltönenden Stimme einer Frau, die sich ihr Leben lang dem Gesang gewidmet hat. Sie lebte im selben Haus wie ihre Tochter, ein Stockwerk drüber, und ihre Wohnung mit den blanken Linoleumböden und einem Geruch nach gutem Essen, Bohnerwachs, Kampfer und Minze flößte mir eine gewisse Scheu ein.

Die größte Attraktion in dieser Wohnung war für mich das Klavier. Kaum ging Urgroßmutter in ein anderes Zimmer, hob ich langsam den Deckel hoch, zog das lange grüne Tuch weg und begann zu spielen. Ich spielte nicht vom Notenblatt, sondern das, was ich im Kopf hatte: Auf den hohen Tasten suchte ich das silbrige Geräusch des Regens, auf den tiefen den mächtigen Sog des Marianengrabens, und in der Mitte den dodekafonischen Wahnsinn meiner täglichen Gedanken. Wenn Uroma Dora die Töne dieses improvisierten Konzerts hörte, kam sie wie ein Adler in das kleine Zimmer geschossen, schob mich von dem Drehhocker, legte das grüne Tuch wieder auf die Tasten, klappte den Deckel zu und verschloss das Objekt meiner Begierde mit einem Schlüssel.

Wie sehr ich mir gewünscht hätte, Klavier zu spielen!

Wie viel Gutes mein Geist vermutlich aus einem kontinuierlichen Lernprozess gezogen hätte, der das Chaos in Schönheit zu verwandeln vermochte, wie viel Heiterkeit ich aus dem Verstehen und dem Beherrschen der Harmonie hätte schöpfen können! Hingegen war die einzige Partitur, der ich zu folgen vermochte, die der absoluten Dissonanz.

Die Musik hat seit jeher zum kulturellen Erbe meiner Familie gezählt. Urgroßmutter Dora sang, Urgroßvater Bepi spielte Cello, allein oder im Quartett mit seinen Brüdern, außerdem war er Direktor der Società dei

Concerti, weshalb die großen Musiker der Epoche bei ihnen ein und aus gingen. Urgroßmutters Bruder Bruno machte eine Weile lang Furore als Konzertmeister, Großonkel Ettore dagegen verbiss sich jahrelang mit seiner Geige hartnäckig in das Studium der Chaconne. Auch meine Großmutter Elsa spielte Klavier, wurde der Sache jedoch bald überdrüssig, und so brach die Reihe der Musiker ab.

In Wirklichkeit, glaube ich, hing die Zerstörung des musikalischen Erbes weniger mit ihrem Überdruss als mit der Bombe zusammen, die am 20. Februar 1945 die Villa, in der alle bis dahin gelebt hatten, dem Erdboden gleichmachte. Es verbrannte der Flügel; es verbrannten die Noten; Violinen und Violoncellos gingen in Flammen auf; alles wurde zu Asche, die Bücher, Bilder und Möbel, die zwei Generationen hindurch den Alltag der Leute ausgemacht hatten, die in dieser weißen Villa lebten.

Das Einzige, was diese furchtbare Explosion überlebte, war eine Schachtel Eier, die vom rohen in den hart gekochten Zustand übergingen.

Die Bombe zerstörte das materielle Gedächtnis der Familie und darüber hinaus das komplizierte Beziehungsgeflecht, das sich durch achtzig Jahre des zwangsweisen Zusammenlebens herausgebildet hatte.

Die Fabrik und die Villa blieben so etwas wie mysteriöse Gebilde, die durch die Erzählungen meiner Kindheit geisterten. Eine Art Eldorado, das alle in Überfluss und Glück gewiegt hatte, bevor ein bösartiges Schicksal es zerstörte und seine Bewohner zwang, über die ganze Stadt verteilt in beschämend engen Wohnungen zu leben.

Ihr ganzes Leben lang hat meine Mutter in der nostalgischen Erinnerung an ihre in der Villa verlebte Kindheit zugebracht. Im Gegensatz dazu betrachtete meine Großmutter diese Bombe als Geschenk des Himmels, weil sie sie für immer von dem Joch befreite, mit ihrer vielköpfigen und vielgestaltigen Familie zusammenleben zu müssen. In der Tat hielt sie das Zusammenleben mit Verwandten für eine Versuchung des Teufels, der man mit aller Macht widerstehen musste.

Ihre Mutter hingegen, Urgroßmutter Dora, führte ihr Leben fort, als wäre nichts geschehen, auch wenn sie nun im vierten Stock eines anonymen Mietshauses lebte. Ihrer selbst und der Werte ihrer Welt gewiss, läutete sie bei Tisch herrisch die Glocke, um das Dienstmädchen zu rufen, als ob es um das bescheidene Esszimmer herum noch immer eine Vielzahl von Zimmern gäbe, als ob draußen die Gärtner warteten und in den Ställen noch Kutschen mit glänzenden Pferden stünden, der Kutscher mit der Peitsche in der Hand, stets bereit, sie durch die Stadt zu fahren.

Nicht einmal Bomben konnten Urgroßmutter Doras Gewissheiten erschüttern, dafür gelang es ihnen, die Ängste ihrer Tochter zu beschwichtigen, die sie seit ihrer Kindheit plagten.

Für Urgroßmutter Dora waren die Privilegien des Reichtums etwas selbstverständlich Geschuldetes, während sie für Elsa eine Last waren, derer man sich so bald wie möglich entledigen musste. Die Ehe mit meinem Großvater war ein skandalöser Akt der Rebellion gegenüber einer Wirklichkeit, die sie als zutiefst heuchlerisch und oberflächlich empfand.

Die Ehe beruhigte ihre Ängste jedoch überhaupt

nicht, sie fand sich bloß als Gefangene in einem anderen Käfig wieder. Trotz der düsteren Vorhersagen der Familie über das kümmerliche Leben, das sie führen würde, wenn sie diesen Mann heiratete, der aus dem Nichts kam, konnte sie gerade wegen der Geschäftstüchtigkeit ihres Mannes – er hatte nie den Maibaum mit den Würsten vergessen – ein auskömmliches bürgerliches Leben führen, auch wenn sie sich durch dessen Konventionen erstickt fühlte. Ein Erstickungsgefühl, das sie bekundete, indem sie ihre schlechtesten Seiten hervorkehrte: Egoismus, Überheblichkeit, Eitelkeit. Sie spürte die Leere um sich, unter sich, aber dieser Leere wusste sie keinen Namen zu geben. Um die betäubende Stille nicht zu hören, die aus diesem leeren Raum drang, füllte sie ihre Tage mit andauerndem und sinnlosem Lärm.

Dann, um die fünfzig, ging in ihrem Kopf und in ihrem Herzen plötzlich eine Tür auf. Zum Glück waren die Schwestern von Sion mittlerweile in die Ferne gerückt. Die bigottesten Aspekte des Christentums – Erpressung, Dumpfheit und Niedertracht – waren in ihrer Erinnerung verblasst.

Sie traf eine Kindheitsfreundin wieder, die Auschwitz überlebt hatte. Sie sahen sich regelmäßig und verbrachten viele Nachmittage miteinander. »Am Anfang«, erzählte meine Großmutter, »ging ich zu ihr, um ihr Gesellschaft zu leisten. Nach dem, was sie durchgemacht hatte, dachte ich, sie bräuchte Zerstreuung. Erst mit der Zeit habe ich bemerkt, dass nicht sie mich brauchte, sondern ich sie. Erst mit der Zeit habe ich verstanden, dass sie pures Licht war, und dass ihr Licht, das so verschieden war von allem, was ich bis dahin gekannt hatte, auch auf mich auszustrahlen begann. Licht der Liebe, die alles gesehen hat. Licht der Liebe, die alles versteht.«

So nahm ihre Unruhe ein Ende und zeigte ihr wahres Gesicht: Durst nach Wahrheit.

17

Das Leben als Besitz.

Das Leben als Weg.

Das sind die zwei Varianten, zwischen denen wir letztendlich zu wählen haben. Einen Ort ausmachen, ihn erreichen und dort bleiben, oder weitergehen, fühlen, dass kein Ort wirklich richtig ist; ein Kleid in der richtigen Größe finden und es anbehalten. Mit der Zeit jedoch wachsen wir, und das Kleid bleibt immer dasselbe, es passt sich den veränderten Bedingungen unseres Körpers an; so wird es langsam und unaufhaltsam zu einem Panzer.

Der Panzer schützt, gibt Sicherheit, stützt einen Körper, der nach und nach schwächer wird. Wozu bedarf es der Wirbelsäule, wenn uns schon der Stahl des Panzers aufrecht hält? Das Innere wird weich wie eine Schnecke. Wir bemerken es nicht, und auch in den Augen der anderen sind wir völlig normale Menschen. In Wirklichkeit löst sich unser Inneres langsam auf, fällt in sich zusammen, und da werden unsere Gefühle, unsere Werte, unsere Gedanken die des Panzers.

Steif, beschränkt, eng.

Am Ende hat das äußere Gerüst über das innere Skelett gesiegt.

Wenn man einen Käfer zertritt, hört man das Knacken des Chitinpanzers, aber am Boden bleibt wenig mehr als ein wässriger Brei. Ein mit Wirbeln ausgestatteter Organismus hat eine ganz andere Konsistenz.

Alle Religionen – mit der einzigen schwerwiegenden Ausnahme des Katholizismus, der den Körper bestenfalls auf das Niveau unnützen Ballasts reduziert – sprechen von der Wichtigkeit der Wirbelsäule. Die Wirbelsäule hält uns aufrecht und lässt uns wie die Bäume nach oben streben. Entlang der Wirbelsäule sitzen die Chakren, und von ihrem harmonischen Zusammenwirken hängt ganz wesentlich die Gesundheit des Körpers ab. Wenn sich die Wirbelsäule in ihrem Wachstum nach der einen oder anderen Seite neigt, hat sie einen Fehler, einen Haltungsfehler. Und was ist ein Haltungsfehler anderes als ein Abweichen vom richtigen Weg?

Vor einiger Zeit erzählte mir ein Orthopäde von zehn-, elfjährigen Kindern, die bei ihm in Behandlung sind. Da sie ständig auf dem Sofa liegen und fernsehen, über den PC oder über Videospiele gebeugt sind, haben sie keine Gelegenheit mehr, ihr Knochengerüst zu entwickeln. Statt in vertikaler Richtung zu wachsen, dehnen sie sich in horizontaler Richtung aus. Und das ist Anzeichen für eine eher beunruhigende anthropologische Mutation. Mit Worten können wir wunderbare Reden halten, aber wenn diese Worte nicht im Körper verwurzelt sind – im *hic et nunc* unserer Existenz –, können sie leicht die Falschheit dessen, was wir sagen, maskieren.

Das Leben als Stabilität der Dinge, als Stabilität der Wirbelsäule.

Aber paradoxerweise muss man, um Stabilität zu erlangen, die Instabilität auf die Spitze treiben. Der

Mensch verwirklicht sich in der höchsten Potenz nur dort, wo er das tiefgründige Gesetz des Wandels annimmt. Welche Traurigkeit, welche Blindheit bei den Menschen, die sich hinter ihren festgefahrenen Meinungen verschanzen, welche Melancholie, wenn einer stolz behauptet: »So bin ich nun einmal, da kann ich nichts daran ändern!«

Auch wenn sie es nicht wusste, war meine Großmutter doch eine Feindin des Panzers. Sie trug ihn, sicher, weil sie keine andere Möglichkeit kannte, aber von Anfang an spürte sie, dass er nicht passte. Zu eng, zu kurz, zu grausam im Abschnüren jeder Bewegung.

In diesem Sinn, und nur in diesem, erzählt *Geh, wohin dein Herz dich trägt* ihre Geschichte, weil es die Geschichte jedes Menschen ist, der nicht stehen bleibt, sondern beschließt, vorwärtszugehen, sich zu verändern, jenen roten Faden zu suchen, der sich durch die Banalität unserer Tage zieht und ihnen plötzlich einen Sinn verleiht.

Geh, wohin dein Herz dich trägt ist die Geschichte einer Suche nach dem tieferen Selbst. Der große kulturelle Niedergang der letzten Jahre – in Verbindung mit dieser Schar von Journalisten, die sich mit ihren Tatsachenromanen überall breitgemacht haben – hat die Rolle der Literatur zutiefst verändert und viele davon überzeugt, dass ein Buch nichts weiter sei als die Transkription von wirklich vorgefallenen Ereignissen.

Wie oft ich mit meiner Mutter gelacht habe!

Tatsächlich geschah es in den unvorhergesehensten Situationen, wenn sie verriet, dass sie meine Mutter war – wir trugen nicht den gleichen Familiennamen –, dass jemand ausrief: »Aber wie? Ist sie denn nicht tot?« Sie klopfte natürlich auf Holz, um den bösen Zauber abzuwenden. Anders als in meinem Roman, war meine Mutter tatsächlich die Tochter meines Großvaters und nicht Frucht eines Ehebruchs, während ich überhaupt nicht von meiner Großmutter aufgezogen wurde. Als ich schon in Rom lebte, verbrachten wir die Sommerferien zusammen, aber nicht, weil sie meine Großmutter war, sondern weil wir seelenverwandt waren und unser Zusammensein uns glücklich machte.

Eines unserer bevorzugten Gesprächsthemen waren die Verehrer, von denen sie reichlich gehabt hatte und auch ich damals reichlich hatte. Neben dem Telefon deponierte ich Zettelchen mit Anweisungen. »Wenn A. telefoniert, ruf mich. Wenn dagegen B. telefoniert, halt ihn hin und sag ihm, vielleicht komme ich heute Abend zurück. Wenn C. anruft, sag ihm, dass ich einen Monat lang verreist bin.«

Sie amüsierte sich sehr.

Ab und zu sagte sie mit freudig-kindlicher Miene: »Ist es nicht peinlich, dass wir nur über Anbeter reden?«

»Worüber möchtest du denn sprechen?«

»Im Grunde bin ich deine Großmutter ... Ich sollte etwas Langweiliges und Weises sagen, nicht?«

Zum Glück war Großmutter Elsa schon tot, als *Geh, wohin dein Herz dich trägt* erschien, so brauchte sie nicht die vielen Dummheiten zu lesen, die jene Rezensenten schrieben, die sich damit begnügten, das Buch durchzublättern, und dabei die dicken Linsen des Vorurteils aufsetzten.

Die Heldin ist eine hellsichtige und grausame Frau,

eine Person, die imstande ist, von der vorzeitig verstorbenen Tochter zu sagen: »Sie war überhaupt nicht intelligent.« Eine Frau, die alle belogen hat und mit der Lüge die Katastrophe ihres Lebens herbeigeführt hat. Die Analyse tiefer Gefühle mit Gefühlsduselei zu verwechseln, ist ein weiteres Zeichen menschlicher und kultureller Ignoranz.

Unter den wenigen Dingen, die sie mir vermachte, ist ein kleiner Druck, den sie über ihrem Bett hängen hatte und der jetzt über meinem hängt. Er zeigt ein Skelett, das sich mit dem Ellbogen auf einen Sarkophag stützt, als wäre es ein Sofa. Darunter steht auf Griechisch: »Erkenne dich selbst«. Man muss erbarmungslos grausam sein, um diesen Imperativ zu befolgen.

Bis über fünfzig war das Leben meiner Großmutter von Unruhe und Rastlosigkeit geprägt, wobei sie mehr Dinge ablehnte als annahm. Die Begegnung mit der Freundin, die Auschwitz überlebt hatte, bedeutete einen radikalen Richtungswechsel auf ihrem Weg.

Plötzlich sah sie sich vor neue Fragen gestellt und von einem Wissensdurst gepackt, der ein Thema betraf, das ihr bis dahin vollkommen fremd gewesen war.

Genau in diese Zeit fällt – die Dinge geschehen immer, wenn die Zeit dafür reif ist – die Begegnung mit Pater Dietrich, dem Priester, der die deutsche katholische Gemeinde führte und in der armenischen Kirche die Messe las. In ihm fand sie einen unkonventionellen spirituellen Führer, mutig und imstande, jeden ihrer Zweifel, jedes Zaudern zu beheben. Sie vertiefte sich in die Lektüre der Heiligen Schrift und entdeckte plötzlich neue Nahrung für ihre mittlerweile verwelkte Seele. Die verwöhnte und unglückliche Frau verwandelte sich in eine Person, die sich zu Leichtigkeit und Freude hinbewegte.

Auch ich erinnere mich an Pater Dietrich, an sein Gesicht mit den typischen hohen Backenknochen eines Norddeutschen. Ihm und seinem Andenken ist die Figur des Pater Thomas in *Geh, wohin dein Herz dich trägt* gewidmet. »Wenn Sie unter der Eiche sitzen, seien Sie nicht Sie selbst, sondern die Eiche, seien Sie im Wald der Wald, auf der Wiese die Wiese, unter den Menschen mit den Menschen.«

Leider wurde er schon in jungen Jahren von einem Tumor hinweggerafft und ließ meine Großmutter verwaist und ohne ihre sonntäglichen Begegnungen zurück.

Aber unterdessen hatte sie in der Kirche Maria kennengelernt. Maria war das genaue Gegenteil meiner Großmutter. Sie war Grundschullehrerin – übrigens an meiner Schule – und hatte mit zwanzig zu arbeiten begonnen. Sie war mit dem Fahrrad in die entlegensten Teile des Karsts und des Isonzo-Gebiets gefahren. Im Unterschied zu Großmutter hatte sie nie Verehrer gehabt, oder wenn doch, dann hatte sie sie abgelehnt, da sie nicht nach ihrem Geschmack waren. Sie war als Frau immer unabhängig gewesen. Damals gab es nicht viele Frauen, die sich durch ihre eigene Arbeit erhielten, und ich glaube, meine Großmutter beneidete sie ein wenig darum. Sie war groß, hager, eine begeisterte Wanderin und Botanikerin, sie sprach perfekt Deutsch und war eine große Kennerin der Literatur in dieser Sprache. Protestantisch im Geiste, kannte sie die Schrift genau. Sie lebte im Erdgeschoss einer kleinen Villa in demselben Viertel, wo ich geboren wurde.

Nach dem Tod meines Großvaters wurde sie die große Gefährtin meiner Großmutter. Sie sprachen bis zur Erschöpfung über Literatur, Theologie, was auch immer ihnen in den Sinn kam.

Marias Wissens- und Wahrheitsdurst stimmte vollkommen mit dem von Elsa überein. Zum ersten Mal in ihrem Leben traf meine Großmutter auf eine Person, mit der sie sich auf hohem Niveau messen konnte.

»Nur über Verehrer kann ich mit ihr nicht sprechen«, klagte sie ironisch mir gegenüber.

»Na gut«, antwortete ich. »Das kannst du ja immer noch mit mir tun.«

Sie lasen und studierten gemeinsam, sie reisten gemeinsam. Gemeinsam, fröhlich und mit leidenschaftlicher Neugier näherten sie sich jenem Alter, das gewöhnlich als das traurigste angesehen wird. Als junges Mädchen hatte Maria TBC gehabt und sie war immer anfällig geblieben. »Arme Maria, sie ist so empfindlich!«, wiederholte meine Großmutter immer, die nie krank gewesen war, nicht einmal einen eingewachsenen Zehennagel hatte sie gehabt. Trotzdem ging sie zwanzig Jahre vor ihrer Freundin dahin, nachdem sie in das grausame Dunkel der Alzheimer'schen Krankheit hatte eintauchen müssen. So ist die Freundschaft mit Maria als Erbe in mein Leben übergegangen.

Maria, meine erste große Leserin, meine erste große Mutmacherin! Wenn ich nach Triest kam, ging ich regelmäßig auf einen Tee zu ihr. Wenn sie von den Tagen sprach, die sie mit meiner Großmutter verbracht hatte, war sie oft gerührt.

Wie dumpf und kleinlich zu denken, die Blutsbande seien am stärksten! Wie mittelmäßig und einengend zu meinen, die Sexualität sei das, was die Personen wirklich miteinander verbindet!

In der Freundschaft erfährt das menschliche Wesen die unvorhersehbar höchste Form der Beziehung.

Den Platz von Pater Dietrich nahm im Herzen meiner Großmutter niemand mehr ein. Sie machte ein paar schwache Versuche, einen Ersatz zu finden, aber wie die stets unzufriedenen Prinzessinnen im Märchen lehnte sie einen Kandidaten nach dem anderen ab. Zu wenig Mann, zu moralistisch, oberflächlich, süßlich. Alle zu sehr interessiert an der einen Sache: am Geld.

18

»Milioni! Hältst du es für möglich«, erzählte meine Mutter. »Er hieß Milioni! Wie sonst sollte er heißen, wenn nicht so?«

In der Tat war Milioni der Name des Priesters, der die Annullierung ihrer Ehe bei der Sacra Rota betrieb. Und sicher hatte mein Großvater etliche Millionen Lire locker machen müssen – das Scheidungsgesetz gab es noch nicht –, um zu erreichen, dass seine geliebte Tochter endlich wieder ledig wurde.

Ja, denn in der Zwischenzeit hatten die Dinge sich weiterentwickelt. Mein Vater war endgültig nach Rom gezogen, wo er in den unvorstellbarsten Souterrainwohnungen lebte, ausgestattet mit einem Klappbett und einem winzigen Campingkocher, um sich das Essen warm zu machen. Er hatte keine Arbeit, es sei denn, man betrachtet es als Arbeit, ein schöner Mann zu sein und im Taumel des Dolce Vita zu leben, das in jenen Jahren das Leben der Hauptstadt bestimmte.

Schön wie ein amerikanischer Schauspieler, mysteriös und ungreifbar, wie es sich für jeden wahren Verführer gehört, hat mein Vater, glaube ich, jahrelang auf Kosten seiner Freunde und der Frauen gelebt, denen er das Herz brach.

Als auch ich nach Rom zog, passierte es mir mehrfach, dass ich Frauen traf, die bei der Nennung meines

Namens verträumt ausriefen: »Tamaro! Ich habe einen Mann dieses Namens gekannt...« und denen ich unausweichlich antwortete: »Ich fürchte, das ist mein Vater.« Da musterten sie mich erstaunt: »Wirklich? Gianni hat mir nie erzählt, dass er Kinder hat.«

Er war von Natur aus ausgesprochen genügsam, was ich von ihm geerbt habe. Er behauptete, um frei zu sein, müsse man sich der schrecklichen Sklaverei des Verlangens entziehen. Er war imstande, mit der gleichen Nonchalance an der Schwelle zur Armut wie im extremen Luxus zu leben. Der blaue Pininfarina-Sportwagen war durch einen 850er-Fiat ersetzt worden, ebenfalls ein Cabrio, und in diese Kiste gequetscht – er war ein stattlicher Mann – fuhr er durch die Hauptstadt und richtete Schaden an.

Als ich ihn zum ersten Mal mit meiner Mutter in Rom besuchte, war ich acht Jahre alt, und das Einzige, was mich wirklich interessierte, war, in den Zoo zu gehen. Mit meinem Bruder fuhr ich dann noch ein paarmal hin, als ich schon etwas älter war. Das einzig Schöne an diesen Besuchen war, wenn er uns auf den Markt mitnahm, um amerikanische Kleidung zu kaufen, die in Triest unmöglich zu bekommen war. Jeans, blaue Pullover, die aus Genua kamen, und sogar eine Seemannsjacke mit goldenen Knöpfen, die ich monatelang nur zum Schlafengehen auszog. Diese Jacke schien mir eine Vorausdeutung auf mein künftiges Leben als Seefahrerin an Bord von Segelschiffen.

Ab und zu, immer seltener, kam er uns in Triest besuchen. Bei jedem Besuch schien er von einem Badeort zurückzukommen. Er kam mit ausgefransten Jeans und Flipflops an den Füßen oder Sandalen, die er sich in Amalfi nach Maß hatte machen lassen. Er kam aus Marrakesch, sagte er, oder aus Capri oder Taormina. Von sehr dunklem Teint – in den letzten Jahren zeigte er eine beunruhigende Ähnlichkeit mit Saddam Hussein –, schien er direkt aus dem Meer zu kommen. Er schüttelte Sand und Salz ab, und zwei oder drei Tage lang spielte er seine Komparsenrolle als Vater, wobei er uns gegenüber Momente heftiger Wut – vor allem auf meinen Bruder – mit tröstlichen Momenten der philosophischen Meditation über die absolute Leere unseres Daseins abwechselte.

In den langen Phasen, die er an verschiedenen Stränden der Schickeria oder an anderen Orten nobler Muße verbrachte, hatte er sich dem indischen Denken angenähert und war ein treuer Leser von Krishnamurti geworden. Auf seinem Gesicht schwebte fast immer ein leichtes Lächeln, während seine Augen einen nicht wirklich anschauten. Ja, sie sahen einen tatsächlich nicht, ewig versunken wie sie waren in die ferne Vision der Hänge des Himalaja.

Die ständigen Vorhaltungen über das Geld berührten ihn nicht im Geringsten, wie ihn auch die Tatsache nichts anzugehen schien, dass meine Mutter, da er uns keine Lira gab, auch keine Lira für uns ausgab. In diesem Zusammenhang begannen wir zu ahnen, dass wir zwei Mütter hatten: eine Frau A und eine Frau B. Keine der beiden schien von der Existenz der anderen etwas zu wissen.

Unsere ganze Kindheit hindurch haben wir sehr wenig gegessen. Auch als Erwachsene, wenn unsere Mutter uns zum Essen einlud, sorgten wir vor und aßen zuvor etwas, um mit den fünfzig Gramm Pasta auszukommen, die sie uns kredenzen würde. Unsere Kleidung war immer abgetragen, immer secondhand.

Die erbitterte und verbissene Prinzipienschlacht, die meine Eltern führten, wurde also auf Kosten unseres Wohlergehens ausgetragen. »Für dich gebe ich keine hundert Lire aus!«, war der Refrain, der unser ganzes Leben in der Familie begleitete.

Daher war es für uns eine echte Überraschung, als wir eines Tages – ich war in der vierten Klasse Grundschule – von der Schule nach Hause kamen und unsere Eltern uns wohlwollend und lächelnd vor einem gedeckten Tisch erwarteten.

»Kinder, wir müssen mit euch reden«, fing meine Mutter an, und bei diesen Worten begannen mir die Knie zu zittern, denn dieses »Wir müssen mit euch reden« war gewöhnlich der Auftakt zu etwas Schrecklichem. An diesem Tag schienen sie jedoch seltsam ruhig. Meinem Vater fehlte nur noch das Flämmchen der hinduistischen Gottheiten über dem Kopf. Also erwarteten wir das Weitere mit einem leisen Hoffnungsschimmer.

»Wir müssen euch etwas Schönes sagen.« Kleiner innerer Seufzer des Glücks. »Ihr bekommt ein Brüderchen.«

Gong!

Wankend erreichten mein Bruder und ich das Badezimmer und wuschen uns schweigend die Hände, wobei wir uns ratlos ansahen. Zurück am Tisch, konnte ich es mir nicht verkneifen, den Mund aufzumachen, und ich fragte:

»Warum?«

Eine Weile lang schwebte diese Frage über dem gedeckten Tisch, dann seufzte meine Mutter tief auf, sah uns mit dem freundlichen Blick der Frau A an und sagte:

»Wenn zwei Menschen sich lieben, entstehen Kinder.«

Gong! Gong! Gong!

Das war also der Einbruch des *Koan*, des Paradoxes, in mein Leben! Zwischen dem Klatschen mit einer einzigen Hand und dieser Behauptung, welcher Unterschied bestand da schon? Beides verlangte nach einer Erklärung, die nur ein plötzliches Ausbrechen aus den beruhigenden Gesetzen der Logik liefern konnte.

Wenn zwei Menschen sich lieben, entstehen Kinder.

Das Kind würde kommen.

Aber wo waren die Menschen, die sich liebten?

Trotz dieses *Koan*, das im Inneren dröhnte – ich habe ihm in meiner Erzählung »Eine Kindheit« in dem Erzählband *Love* einige Seiten gewidmet –, waren mein Bruder und ich alles in allem recht froh über diese Neuigkeit. Wir ließen unsere Mutter den Mund aufmachen und riefen Nachrichten für unseren Bruder hinein. Wir bereiteten die Wiege vor, die Strampelhöschen, das Kämmerchen neben der Küche, das sein Zimmer sein würde.

Frau A schien mehr Platz gewonnen und Frau B vorübergehend in den Keller geschickt zu haben. Ich glaube wirklich, meine Mutter empfand regelrecht körperliches Glück in ihrer Schwangerschaft. Irgendwann bekam sie die Röteln, und ich erinnere mich an ihre Unruhe, während sie im Bett lag. Sie fürchtete, sie könne das Kind verlieren oder es könne mit einer schweren Behinderung auf die Welt kommen, also versuchten mein Bruder und ich, sie zu zerstreuen. Wenn man uns die Möglichkeit dazu gegeben hätte, wenn unsere Eltern uns wahrgenommen oder mehr Nähe zugelassen hätten, wären wir bestimmt ergebene, liebevolle und sanfte Kinder gewesen.

Wie sie mir später gestand, setzte meine Mutter große Hoffnungen in diese Schwangerschaft. Hoffnungen auf einen Neuanfang. Der positivste Teil von ihr, das Mädchen, das davon träumte, sich in der Mutterschaft zu verwirklichen, gab sich der Illusion hin, dieses so spät empfangene Kind würde das Herz ihres Mannes rühren und ihn wieder an seinen Platz zurückführen, von dem er vor weniger als zehn Jahren geflüchtet war.

Ein paar Tage nach der Ankündigung hingegen fuhr mein Vater wieder fort, tauchte schnell wieder ein in den tauben Taumel des römischen Dolce Vita.

Am 8. September dieses Jahres – es war 1966 – kam also mein zweiter Bruder zur Welt. Der ältere Bruder und ich waren in Opicina in dem Haus, das meine Großeltern mütterlicherseits wenige Jahre zuvor gekauft hatten und wo wir den Sommer verbrachten. Die Wehen dauerten nur knapp zwanzig Minuten, von dreizehn Uhr bis dreizehn Uhr zwanzig, was meiner Mutter erlaubte, zu Fuß in ihr Zimmer zurückzukehren, als wäre sie nur kurz hinausgegangen, um sich die Beine zu vertreten.

Zur Feier seiner Ankunft veranstalteten wir beiden

älteren Geschwister ein Rennen auf dem Fahrrad, und wie der Geist aus Aladins Wunderlampe materialisierte sich auch mein Vater wieder. Hager, gebräunt, elegant in seinen Anzügen, die er auf dem Flohmarkt an der Porta Portese kaufte, beugte er sich begeistert über die Wiege, betrachtete das letzte Produkt seiner noch nicht versiegten Männlichkeit, seufzte tief auf und sprach den Satz: »Jedes Kind ist ein Segen des Himmels.«

In der Tat hatten sich eben um diese Zeit in seiner philosophischen Weltsicht neue Horizonte aufgetan: Von den Hängen des Himalaja war er weiter vorgedrungen bis zu den Tälern und Gipfeln Tibets. Er hatte sich am Institut für Fernöstliche Studien eingeschrieben, hatte angefangen, Chinesisch zu lernen, und sich in die komplexe Gedankenwelt des Taoismus versenkt. Der Begriff »Himmel« gefiel ihm sehr. Der Himmel, der den vielfältigen Hauch der Ahnen enthält, ist unser Vater. Man muss sich dem Nicht-Tun hingeben, um dem Himmel zu erlauben, zu handeln und seine Weisheit zu verströmen. Wozu bedurfte es eines irdischen Vaters, wenn da der himmlische war? Der leibliche Vater konnte nur eines tun: sich mit dem Nicht-Tun abfinden, um dem Großen Vater, dem Himmel, zu gestatten, sein Werk ohne jedes menschliche Zutun zu vollenden.

Das Foto von der Taufe meines Bruders Lorenzo – vorgenommen von Pater Dietrich – ist das einzige Bild, das ich von mir und beiden Eltern habe. Es zeigt mich auf einem großen, mit braunem Kunstleder bezogenen Sessel sitzend, mit dem Neugeborenen im Arm, gehüllt in ein braunes Kleid – das einzige elegante Kleid meiner Kindheit, mit Sicherheit aus einem Stoffrest gemacht und von mir verabscheut. Liebevoll betrachten mich meine Mutter und mein Vater, die hinter mir stehen. Neben mir ist mein Bruder Stefano, der in Jacke und Krawatte auf einer Armlehne hockt und noch verärgerter dreinschaut als bei meiner Geburt.

Nach der Taufe verwirklichte mein Vater vollständig das *Wu wei* und entmaterialisierte sich umgehend.

Da war die Geduld meines Großvaters – der Giovanni Battista hieß und dem das orientalische Gewese nicht sonderlich behagte – zu Ende. Es waren nunmehr zehn Jahre, dass er mit den Ersparnissen eines arbeitsamen Lebens die Fehler und Dummheiten seines Schwiegersohns ausglich und Tochter und Enkel erhielt, die plötzlich drei geworden waren.

Es war an der Zeit, die Gangart zu ändern, und damals bedeutete das, noch einmal einen Koffer mit Geld bereitzustellen und Monsignore Milioni anzurufen.

19

Ich war nun in der fünften Klasse. Die Ankunft des kleinen Bruders brachte frischen Wind in unser Leben. Er war ein gutmütiges und heiteres Kind, und ich liebte es, mich um ihn zu kümmern, während mein Bruder Stefano sich freute, seine Kreativität bei der Erfindung neuer Überlebensexperimente unter Beweis stellen zu können. Sein Lieblingsstück bestand darin, den Kinderwagen oben an einer abschüssigen Straße loszulassen. Er wollte verstehen, wie sich der Faktor Beschleunigung auf die Dynamik von in Bewegung befindlichen Körpern auswirkt. Sobald er den Kinderwagen losgelassen hatte, lief er hinunter, um ihn aufzufangen, bevor er aus der Bahn geriet oder zu Bruch ging.

Meine Mutter hatte unterdessen begriffen, dass die tausend Seinsweisen des *Wu wei* absolut unfasslich sind und tat das Einzige, was sie tun konnte: Sie krempelte die Ärmel hoch und suchte sich eine Arbeit. Sie war äußerst kreativ, und in all den Jahren, die sie mit Malerei und Op-Art zugebracht hatte, hatte sie eine gewisse Geschicklichkeit im Zeichnen entwickelt.

So arbeitete sie zunächst als Grafikerin.

Ich erinnere mich an die fünfte Klasse als ein Jahr unverhoffter Leichtigkeit: Das Neugeborene brachte Freude ins Haus, meine Mutter arbeitete endlich, dazu kam das Bewusstsein, dass das Erwachsenendasein – das Alter der Befreiung – nicht mehr so fern war. Die Grundschule war ein schweres Joch für mich gewesen, das meinen Blick immer nach unten gedrückt hatte.

Von demselben Geist beseelt wie der Soldat Schwejk, hätte ich mich stets auf die bestmögliche Weise benehmen wollen: tüchtig und fleißig sein, imstande, die Bewunderung und den Applaus der Vorgesetzen zu ernten, aber dann liefen die Dinge immer andersherum. Wenn die Lehrerin eine Frage stellte, wusste ich meist die Antwort, ich hätte die Hand heben können, vor Ungeduld vom Stuhl aufspringen und rufen können: »Ich weiß es, ich weiß es, Frau Lehrerin!« Hingegen wiederholte ich die Antwort bei mir und schloss sie aus, weil sie mir zu simpel erschien.

Es wäre schön, wenn das die Antwort wäre, sagte ich mir, aber es ist klar, dass sie es nicht ist; das ist nur der Anschein einer Antwort, eine eigens aufgestellte Falle, um uns in die Irre zu führen, oder vielleicht der Ausgangspunkt für die Suche nach der wahren Antwort.

Während meine Klassenkameradinnen mit silberhellen Stimmen antworteten, verlor ich mich in den Mäandern meines Geistes, auf der Suche nach anderen möglichen Antworten auf die gestellte Frage.

In der Erzählung »Eine Kindheit« in *Love* muss der Held ein arithmetisches Problem betreffend das Fassungsvermögen einer Badewanne lösen; statt durch exakte Formeln zu berechnen, wieviel Liter Wasser man braucht, um die Wanne zu füllen, verliert sich der Erzähler in seinen Spinnereien. Er stellt sich vor, wie die Decke des Badezimmers einstürzt und der Mieter vom Stock darüber in die Wanne fällt, weshalb sie plötzlich überläuft, wodurch sich die Lösung des Problems erübrigt. Damit hat der junge Held nicht nur im Ansatz eines der archimedischen Prinzipien dargestellt, sondern er hat auch ein weiteres Problem aufgeworfen: Wie schafft man den Körper des Toten beiseite?

Mit dieser Einstellung war jeder Schultag ein zu erklimmender Mount Everest, eine zu durchquerende Wüste Kalahari, immer auf der Flucht vor wild gewordenen roten Ameisen. Die wenigen Male, die ich mich vorwagte, erging es mir wie den Fallschirmspringern, wenn sich ihr Fallschirm im freien Flug nicht öffnet.

Einmal hatte ich seit Tagen ein Wort im Kopf, dessen Bedeutung ich nicht kannte. Als daher die Lehrerin sagte: »Habt ihr irgendwelche Fragen?«, hob ich sofort den Arm, sprang auf, trat neben die Schulbank und sagte klar und deutlich: »Frau Lehrerin, was heißt kastrieren?«

Deshalb erschien mir das Ende der Grundschule – und der Abschied von diesem düsteren Backsteingebäude, in dessen Eingangshalle alle Typen von Bomben und Minen ausgestellt waren, auf denen wir in die Luft hätten fliegen können – die Befreiung aus einem Gefängnis, in dem ich zu lang eingesperrt gewesen war.

Die Mittelschule war nicht weit weg und hatte einen Namen, der mich zum Träumen brachte: Campi lisi. In vollkommener Unkenntnis, was elysische Gefilde sind, war ich überzeugt, dass das nur falsch geschrieben war und dass es sich in Wirklichkeit um *campi di fiordalisi*, Kornblumenfelder, handelte. Ich liebte und liebe Kornblumen sehr, und ein so benanntes Institut zu besuchen, vermittelte mir ein Gefühl unerwarteter Leichtigkeit.

Das Gebäude, in dem sich unsere Schule befand, war ebenfalls aus rotem Backstein und in der Zeit der amerikanischen Besatzung errichtet worden. Mit seinen weiß gerahmten Fenstern, seinem Ziegeldach, seinen Bäumen und seinen Innenhöfen schien es mir unmittelbar der Insel der Glückseligen zu entstammen, wofür ich die Vereinigten Staaten von Amerika hielt.

In der Schule der Kornblumenfelder würden die Lehrer ewig lächeln, und ihr Glücklichsein würde sich zweifellos auf uns Schüler übertragen. Um die Schule zu erreichen, musste ich denselben Weg gehen wie zur alten Schule, wenige Meter davor aber in eine abschüssige Straße einbiegen, wo man in der Ferne das Meer und die Kräne der Werften sah. Nach zwei Kurven und der Überquerung einer ungeteerten, unbebauten Fläche – heute stehen dort Wohnhäuser – würde ich zur Oase meines Glücks gelangen.

Um diese Veränderung zu unterstreichen, hatte ich den treuen Tornister zugunsten des Bücherriemens eingetauscht, als deutliches Zeichen einer neuen Leichtigkeit, die mich ins Erwachsenenalter hinübergeleiten würde.

Seit Monaten schwebten mir jedenfalls diese beiden abschüssigen Kurven vor. Ich war noch zu klein, um zu wissen, dass sich etwas im Geiste vorstellen zu können, nicht immer darauf vorausweist, dass man es dann auch wirklich tun kann.

Noch wusste ich nicht, dass über unseren Wünschen und Träumen stets das Schicksal wacht, dass seine Kurven nicht die unseren sind und dass es bei seinen

Wendungen unser Wohl vermutlich als Letztes im Sinn hat. Bis zu jenem Tag war ich davon überzeugt gewesen, dass das Dasein nach einem gewissen rhythmischen Schema abläuft – Schul- und Feiertage, die Samstage bei der Großmutter väterlicherseits, die Sonntage bei den anderen Großeltern, Weihnachten und Ostern mit der ganzen Familie bei den Urgroßeltern, die Winternachmittage beim Eislaufen und die Sommernachmittage im Ausonia-Bad oder in Grignano, in Sistiana oder sogar in Grado, wohin man mit dem alten Motorboot *Ambria bella* gelangte. All das schien der ablaufenden Zeit einen stabilen Rahmen und Rhythmus zu geben, der die Verrücktheiten, die Unfähigkeit und die Konfusion meiner Eltern entkräften konnte.

Noch wusste ich nicht, dass das Schicksal, während ich noch die friedlichen Kornblumenfelder betrachtete, im Ohr schon das Rauschen der Segel des Schiffs, das mich nach Madagaskar bringen würde, um Fingertiere und Chamäleons zu studieren, wie bei einem Zusammenstoß mit dem Auto abrupt das Steuer herumreißen würde.

Alles fing mit den Abendessen an.

Abendessen, zu denen ich und mein Bruder natürlich nicht eingeladen waren. Wir aßen vorher, schon im Schlafanzug, und gleich nach der Unterhaltungssendung *Carosello* gingen wir ins Bett. Erst da kam der Mensch, ein Arbeitskollege, und aß in der Küche mit meiner Mutter. Er hatte eine unangenehm laute Stimme, die ich nicht zögern würde als Wirtshausorgan zu bezeichnen.

Ich erinnere mich an das Licht, das bis spät anblieb, und an diesen Lärm, der ungewohnt war in einer Wohnung, wo drei Kinder lebten, und der bis in unsere Zimmer drang. Beim Erwachen war unsere Wohnung nicht mehr dieselbe, sie sah aus wie der Winkel einer Gasse, wo ein nächtliches Gelage stattgefunden hat. Überall Flaschen und Gläser, die Küche in stinkenden kalten Rauch gehüllt, der von den überquellenden Aschenbechern ausging und sich in der ganzen Wohnung ausbreitete. Wenn ich mich für die Schule bereit machte, konnte ich den Brechreiz kaum unterdrücken.

Ein Abendessen. Zwei Abendessen. Zehn, zwanzig Abendessen. Je mehr die Abendessen wurden, desto größer wurde meine Unruhe. Unruhe war für mich immer der Vorbote von Fragen. Es waren keine spontanen, direkten Fragen, wie ein normales Kind sie in einer normalen Situation stellen würde; in der Tat fürchtete ich, es mit dem eisigen und hasserfüllten Blick der Frau B aufnehmen zu müssen.

Trotzdem konnte ich nicht schweigen. Der Weg, den mein Geist beim Formulieren einer Frage nahm, ähnelte in seinem Verlauf dem der Wasser des Karsts: Sie versanken in Schluchten, liefen tosend unterirdisch dahin, stürzten in Wasserfällen noch tiefer hinab und verloren sich in Rinnsalen, bis sie beinah versickerten, um dann plötzlich ohne jede Vorankündigung mit Macht wieder an die Oberfläche zu kommen.

So ging ich eines Abends in die Küche, ich war schon im Schlafanzug, und Frau B war dabei, das soundsovielte Abendessen zuzubereiten; ich sagte: »Ich hoffe, dass Herr X, bevor er geht, wenigstens seine Rechnung bezahlt.«

Diesen Satz hatte ich mir sorgsam zurechtgelegt und

genau abgewogen, weil ja die Geldnot das wiederkehrende Motiv in unserem Leben war und wir Kinder der Grund für diese ständige Knappheit waren. Da ich sah, dass meine Mutter jeden Abend Leckerbissen zubereitete – etwas völlig Ungewohntes, denn wir aßen immer nur Kartoffelpüree mit einer Scheibe Schinken oder eine Suppe aus getrockneten Erbsen – und unsere Wohnung immer mehr einer Kaschemme glich, war es mir richtig erschienen, die logische Schlussfolgerung daraus zu ziehen.

Wenn meine Mutter eine neue Aktivität als Wirtin aufgenommen hatte, war es nur recht und billig, dass sie sich bezahlen ließ, denn wozu sollte sonst all die Arbeit gut sein, der Lärm, und der Gestank nach Rauch, der die Luft verpestete?

Ich hatte »bezahlt« noch nicht ausgesprochen, da bemerkte ich den tragischen Fehler. Der ganze lange Prozess der Läuterung und Klärung der Wasser war zu nichts nütze gewesen. So wie Funken im August das dürre Gestrüpp in Brand setzen, so ließen meine Worte das auflodern, was ich am meisten von allem fürchtete: den einäschernden Blick. Frau B hegte überhaupt keine wohlwollenden Gefühle uns gegenüber und schämte sich nicht, uns das auch zu zeigen, wenn wir allein waren. In diesen Augen war Eis und war Feuer, und dieses Feuer und dieses Eis verschmolzen zu einer neuen Kraft, die jedes Ding zu zerstören vermochte.

Mein Mund war noch zum »a« geöffnet, als ihre Hand meinen Arm wie mit Adlerklauen packte, die Krallen fast bis auf den Knochen hineinschlug und mich heftig schüttelnd anschrie: »Niemals werde ich dir erlauben, in mein Leben hineinzupfuschen. NIE!

NIEMALS!« Und mit einem heftigen Stoß warf sie mich aus der Küche hinaus.

Dieses »Nie« bestand aus spitzen Steinen, Stahl, Glasscherben, Rollen Stacheldraht. Dieses »Nie« war eine Barriere, eine Waffe, ein Spanischer Reiter, der ihr Leben für immer verteidigen würde.

Unterdessen war Monsignore Milioni im besten Hotel der Stadt abgestiegen, er wälzte Akten, machte sich Notizen, berief Zeugen ein und genehmigte sich auf Kosten meines Großvaters luxuriöse Fischessen in den verschiedenen Restaurants der Stadt.

20

Mit der Zeit, bereits im Erwachsenenalter, habe ich verstanden, dass meine Mutter zwei große Traumata erlitten hat und dass sich ihr Leben um diese beiden Traumata drehte.

Es gibt viele Weisen, auf eine einschneidende Erfahrung zu reagieren: Man kann dagegen aufbegehren oder sie fliehen, indem man sie aus dem Gedächtnis streicht. Oder man kann mit der Zeit darauf zurückkommen und sie verarbeiten, in der Hoffnung, dass diese Arbeit der Analyse uns eines mehr oder weniger fernen Tages dazu führt, das Geschehene zu verdauen, bis dieser dumpfe Schmerz, der unsere Tage überschattet, vergeht. Den negativen Dingen, die uns zustoßen, können wir begegnen, indem wir sie befragen, zu verstehen suchen, welche Forderung sie an uns richten, oder aber wir können im Schatten der Erinnerungen ausharren; dann gestatten wir ihnen, sich wie Triumphbögen über uns zu erheben, sodass unsere gesamte Existenz um sie kreist.

Die beiden Triumphbögen, die das Leben meiner Mutter bestimmten, waren die Bombardierung der Villa, in der sie geboren und aufgewachsen war, und das ebenso brutale Ende ihrer Ehe. In der Tat verfolgte meine Mutter ihr Leben lang den Traum, eines Tages wieder in einer Villa zu leben und eine glückliche Ehe zu führen.

Die Villa bekam sie, und sie brachte es sogar fertig, das Gittertor der Villa Veneziani, das allein die Bomben überstanden hatte, vor ihrem winzigen Vorgarten anbringen zu lassen.

Sie hat drei Ehen geschlossen, und wenn sie etwas länger gelebt hätte, wäre sie bestimmt auch noch eine vierte eingegangen. Aber ich habe den begründeten Verdacht, dass das Glück in diesen Räumen nie wirklich zu Hause war.

So bestand ich, während Monsignore Milioni nachdenklich an den Kais entlangspazierte und bei uns zu Hause die Abendessen stattfanden, die Übertrittsprüfung am Ende der fünften Klasse, und mit einem für mich ungewohnten Gefühl der Leichtigkeit stellte ich mich auf den Sommer ein, der mich von den Campi Elisi trennte.

Gewöhnlich verbrachten wir unsere Ferien Anfang Juli kurz in einer kleinen Pension in Grado, dann in Triest im Hof mit den anderen Kindern und schließlich im August bei den Großeltern in Opicina, zusammen mit den geliebten Cousins.

Dieser August war ein herrlicher Monat für uns, erstens, weil wir zu fünft waren und von morgens bis abends draußen sein durften, und dann, weil es dort bei den Großeltern, wie sich mein Bruder noch heute oft erinnert, anständig zu essen gab.

Aber in diesem Sommer, dem Sommer 1967, wurde die Routine plötzlich durchbrochen. Bei Schulende wurde ich zusammen mit Anna, dem Mädchen, das unterdessen angestellt worden war, um sich um meinen Bruder Lorenzo zu kümmern, zu einer alten

Tante von ihr auf eine Insel im heutigen Kroatien geschickt.

Dort auf den Felsen fand ich zum ersten – und einzigen – Mal einen Seestern: Er war rot und hatte Röhrenfüßchen. Diejenigen, die ich auf dem sandigen Grund von Grado gefunden hatte, waren alle platt und weißlich gewesen, so konnte ich angesichts dieser unerwarteten Pracht nicht widerstehen. Ich wollte ihn nach Triest mitnehmen und meinem Bruder zeigen, also füllte ich, sobald ich vom Strand zurück war, eine Schüssel mit Wasser, löste darin eine Handvoll Kochsalz auf und setzte das wunderbare Tier vorsichtig hinein.

Welche Enttäuschung und welcher Schmerz, ihn am nächsten Morgen leblos und weißlich in der Schüssel schwimmen zu sehen! Das Wasser hatte sich rot verfärbt, und diese Farbe belastete tagelang, monatelang mein Gewissen wie das Kainsmal eines Mörders.

Jeden Morgen gingen wir ans Meer, das felsig, kalt und schön war, umschlossen von einem Pinienhain, aus dem das schreckliche und anhaltende Zirpen der Zikaden kam. Am Nachmittag ruhten wir bei angelehnten Fensterläden im Halbschatten des Hauses.

Manchmal begleitete Anna mich zum Hafen, um ein Eis zu essen. *Sladoled.* Das war das Zauberwort, um es ins Dasein zu rufen. Wie sehr mir dieses Wort gefiel! Es war unendlich viel schöner und prägnanter als unser dummes »gelato«. *Slad, slad:* War das etwa nicht das Geräusch, das die Zunge beim Schlecken machte?

Es waren keine unglücklichen Tage für mich, die Tage in Kroatien; ich befand mich eher in der Schwebe. Die geregelte Abfolge der Ereignisse, die ich bis dahin gekannt hatte und die mir erlaubt hatte zu überleben, war jäh unterbrochen worden; ich ahnte, dass ich auf etwas Neues zuging, aber außer einem leichten Schwindelgefühl – wie wenn man auf Zehenspitzen geht – konnte ich in der Zukunft nichts erblicken.

Erst bei meiner Rückkehr nach Triest verwandelte sich diese Situation der Ungewissheit in tiefe Beklemmung. Ich vertauschte den Badeanzug mit einer Windjacke, und nach ein paar Tagen hatte ich schon wieder den Koffer in der Hand.

Das Ziel: ein Kinderheim in Österreich.

Und dann folgte die endlose Reise auf dem Rücksitz des 850er-Fiats, zusammen mit meiner Mutter und dem Gast der Abendessen; Übelkeit wegen der Kurven, Übelkeit wegen der Hitze, Übelkeit wegen des Verlassenwerdens, das ich näher rücken sah.

Das Kinderheim bestand aus einer Art Bauernhof im Gebirge und es war voll mit anderen Kindern. Zum Glück war da ein Mädchen, das ich schon kannte und mit dem ich das Zimmer teilen würde: die Tochter der besten Freundin meiner Mutter. Sie war ein Jahr älter als ich und hatte mit Liebesdingen schon Erfahrung, die mir noch völlig fremd waren. Während sie ihre Zeit mit dem Lesen von Arztromanen wie *Liala* verbrachte, brachte ich die meine mit Weinen zu.

Die Leiterin des Kinderheims trug nicht nur vorwiegend synthetische Pullover, sondern war auch keine besondere Freundin der Reinlichkeit, weshalb der einzige Moment, in dem ich die Tränen zurückhalten konnte, der war, wenn ich sie zu einer tröstlichen Umarmung herannahen sah.

Ich freundete mich mit niemandem an, wie ich auch keine Begeisterung empfand, Deutsch zu sprechen. Der einzige Lichtblick war, zusammen mit einem Jungen Igel fangen zu lernen. Ich hatte einen gefangen und brachte ihn in unser Zimmer. Wir fütterten ihn mit Essensresten: Omelett, Äpfel, Schüsselchen mit Milch. Da Igel Nachttiere sind, lief er die ganze Nacht durchs Zimmer, während er tagsüber in einer Pappschachtel schlief.

Er war das einzige Wesen um mich herum, das Wärme verströmte. Ich hätte ihn umarmen mögen, aber leider hatte er Stacheln! Daher kraulte ich ihm, wenn er es erlaubte, die einzige weiche Stelle, den Bauch.

Die Freizeit verbrachte ich im Gemeinschaftsraum, baute Papierschlösser und schrieb Briefe an meine Mutter. Nach ihrem Tod habe ich sie in einer Schublade wiedergefunden, mit einem Band zusammengebunden. Die von meiner Kinderhand geschriebenen Zeilen drückten ständig wachsende Verzweiflung aus. Nach den Eingangsfloskeln – Wie geht es dir? Was machst du? Wie geht es meinen Brüdern? – zeigten sich die ersten Risse: »Ich weiß, dass du mich nur deshalb bisher nicht angerufen und mir auch nicht geschrieben hast, weil du willst, dass meine Freude umso größer ist, wenn du es dann tust.« Gefolgt von kleinen Bestechungsversuchen: »Heute habe ich ein wunderschönes Geschenk für dich gekauft, ich sage dir nicht, was es ist, weil es eine Überraschung sein soll, so wie du mir eine Überraschung machen willst, indem du wartest mit deinem Anruf, aber wenn du anrufst, kann ich dir schon ein bisschen was sagen ... Es ist schön, dass du so tust, als hättest du mich vergessen ... Ich habe Blumen für dich gepflückt, aber ich habe Angst, sie verwelken, bevor du sie sehen kannst.« Ich schrieb, meine Tränen flossen reichlich und fielen aufs Papier, verwischten an manchen Stellen die Tinte.

Dort oben in den verregneten Bergen, begleitet vom Gestank nach Zwiebeln und Schweiß, in dieser Einsamkeit, in der die Stacheln eines Igels der einzige Trost waren, war etwas Unglaubliches geschehen: Der Eisberg hatte angefangen zu schmelzen. Nicht die Umarmung der Sonne hatte ihn verflüssigt, sondern ein Brand, der in meinem Inneren aufgelodert war. Ein Brand ohne Flammen, kalt und erbarmungslos wie eine atomare Implosion. In diesen Tränen lag weniger eine Befreiung als das Projekt zu einem neuen, noch unüberwindlicheren Gefängnis. Das Eis schmolz nicht nur, es hatte auch den Fehler, dass es Licht durchließ. Und Licht war Leben, war Hoffnung, hartnäckige Illusion, dass an einer bestimmten Stelle, in einem bestimmten Moment noch irgendeine Form von Wärme eindringen könnte.

Zum Glück kam eines Tages eine Ansichtskarte von Signorina Anna: Auf der Rückseite einer Fotografie eines Cocker-Welpen und eines Kätzchens standen ein paar liebevolle Worte. Diese Karte war das Floß, das mir erlaubte, bis zum Ende dieses Aufenthalts durchzuhalten. Ich legte sie mir unters Kissen, ich trennte mich nie von ihr, auch tagsüber nicht.

Im Moment der Abreise war das Eisberg-Mädchen verschwunden, und seine Stelle war vorübergehend von dem Bettvorleger-Mädchen eingenommen worden. Ich war da, reglos, platt, unauffällig, fast atmete ich nicht – wie eine auf dem Boden ausgestreckte Seezunge, die darauf wartet, dass man auf sie tritt.

Ich kehrte nach Triest zurück, aber nicht zu mir nach Hause, sondern zu den Großeltern.

»Das ist nicht mehr unser Zuhause«, sagte meine Mutter. »In zehn Tagen ziehen wir um in eine andere Stadt, und dieser hier« – der Mann mit der Wirtshausstimme – »ist mein neuer Lebenspartner.«

Unterdessen hatte Monsignore Milioni seine Arbeit abgeschlossen. »Ein intelligenter, scharfsinniger Mann«, sagte meine Mutter immer, wenn sie sich an ihre Begegnungen erinnerte, »ein Mann, mit dem angenehm zu plaudern ist.« Nachdem er Protagonisten und Zeugen befragt, die Antworten abgewogen, dicke Wälzer konsultiert und den Koffer mit der Million kassiert hatte – wie die Comic-Figur Signor Bonaventura, mit dem er vermutlich verwandt war –, hatte er am Ende die Ehe meiner Eltern für nichtig erklärt.

So zogen wir im September in eine andere Stadt.

Kaum kam ich in diese neue, extrem düstere Behausung – eine Villa zur Miete! –, fühlte ich, wie es mich eiskalt überlief. Von meiner Mutter hatte ich die Fähigkeit geerbt, nach vorn zu blicken, also versuchte ich, die positiven Seiten der neuen Situation zu sehen. Vor allem wurde mir, da das neue Haus einen Garten hatte, erlaubt, einen Hund aus dem Tierheim zu holen, und außerdem war meine Mutter verliebt, da war der kleine Bruder, und in den Augen aller Nachbarn hätten wir als eine glückliche Familie gelten können.

Eine Familie!

Wie tief verwurzelt in Kindern doch der Wunsch nach dieser Realität ist. Auch ich hätte so tun können, als ob dieser Herr mein Vater wäre, auch ich hätte eine ruhige Normalität anstreben können. Und tatsächlich war der Herr plötzlich freundlich zu mir geworden, sehr freundlich, und ich hatte mich von dieser Freundlichkeit täuschen lassen, wie die Vögel sich von der Leimrute hereinlegen lassen. Ich war zehn Jahre alt und hatte einen tiefen Abgrund der Gefühlsleere zu füllen, was hätte ich sonst tun können?

So war ich also ein paar Monate lang wirklich glücklich in der neuen Situation. Da war nur ein Schatten, ein fixer Gedanke, der mich quälte wie eine lästige Bremse.

Wo war mein Vater geblieben?

Und wenn er eines Tages zurückkam und entdeckte, dass sein Platz von einem anderen eingenommen worden war?

Und auch wenn er sich nicht aufregte, wo würde er schlafen? Im Garten, in seinem Sportwagen? Oder wo?

Damals gab es noch keine Patchworkfamilien, also konnte ich mir nicht ausmalen, welche Perspektiven sich für uns auftaten. So begann diese unpassende Frage ihre lange, abenteuerliche Reise durch den Karst. Sie stieg auf, stieg hinab, stürzte in die Tiefe, stieg wieder auf; sie schien verschwunden, doch dann kehrte sie mit erneuter Kraft wieder, ich drängte sie zurück, und sie kam an anderer Stelle wieder zum Vorschein.

Eines Nachmittags raffte ich mich endlich auf, der Augenblick war gekommen. Ich hatte meine Mutter bei einigen Besorgungen begleitet, und auf dem Rückweg nahm ich meinen ganzen Mut zusammen. Alle zehn Schritte sagte ich mir: jetzt, jetzt! Aber die Stimme wollte nicht gehorchen. Erst, als ich in der Ferne unser Haus sah, atmete ich nach Art des Bettvorleger-Kindes einmal tief durch und sagte:

»Ich habe mich gefragt …«

»Was?«

»Ich habe mich gefragt, ob unter all den modernen Dingen, die man erfunden hat, wie zum Beispiel Raketen, ob man da nicht auch … ein … ein … Bett für drei erfunden hat.«

Meine Mutter blieb mitten auf der Straße stehen und sah mich fassungslos an.

»Aber was sagst du denn da?«, sagte sie eisig.

Mit letzter Kraft vollendete ich meinen Gedanken. »Nun … also … ich habe mich gefragt … wenn Papa kommt … wo er schlafen soll.«

»Papa kommt nie mehr«, antwortete sie barsch und ging weiter.

»Warum?«

»Weil die Sacra Rota es so entschieden hat«, antwortete mir ihr Rücken.

»Was hat sie entschieden?«

»Dass er nie existiert hat.«

Ende der Durchsage.

In den folgenden Tagen gelang es mir, von meinem Bruder weitere Details zu erfahren. Die Sacra Rota war in Rom zu Hause, in den Palästen rund um den Petersplatz, und zu ihren Befugnissen gehörte es, die Beziehungen zwischen Personen für immer zu durchtrennen.

Monatelang erschien mir im Halbschlaf die Sacra Rota: Ich sah die Bronzetüren des Petersdoms mit einem Mal aufspringen, und plötzlich erschien dieses rotierende Ungeheuer. Es war eine Art Reifen von beängstigenden Ausmaßen, anstelle des Profils hatte er Rasierklingen, und dort, wo die Felgen waren, traten große Schwaden Weihrauch aus. Nicht umsonst war das Ding heilig.

Nach einem Moment des Zögerns setzte sich dieses riesige Rad in Bewegung und lief die Stufen des Doms hinunter, bereit, alle Personen, die sich auf dem Platz aufhielten, zu überrollen; da die Menschen versuchten, sich vor seinen Klingen zu retten, gab es ein allgemeines Getümmel; unter verzweifeltem Geschrei suchten alle Schutz hinter einer Säule oder einem Brunnen; für diejenigen, denen das nicht gelang, war das Schicksal besiegelt: Sie wurden erdrückt und von den Klingen in Stücke geschnitten, Väter wurden von ihren Kindern getrennt, Frauen von ihren Männern, unter den Opfern waren wahrscheinlich auch Großeltern oder Cousins, mitgerissen von der Gewalt dieses blutrünstigen Monstrums.

Offenbar musste mein Vater die dumme Idee gehabt haben, just an diesem Tag auf dem Petersplatz spazieren zu gehen …

Nach dem wirklichen Tod meines Vaters, als ich schon erwachsen war, wollte ich das Geheimnis der Sacra Rota lüften. Wie war es denn möglich, eine Ehe zu annullieren, aus der immerhin drei Kinder hervorgegangen waren?

Ich suchte jemanden auf, von dem ich wusste, dass er einer der Zeugen in dem Prozess gewesen war. Es war ein Freund meines Vaters aus Kindertagen, der ihn also sehr gut kannte.

»Bevor ich zu Monsignore Milioni ging«, sagte er mir, »legte ich mir zurecht, was er vermutlich hören wollte, was im Übrigen der Wahrheit entsprach. Ich wollte ihm sagen, dass er ein in jeder Hinsicht unzuverlässiger Mensch sei, dem Alkohol und den Weibern ergeben, ein wirklich unglückseliger Mensch, aber sobald ich den Mund aufmachte, bedeutete Monsignore Milioni mir zu schweigen. ›Ich will nichts wissen. Sagen Sie mir nur eins: Ist er Freimaurer?‹

›Ja, das ist er‹, antwortete ich.«

So fällte die Sacra Rota ihr Urteil.

21

Diese ersten Monate in der neuen Stadt mit meiner neuen Familie und dem Eintritt in die Mittelschule erscheinen mir in der Erinnerung wie ein Lichtstrahl im Waldesdunkel. Ich fühlte mich glücklich wie nie zuvor, alles, was ich mir in den vorangegangenen zehn Jahren gewünscht hatte, war in Erfüllung gegangen.

Ich hatte einen Vater, einen Garten, einen Hund, meine Mutter war glücklich und in ihren Gefährten verliebt; sogar in der Schule traf ich, obwohl es nicht die Campi Elisi waren, auf eine Lehrerin, vor der ich keine Angst hatte und die, wenn sie redete, Dinge sagte, die mich zum Nachdenken anregten.

Vielleicht wegen meiner anormalen familiären Situation – solche Dinge zählten damals – war ich in der letzten Parallelklasse gelandet, irgendwas bei H oder so. In meiner Klasse, in der nur Mädchen waren, gab es verschiedene Sitzenbleiberinnen, Töchter von Schaustellern und Mädchen aus dem Süden. Ich fühlte mich dort sehr wohl, es gelang mir sogar, mich hervorzutun. Ich hatte eine stille und zurückhaltende Banknachbarin, die in diesen Jahren meine beste Freundin wurde.

Ich besitze eine Polaroid-Aufnahme in Schwarz-Weiß aus dieser Zeit, die wohl diese Freundin gemacht hat, sie zeigt mich auf dem Bett sitzend, meinen geliebten Hund Red im Arm, ein Mischling mit rötlichem Fell, dem Körper eines Setters und den Beinen eines Dackels.

Auf dem Foto sieht man, dass ich glücklich bin.

Auf einer anderen Polaroid-Aufnahme sitzt meine Freundin Marina auf demselben Bett, es ist also klar, dass wir uns in Ermangelung eines modernen Selbstauslösers zur Erinnerung an diesen Nachmittag gegenseitig abgelichtet haben.

In den letzten Jahren hat sich allgemein die Meinung durchgesetzt, dass die Familie für Kinder letztlich nicht so wichtig ist. Väter, Mütter, Partner, Partnerinnen, Stiefbrüder und -schwestern, Großeltern und Stiefgroßeltern können ihnen ein unbeschwertes und fröhliches Heranwachsen ermöglichen. Ich glaube, dass das in Wirklichkeit eine große Lüge ist, die man ins Feld führt, um das eigene Gewissen zu beruhigen.

Es ist wahr, dass Kinder sich an alles anpassen und einen Weg finden, in jeder Situation zu überleben, aber auf dem Grund ihrer Seele wünschen sie sich doch nur eins: eine Mama und einen Papa zu haben, die sich möglichst lieben sollten; und möglichst auch Geschwister. Leben verlangt nach Leben, und um den Fluss des menschlichen Daseins weiterführen zu können, möchte das Leben, jedenfalls wie wir es bisher kennen, im gleichmäßigen Rhythmus der Generationen voranschreiten.

So begann in diesen Monaten eines unverhofften Waffenstillstands das Bettvorleger-Mädchen Gestalt anzunehmen; es atmete, bewegte sich, lachte sogar; abends beim Einschlafen umarmte es das Kopfkissen, endlich träumte es von der Zukunft. Einer Zukunft ohne Abgründe und ohne Skelette, ohne Gefängnisse der Sprache und des Geistes, ohne Einsamkeit und Schrecken.

Meine Mutter und ihr neuer Gefährte waren beide Grafiker, sie hatten sich selbstständig gemacht, und die Arbeit schien all ihre Energie zu beanspruchen; oft kamen sie daher erst spät abends heim, da streute ich Blümchen auf ihr Bett oder kleine Billetts mit einem Herzen darauf. Ich habe euch lieb! Ich habe euch lieb!

Ich war glücklich, wirklich glücklich.

Oft machten wir sonntags wie alle echten Familien Ausflüge mit dem roten 850er-Fiat, und so konnte ich am nächsten Tag in der Schule endlich schreiben: »Gestern habe ich mit meinen Eltern einen schönen Ausflug gemacht...« Wenn meine Mutter mit ihrem Gefährten den Kinderwagen durch die Straßen schob, sahen die Leute sie voller Bewunderung an. Was für ein schönes Paar, sagten sie, und was für ein hübsches Kind sie haben! Der Kleine wurde sogleich als die Frucht ihrer Liebe betrachtet, und auch ich versuchte mich dem anzupassen. Da war das Problem mit dem Nachnamen, gewiss, aber ich war mir sicher, dass sie auch dafür eine Lösung finden würden. Da mein Vater nie existiert hatte, durfte es nicht so schwierig sein, den Nachnamen eines Tages abzustreifen wie man ein Kleidungsstück abstreift.

Dieser unvorhergesehene Anflug von Optimismus ließ mich sogar den Traum von dem Segelschiff aufgeben, das mich nach Madagaskar bringen sollte. Ich war wieder Herrin meiner Gefühlswelt geworden, und so erwählte ich das Mitleid zum leitenden Gefühl. Nicht mehr die Naturwissenschaften, sondern die Medizin sollte der neue Horizont meines Lebens sein. Heilen und Schmerzen lindern: Mir schien, eine bessere Arbeit könne es nicht geben.

Ich wollte Kinderärztin werden, heiraten und unendlich viele Kinder haben. Von diesem Augenblick an würden Licht und Liebe mein Leben leiten, da war ich mir sicher.

Ich habe einen Freund, der ist Entomologe, und häufig erstellt er Gutachten für Leute, die ein Haus auf dem Land kaufen möchten. Der Verkäufer kann die Vorzüge des Objekts preisen, so viel er will, die gefährlichsten Bedrohungen stecken in den Holzbalken. Deshalb braucht man einen Experten. Holzwürmer sind geheimnisvolle Tiere, sagt mein Freund. Sie arbeiten allein, im Dunkeln, jahrelang; im Dunkeln paaren sie sich, im Dunkeln vermehren sie sich; man kommt in ein Haus, schaut sich um, alles scheint perfekt, dann lässt ein einfacher Windstoß eine Tür heftig zuschlagen, und ringsum bleibt nur ein Haufen Trümmer und Sägemehl übrig. Holzwürmer arbeiten mit penibler Geduld, wo Materie ist, schaffen sie Leere; um sich vor ihnen zu retten, bleibt nur eins: ihre Anwesenheit rechtzeitig zu bemerken.

Hatte ich es bemerkt? Hatte ich es nicht bemerkt?

Und meine Mutter, hatte sie es bemerkt und so getan, als wäre nichts?

Vielleicht hatte sie trotzdem weitergemacht, weil genau das sie anzog?

Wie viel Weisheit doch im Volksmund liegt! Es ist der erste Eindruck, der zählt, und mein Eindruck, als ich den Mann zum ersten Mal sah, war extrem negativ gewesen, aber ich wollte an das Märchen glauben; meine Mutter glaubte daran, und wir Kinder waren vertrauensselig und folgten ihr natürlich. Diese Illusion war so schön, so beruhigend; die Finsternis war endlich gewichen und schien dadurch auch Frau B mit sich genommen zu haben.

Irgendwann jedoch begann ich in der Stille des Hauses ein leises und beständiges Geräusch zu hören: *tk, tk, tk*. Was für ein Tier ist das?, fragte ich mich. Ist es der Holzwurm? Oder die Uhr des Todes?

Wenn ich ehrlich bin, hatte es in den ersten Monaten durchaus Anzeichen gegeben, aber ich überging sie. Zum Beispiel schenkte unser neuer Vater meinem Bruder eine Schleuder und forderte ihn auf, Fensterscheiben oder was immer in seine Reichweite kam, zu zertrümmern, oder er drückte ihm zum selben Zweck eine kleine Pistole Kaliber 22 in die Hand. Man war kein Mann, wenn man sie nicht zu benutzen verstand, man war kein Mann, wenn man nicht imstande war zu zerstören.

Mein Bruder hatte es gewiss nicht nötig, in dieser Richtung ermuntert zu werden, aber ich dachte mir, das sind Sachen unter Männern, Dinge, die mich nichts angingen: ein leises Knacken, etwas Sägemehl, das von einem Balken fiel, nichts weiter.

Dann erinnere ich mich noch an eine andere Begebenheit, auf der Rückfahrt von einem Ausflug ins Gebirge: Neben der Straße verlief ein schrecklicher Abgrund, der Mann meiner Mutter war schon ziemlich angeheitert und bemerkte meine Angst; er machte in einer Bar halt und kippte einen Grappa nach dem anderen, obwohl ich ihn anflehte, das nicht zu tun. Dann setzte er sich wieder ans Steuer, vollkommen betrunken, und gab Vollgas, geriet ins Schleudern, schnitt die Kurven und wich entgegenkommenden Fahrzeugen erst im letzten Moment aus. Wie durch ein Wunder kamen wir heil zu Hause an, aber tagelang litt ich unter einer unterschwelligen Panik. Diesmal brauchte ich länger, um mich wieder auf die Wellenlänge des Märchens einzustellen.

Was ihn in seinem Wahn bremste, war, glaube ich, die Anwesenheit meines Großvaters, der, obwohl schon alt, immer noch eine gewisse Autorität ausstrahlte; einmal im Monat kamen die Großeltern aus Triest zum Mittagessen, und das bedeutete eine gewisse Kontrolle. Dann starb mein Großvater leider plötzlich, und mit seinem Tod brach alles zusammen. Das Märchen löste sich im Nu auf, der Vorhang hob sich und man entdeckte den Horror. Der Mann, dessen Nachnamen ich hätte annehmen wollen, war in Wirklichkeit ein paranoider, perverser Sadist. Er sah überall Feinde, hasste die ganze Welt und die ihm nahestehenden Personen, das heißt uns.

Mein älterer Bruder und ich hatten eine große, unauslöschliche Schuld – wir waren Kinder unseres Vaters, des Mannes mit den Flipflops und den ausgefransten Bermudas, der seine Zeit damit zubrachte, sich an den Stränden von Marrakesch in der Sonne zu aalen. Wir waren Kinder eines Pervertierten, eines Päderasten, eines Schurken, wie er uns gegenüber gern wiederholte.

Die Siegel des Monsignore Milioni hatten für ihn überhaupt keinen Wert, keine Annullierung konnte die Wirklichkeit auslöschen: Unser Vater lebte in unseren Gesichtern, in unseren Worten und unseren Atemzügen. Und in unseren Gesichtern, unseren Gesten und Atemzügen musste er tagtäglich besiegt werden.

Angesichts dieser heftigen Wutausbrüche blieb meine Mutter gleichgültig und abwesend, sie verteidigte uns nicht, sie sagte nichts.

In diesen Tagen entdeckte ich, dass Frau A und Frau B nicht mehr existierten; eine neue Person war in unser Leben getreten: Frau C. Sie beobachtete uns mit derselben teilnahmslosen Aufmerksamkeit, mit der ein Entomologe seine Insekten im Reagenzglas zappeln sieht. Insekten oder vielleicht Strandgut, das die letzte Flut zurückgelassen hat. Sie hatte uns aus ihrem früheren Leben mitschleppen müssen, aber es war klar, dass sie das lieber nicht getan hätte.

Wie ich mit den Jahren lernen sollte, enthielt Frau C auch Frau D, Frau E und viele weitere. Wir waren nicht Kinder einer Frau sondern einer Matroschka; man machte eine auf, und darin war noch eine, ganz gleich wie die erste. Die B, C, D und E hatten vermutlich die sanfte und unschuldige A umgebracht, die saß jetzt wohl im Paradies und strickte Wolldecken.

Diese Teilnahmslosigkeit betraf nicht nur uns, sondern auch ihre eigenen Eltern. An den Tagen, die dem Besuch der Großeltern vorausgingen, tobte im Haus ein Hexensabbat aus Schreien, Tritten, knallenden Türen, geworfenen Gegenständen, alles begleitet von obszönen Schimpfwörtern, unter denen zwei mich besonders verwunderten:

»Ich will keine Seife im Haus!«, schrie er wie ein Verrückter. »Ich will keinen Lampenschirm am Tisch!«

Ich habe eine Weile gebraucht, um zu verstehen, welche Beziehung diese unschuldigen Gegenstände zu meiner Großmutter hatten. »Seife« und »Lampenschirm« erschienen mir in der Tat keine besonders groben Beschimpfungen, bis ich herausfand, dass er als erbitterter Antisemit das jüdische Blut hasste, das in den Venen meiner mütterlichen Familie floss, und dass Seife und Lampenschirm Gegenstände waren, von denen er bedauerte, dass meine Großmutter noch nicht in sie verwandelt worden war. Und vermutlich hoffte er, dass auch wir eines Tages in sie verwandelt würden.

Sehen zu müssen, dass meine Mutter auf die Beschimpfungen ihrer eigenen Mutter nicht reagierte, entsetzte mich. Ich an ihrer Stelle hätte geschrien: »Ich gestatte dir nicht, so zu reden!«, und hätte ihn mit Fußtritten zur Tür hinausgeworfen.

Sie hingegen lächelte weiter still vor sich hin und nickte andeutungsweise.

Ich war damals elf, und psychiatrische Lehrbücher gehörten nicht zu meiner Lektüre; ich wusste also nicht, dass gewalttätige und paranoide Sadisten eine Fähigkeit besitzen, die der der Spinne sehr ähnlich ist: Haben sie ihr Opfer gefunden, beginnen sie langsam und unbemerkt ihren Seidenfaden abzusondern; ihre Geheimwaffen sind Freundlichkeit und Ergebenheit, so bemerkt die ausgewählte Person bald, dass sie ohne diese liebevollen Aufmerksamkeiten nicht mehr leben kann; unterdessen entspinnt sich der Faden und umgarnt sie, und mittlerweile gefangengesetzt, wehrt das Opfer sich vergeblich: In der Tat gibt es in der Natur kein elastischeres und widerstandsfähigeres Material als den Spinnwebfaden.

Angefangen von den Abendessen war alles einzig darauf ausgerichtet gewesen, diesen diabolischen Plan in die Tat umzusetzen, dessen abschließender Schachzug der Ortswechsel war.

Schach matt.

Wenn die Beute erst im Netz gefangen, von den Eltern getrennt, von den Freunden und allem fern war, was irgendwie Rettung bringen konnte, dann nahm die Spinne ganz gemächlich den zweiten Teil ihrer Arbeit in Angriff: mit vorsätzlicher Langsamkeit verschlang sie ihre Beute.

Eines Tages, als wir allein waren, fragte ich meine Mutter: »Warum behandelt dieser Herr uns eigentlich so schlecht?«

»Weil er ein Genie ist«, antwortete sie mir, »und für uns ist es eine große Ehre, an seiner Seite zu leben.«

Als ich diesen Begriff hörte, kam mir Mozart in den Sinn, das einzige Genie, das ich aus meiner kindlichen Welt kannte. Mit dem Pragmatismus, der mich auszeichnet, fragte ich daher:

»Spielt er vielleicht ein Instrument?«

»Nein«, antwortete sie mir. »Aber wenn er wollte, könnte er sie alle spielen.«

Da begriff ich, dass wir verloren waren.

22

Das Haus, in dem wir wohnten, erregte die Bewunderung vieler Leute; in den Sechzigerjahren von einer vermögenden Familie erbaut, entsprach es den Vorstellungen der damaligen Avantgarde-Architektur, das heißt, es war ein kaltes Ensemble aus Glas, Beton, spitzen Winkeln und Rechtecken. Für mich war es nichts anderes als ein Betonkasten, in dem es mir unmöglich war, eine Ecke zu finden, in der ich mich entspannen und einkuscheln konnte und das sehr menschliche und sehr tierische Gefühl haben durfte, in meiner sicheren Höhle zu sein.

Die Villa war darauf ausgelegt, viele Gäste zu empfangen, sie hatte daher einen großen Salon und sogar eine eigene Garderobe sowie ein Bad aus rotem Marmor, alles für Gäste von eventuellen Empfängen und Abendeinladungen bestimmt. Abendeinladungen, die natürlich nie stattfanden, weil keinem Fremden das Recht zugestanden wurde, in unser Privatleben einzudringen.

Die meiste Zeit verbrachte ich mit Red im Garten. Der war nicht sehr groß, aber es gab ausreichend unzugängliche Stellen, wo ich mich vor der Welt verstecken konnte. So schwer es mir immer gefallen ist, mit menschlichen Wesen zu sprechen, so leicht ist es für mich immer gewesen, mit Tieren zu kommunizieren, ganz als besäße ich von Natur aus den Ring des Königs Salomon.

Bis dahin hatte ich nur Goldfische besessen und einige Hamster: die einzigen Tiere, die für ein Stadtkind zulässig waren. Um ehrlich zu sein, hatten wir in Triest für kurze Zeit auch einen Kater gehabt, Shapur, den mein Bruder und ich sehr liebten, aber mein Vater, der einen absoluten Hass auf Tiere hegte – wie kleine Kinder gehörten sie zu der Kategorie von unpraktischen Dingen, um die man sich kümmern musste und die am Ende nur einen Zeitverlust darstellten –, donnerte bei einem seiner vierteljährlichen Besuche: »Entweder der Kater oder ich!« Und so wurde der geliebte Shapur zum Tierarzt gebracht, der ihn mit einer Spritze zum Schnurren in die ewigen Jagdgründe schickte.

In Wirklichkeit war da auch ein Hund, der flüchtig in unserem Stadtleben auftauchte: ein Maremmaner Hirtenhundweibchen; als sie zu uns kam – das Geschenk eines Verehrers meiner Mutter –, war Manon knapp vierzig Tage alt. Ich erinnere mich noch, wie mein Herz vor Freude hüpfte, als ich sie sah: eine Kugel aus weißem Fell mit bebendem Bauch. Mein Bruder und ich waren verrückt nach ihr und sie verrückt nach uns. Schade nur, dass sie außer uns Kindern niemand anderen liebte, und als sie groß war, wurde das für die Haltung ein schweres Problem. So verschwand auch Manon eines schönen Tages aus unserem Blickfeld.

Außer dem Hund Red besaß ich damals eine kleine Voliere mit Kanarienvögeln, Spatzen und einem Wellensittich, den ich abgerichtet hatte. Irgendwo habe ich gelesen, dass Mike Tyson ein leidenschaftlicher Vogelzüchter war; in der Tat scheint es so, als wäre die Beschäftigung mit Federvieh ein großes Antidoton für Menschen, die zu unkontrollierbarer Gewalttätigkeit neigen.

Ich besitze auch heute noch eine große Voliere, und wenn ich mich um meine singenden Freunde kümmere, erlebe ich Augenblicke echter Entspannung.

Denke ich an diese Jahre, so sehe ich deutlich die große Veränderung, die damals in mir vorging – mit einem Mal zerbröckelte meine Unschuld. Da war ein Ton, der klang höher als die anderen, und dieser Ton sprengte sie in tausend Scherben wie Glas. Ich hatte keinen Eisberg mehr, der mich schützte. Ich hatte weder Rüstung noch Schild. Ich war auch nicht mehr das Bettvorleger-Kind. Meine Natur war – und ist noch heute – die einer unschuldigen Seele, fern der täglichen Bosheit der Welt. Ich konnte mir keine Gemeinheiten ausdenken, umso weniger kam es mir in den Sinn, welche zu begehen. Bis dahin war das vorherrschende Gefühl meiner Tage das Mitleid gewesen. Aus Mitleid weinte ich, aus Mitleid fragte ich mich rastlos nach der Entstehung und dem Zusammenhang der Welt.

Ich wusste um den Marianengraben, den schwarzen Strudel, der die Tage unablässig mit seinem Dröhnen erfüllt, aber bis dahin hatte ich ihn nur von oben betrachtet, gerade einmal seine Oberfläche gesehen.

In diesen Tagen, diesen Monaten, diesen Jahren hatte mein Körper angefangen, wie die Kanarienvögel, die in den Bergwerken das Grubengas einatmen und dann sterben, die schreckliche Energie des Bösen in sich aufzunehmen.

Ein blankes, grausames und überaus mächtiges Übel.

Alles lag nun ganz klar vor meinen Augen: Ich und die reine, eiskalte Kraft der Zerstörung standen einander gegenüber, in Betrachtung versunken.

Ich war allein, so wie ich viele Jahre zuvor allein gewesen war, während eines Versteckspiels in einem Getreidefeld. Ich kauerte zwischen den Halmen, als ich auf einmal zu meinen Füßen eine eingerollte schwarze Schlange sah. Statt zu fliehen oder zu schreien, blieb ich hocken und starrte sie an. Sie starrte mich auch an. Lang verharrten wir so, reglos, die Blicke ineinander versenkt. Unterdessen war das Spiel vorbei, ich hörte die Stimmen meiner Spielgefährten, die immer beunruhigter nach mir riefen. Die Sonne begann unterzugehen und färbte die Ähren um mich herum orange. Erst da entrollte sich die Schlange und verschwand mit trägen Bewegungen zwischen den Getreidehalmen. Erst da ging auch ich hinaus zu den anderen Kindern, die nach mir suchten, ich fühlte mich fern von ihnen, benommen.

Unser Kampf war jedoch ungleich. Ich war elf, zwölf Jahre alt und war allein, keiner konnte mir helfen. Mein großer Bruder, der nun schon auf dem Gymnasium war, hatte sich verflüchtigt, ich sah ihn fast nie. Es waren die wilden Jahre um 1968, und die Option, seine Zeit mit Freundinnen und auf Barrikaden zuzubringen, war bestimmt verlockender als zu Hause zu bleiben, sich beschimpfen und mit Fußtritten traktieren zu lassen.

Ich kümmerte mich um meinen jüngeren Bruder, der die ganze Zeit, die er nicht für die Zurschaustellung der glücklichen Familie gebraucht wurde, allein in einem Zimmer zubrachte, die Nase rotzverschmiert, vor einem ständig laufenden Fernseher, immer bereit, sich zu freuen und jedem zuzulächeln, der ihm etwas Aufmerksamkeit schenkte.

Eines Tages im Winter wurde er krank, und da er nicht kuriert wurde, verschlimmerte sich die Krankheit: Er wurde buchstäblich im letzten Moment vor einer verheerenden Lungenentzündung gerettet. Er musste über einen Monat im Krankenhaus bleiben; er weinte, wollte sich keine Spritzen geben lassen, hatte Angst vor den Schwestern. Als er nach Hause kam, war ich sicher, dass auch er sich in ein Bettvorleger-Kind verwandelt hatte.

Unterdessen versuchte ich zu überleben, so gut ich konnte. Ich verbrachte viel Zeit außer Haus; da ich noch kein Interesse an Verehrern hatte und weder das Alter noch den Charakter hatte, um auf die Barrikaden zu gehen, verbrachte ich die Nachmittage mit dem Hund oder auf dem Fahrrad und war in den entferntesten Stadtrandbezirken unterwegs; ich streifte über staubige Brachen, folgte kilometerweit den Eisenbahngleisen. Sooft ich konnte, übernachtete ich bei einer Schulkameradin. Es scherte niemanden, wo ich war und was ich machte. Ich habe Kindheit und Jugend in einem Zustand der totalen Verwahrlosung verbracht.

Eine Weile lang klammerte ich mich an den Sport, denn Bewegung hat mich immer glücklich gemacht; ich trieb Leichtathletik und ging fast jeden Tag auf die rote Aschebahn, um zu laufen, zu springen und Speerzuwerfen, kurz: um zu überleben. Da ich immer in blauen Stoffschuhen trainierte, wünschte ich mir zum Geburtstag etwas solidere Sportschuhe. Ich bekam sie zwar, aber vier Nummern zu groß. Ich hatte nicht den Mut, etwas zu sagen, denn die übliche Reaktion – »Dir ist ja nie etwas recht« – hätte ich nicht ausgehalten. Also stopfte ich die Schuhe mit Watte aus und nahm watschelnd wie Goofy an den Wettkämpfen teil. Als ich endlich eine Goldmedaille gewann und triumphierend nach Hause kam, war die einzige Reaktion meiner Mutter: »Wer's glaubt wird selig.«

Um im Alltag zu bestehen, kämpfte ich gegen alle und alles, aber der Kampf wurde immer ungleicher, tendierte immer mehr zur Niederlage. Tag für Tag zerbröselten Teile von mir, wie archäologische Reste unter der Geißel der Erosion. Ich hörte den dumpfen Schlag, wenn sie zu Boden fielen, ich sah, wie sich der Schutt unter meinen Füßen anhäufte, und ich konnte nichts tun, um diese unaufhaltsame Zerstörung zu stoppen.

In der Schule ging es unterdessen immer schlechter, ich verbrachte Stunden über den Büchern und verstand trotzdem nichts. Mittlerweile ging ich aufs Gymnasium und war an sture Lehrer geraten, die uneinsichtig und rechthaberisch waren, unfähig, sich auch nur einen Moment lang vorzustellen, dass meine Langsamkeit etwas anderes sein könnte als Mangel an Intelligenz.

Niemand verstand es, eine Bresche zu öffnen, niemand reichte eine Hand, niemand ließ sich auch nur träumen, mir einen einzigen vagen Anlass zur Hoffnung zu bieten. So überzeugte ich mich bald selbst von meiner geringen Intelligenz, und meine Zukunftsperspektiven begannen sich schwindelerregend zu reduzieren: kein Medizinstudium, keine Universität, nichts und noch mal nichts.

Nur um mir ein Ziel zu setzen, überlegte ich, ob ich Kindergärtnerin werden oder als Gärtnerin arbeiten könnte; meinem Bruder hatten die Lehrer geraten, er solle Vertreter werden. Für jede Form des Kundenkontakts fühlte ich mich aber nicht geeignet.

Tag für Tag spürte ich, wie der Wahnsinn in mir zunahm, während ich die Kräfte, ihm Einhalt zu gebieten, immer mehr schwinden fühlte.

Dann plötzlich begann mein Vater in nahezu regelmäßigen Abständen wiederaufzutauchen. Er schlief im Hotel, und bevor er abfuhr, führte er uns zum Abendessen aus. Nach Tibet galt in der Zwischenzeit sein Interesse den Steppen Zentralasiens: Dschingis Khan und sein Reich fesselten nunmehr seine ganze Aufmerksamkeit, und vom ersten Gang bis zum Dessert unterhielt er uns ausschließlich mit dem Leben und den Taten der Mongolen. Ab und zu sagte er Worte auf Chinesisch und zeichnete mit der Hand Ideogramme in die Luft.

Mein Bruder nützte diese Gelegenheiten, um wie ein Scheunendrescher reinzuhauen, während ich immer hoffte, mein Vater möge doch wenigstens einen Moment lang meinen Blick bemerken.

Mehr als an meinem Blick war er aber an meinem Körper interessiert.

Als er mich eines Tages in kurzen Hosen sah, murmelte er gerührt: »Mit diesen Beinen wirst du alle Männer verrückt machen …« Ich wusste nicht genau, welche Themen ein Vater schicklicherweise mit seiner

Tochter besprechen sollte, aber dieser Kommentar, der als fröhliches Kompliment gemeint war, verletzte mich zutiefst.

Wie auch immer, er war doch mein Vater, und so beschloss ich eines Tages, entnervt von meinem Unglücklichsein, zu Papier und Feder zu greifen und ihm zu schreiben. In einem langen Brief erzählte ich ihm, ohne auf Details einzugehen, dass ich mich zu Hause sehr unwohl fühlte und zu ihm nach Rom ziehen wollte. Milioni hin oder her, im Grunde war er mein Vater, oder nicht? Und außerdem, war es nicht er gewesen, der mir einmal, als ich gar keine Lust hatte ihn zu sehen, mit seiner schnurrenden Verführerstimme ins Ohr geflüstert hatte: »Warum willst du nicht mit mir kommen, Spatz? Wir sind füreinander geschaffen, wir beide...«

Heimlich verfasste ich den Brief und heimlich warf ich ihn ein. Aber welche Überraschung und welcher Schrecken, als ich tags darauf von der Schule heimkam und meine Mutter antraf, die mich mit dem offenen Brief in der Hand erwartete.

»Eine Freundin von mir hat ihn gefunden und hat recht daran getan, ihn mir zu bringen. Wenn du nicht glücklich bist in diesem Haus, hättest du mir das ins Gesicht sagen können, statt hinter meinem Rücken zu intrigieren. Was deinen Vater angeht, brauchst du dir keine Illusionen zu machen, wenn du willst, kannst du ihn auch anrufen und ihn fragen, aber seine Antwort wird ›Nein‹ sein, ihr seid ihm völlig egal.«

Ende der Durchsage.

Ende des Fluchtwegs.

Ende der Hoffnung.

Eines Tages, als ich schon erwachsen war, bekannte mir mein Vater, dass er immer gewusst hatte, dass der Mann, der seine Stelle in unserem Leben eingenommen hatte, schwer gestört war, denn er kannte ihn von Kindesbeinen an. Als er erfuhr, dass er der neue Partner meiner Mutter geworden war, schrieb er ihr umgehend einen Brief, in dem er ihr riet, diesen Menschen zu verlassen, denn er sei gewalttätig, grausam und verrückt. Aber sie war schon im Spinnennetz gefangen und antwortete bloß: »Aber was sagst du da? Er ist der wunderbarste Mensch auf der Welt.«

»Und wir?«, fragte ich meinen Vater da. »An uns hast du nicht gedacht?«

»Ihr?«, antwortete er ohne auch nur einen Anflug von Verlegenheit. »Ihr musstet lernen zu überleben.«

Ich hatte vergessen, dass er Darwin-Anhänger war.

Dieselbe Frage stellte ich, ebenfalls als Erwachsene, meiner Großmutter.

»Warum hast du nichts unternommen?«, fragte ich sie.

»Sie schienen so glücklich«, antwortete sie mir. »Und dann wollte ich nicht die Rolle der bösen Schwiegermutter übernehmen.«

Nur Tante Letizia, meine Taufpatin, ahnte etwas. »An diesem Glück stimmt etwas nicht«, sagte sie.

23

Tante Letizia wohnte nicht weit weg von dem Haus, in dem ich geboren bin, trotzdem passierte es nie, dass ich ihr auf der Straße oder in einem Café begegnete, wie das mit anderen Verwandten häufiger der Fall war. Wenn wir sie besuchen gingen, empfing sie uns immer im Wohnzimmer oder, wenn die Jahreszeit es zuließ, im Garten. Sie hatte einen kleinen Hund namens Bambi, einen Pinscher, der praktisch auf ihrem Arm lebte.

Ihre Wohnung ging auf einen sehr schattigen Garten hinaus. Vielleicht erschien mir Tante Letizia deshalb in meiner Erinnerung immer in Dämmerung getaucht, in der nur ihre Augen leuchteten wie Sterne.

Drei Söhne hatte Tante Letizia gehabt und sie alle drei im Krieg verloren. Der erste verschwand in Russland, der zweite ging ihn suchen und kam nicht wieder, der dritte starb an einem der letzten Kriegstage, mitten im Stadtzentrum, von einer Granate getroffen.

Sobald ich den Fuß in ihre Wohnung setzte, verspürte ich ein merkwürdiges Gefühl der Beklemmung. Damals wusste ich nicht genau, was passiert war, man hatte mir nur gesagt, dass ihre Söhne in einem fernen Land verschwunden waren und dass sie weiterhin nach ihnen suchte. Sie bekam oft Briefe oder Hinweise, und diese Briefe und Hinweise entfachten immer wieder vage Hoffnungen in ihr.

Meine Großmutter erzählte mir auch von einer Reihe von Halsabschneidern, Leuten, die gegen Bezahlung Informationen versprachen, die sich dann unfehlbar als falsch erwiesen.

Es war jedenfalls klar, dass diese Wohnung nicht für Kinder geeignet war. Überall waren Bücher, Gemälde, Teppiche, Silber, Sofas mit Samtbezug, ein großer Flügel: Da drin hätten wir bestimmt nicht Fangen spielen können, wie wir es bei den Großeltern taten. Während des ganzen Besuchs saß ich auf der Kante des Sessels, anständig und reglos, und lauschte dem, was die Erwachsenen zu sagen hatten: Sie redeten von Dingen, die ich kaum oder gar nicht verstand. Meist sprachen sie über Familienangelegenheiten oder Dinge, die Tante Letizias Vater betrafen, Großonkel Ettore.

Onkel Ettore teilte ein wenig das Schicksal von Tante Marisa. Auch wenn er persönlich nicht anwesend war, war er doch stets präsent.

Im Unterschied zur Tante jedoch hing ein schönes Porträt von ihm im Wohnzimmer: Er war ein eher korpulenter Herr mit Schnurrbart, ohne Bosheit im Blick.

Tante Letizia hatte eine wunderbare, tiefe Stimme; wenn sie »Papa« sagte, vibrierte der Ton im ganzen Raum. Meinen Kinderaugen erschien sie schön wie eine Göttin aus der Mythologie: Sie hatte einen dunklen Teint, regelmäßige, sehr weiße Zähne und leuchtende helle Augen – als hätte man Splitter von Edelsteinen darin ausgestreut, Diamanten, Smaragde, Topase –, und durch die Angewohnheit, schwere Ohrringe zu tragen, waren ihre Ohrläppchen in die Länge gezogen.

Obwohl sie meine Taufpatin war – sie hatte mich auf dem Arm gehalten, während draußen der Sturm tobte, und dem Himmel geschworen, dass sie mich auf meinem Weg zum Licht geleiten würde –, hatte ich als Kind kein Vertrauensverhältnis zu ihr. Nie hätte ich ihr sagen können, wie ich es hingegen Großmutter gegenüber tat, dass ich Hunger hatte und eine Jause essen wollte. Wenn das Dienstmädchen die Gläser mit Getränken brachte, sagte ich »danke« und trank schweigend.

Jedes Mal, wenn ein Besuch bei ihr anstand, bildete sich mir ein Kloß im Magen, der sich erst auflöste, wenn wir ihre Wohnungstür hinter uns schlossen und in das banale Alltagstreiben zurückkehrten.

Die Tante war immer sehr freundlich zu mir, aber diese Freundlichkeit milderte in keiner Weise die merkwürdige Angst, die mich jedes Mal befiel, wenn ich ihre Wohnung betrat. Die Luft schien dort eine andere Dichte zu haben, und die Tante besaß die hoheitsvolle Autorität einer Priesterin. Es war weniger eine Wohnung als ein Tempel: Welcher Ritus dort zelebriert wurde, war mir jedoch nicht klar. Noch wusste ich nicht, dass wie in der Nacht des Exodus der Engel schon vorübergegangen war und dass er mit dem Blut des Lamms nicht die Tür, sondern meine Stirn gezeichnet hatte.

24

Sadismus und Lieblosigkeit können in der Entwicklung eines Menschen schwere Schäden anrichten, die sich kaum heilen lassen.

Das ist, wie wenn im Lauf eines Experiments ein Gegenstand einer mächtigen Stoßkraft ausgesetzt wird: Wo und wie wird er sich verformen? Werden Risse oder Brüche entstehen? Oder wird er etwa explodieren? Keiner kann das sagen. In der Tat kann man nie vorhersagen, wann an welcher Stelle die Struktur nachgibt. Außer der Gewissheit, dass sie nachgeben wird, ist da nichts.

Am Anfang merkst du natürlich nichts, du bist dir sicher, fest auf deinen Beinen zu stehen, du merkst nicht, dass du dich in ein Chamäleon verwandelt hast: Deine Haut nimmt alle Farben deiner Umwelt an; die Haut resorbiert diese Verwandlung allmählich, und sie dringt in dein Inneres und verändert es; du gehst scheinbar ruhig dahin, und du weißt noch nicht, dass deine Augen schon nicht mehr deine Augen sind, dass dein Herz nicht mehr dein Herz ist.

Der Hass höhlt den Menschen aus. Wie der Koch-Bazillus, der Tag für Tag deine Lungen auffrisst; du glaubst, ein Mensch zu sein, dabei bist du eine Höhle im Karst; die Temperatur ist immer niedrig, deshalb empfindest du das Bedürfnis, dich aufzuwärmen.

Wie ist es aber möglich, im Schoß der Erde Feuer zu machen? Es fehlt die Luftzufuhr, und so mangelt es bald an Sauerstoff; anstelle von Flammen produziert das Feuer Qualm; der Qualm gibt Kohlenmonoxid ab, und statt dich zu wärmen, stirbst du bald.

Was für ein Irrtum, sich den Hass als etwas vorzustellen, das entflammt!

Es ist die Liebe, die brennt, der Hass kann nur vereisen.

Die Zerstörung, die du in deinem Leben auslöst, ist nur ein Versuch, dich zu wärmen.

Die Situation zu Hause wurde von Monat zu Monat schwieriger. Kaum setzte ich mich an den Tisch, wenn ich von der Schule kam, schon ging es los: »Deine Tochter hat versucht, mich zu ermorden.«

Statt zu antworten »Erzähl keinen Unsinn!« oder den psychiatrischen Notdienst zu rufen, nickte Frau D, F, G ernst. Seinen verschiedenen Versionen zufolge trachtete ich ihm in vielerlei Weise nach dem Leben, aber meine bevorzugten Mittel waren niederträchtig – einer Borgia würdig: ins Wasser geschüttetes Gift, Glasscherben oder unsichtbare Nägel im Essen. Meine einzige Waffe war, jedes Mal zu wiederholen: »Das ist nicht wahr!«, aber meine Stimme war die des Kindes, das schreit: »Der König ist nackt.«

Das Märchen hatte sich in einen Horrorfilm verwandelt, in ein Gruselstück, das aber dennoch im Bereich der Phantasie lag, denn es gab keine Beziehung zur konkreten Realität. Die faktische Wahrheit war absolut nebensächlich; in der vom Wahn entstellten Wirklichkeit gab es nur zwei Versionen: das Märchen vom Glück, das man für die Außenwelt aufführte, und den Horrorfilm, dessen Szenario täglich wechselte, sich aber im Grunde immer gleich blieb und in den häuslichen vier Wänden ablief.

Wenn in einem Haus ein Mord begangen wird, machen Nachbarn Journalisten gegenüber oft die verwunderte Aussage: »Eine tüchtige Person, ruhig, wohlerzogen, es gab nie ein Problem.«

Der Mörder.

Ich lebte ständig in einem Labyrinth aus Zerrspiegeln. Anfangs hatte ich noch eine klare Erinnerung an mein Bild, aber mit der Zeit begann ich jede Selbstgewissheit zu verlieren.

Charles Darwin erzählt, er habe den Glauben an einen guten Gott völlig verloren, als er die Gewohnheiten gewisser Schlupfwespen beobachtete. Es ließ ihm keine Ruhe, dass derart grausame Geschöpfe existieren können, die ihr Opfer – gewöhnlich eine fette Raupe – lähmen, indem sie es mit ihrem Stachel durchbohren und es dabei gleichzeitig am Leben erhalten. Diese besonderen Insekten brauchen nämlich frische Nahrung für ihre Larven, die sie auf der lebenden Beute ablegen, von der sie sich dann Tag für Tag ernähren werden.

Die Unmöglichkeit, eine Beziehung zur Realität herzustellen, hatte mich allmählich in diese Raupe verwandelt. Ich war gelähmt von dem giftigen Stachel, ich konnte mich nicht bewegen oder um Hilfe bitten. Im Übrigen, um welche Hilfe hätte ich bitten können? In den Augen Außenstehender war die Theatervorstellung perfekt.

Langsam begann sich die Gewissheit, was wahr und was falsch ist, auch in meinem Denken zu verwischen. Wer war ich, was ging um mich herum vor? Ich wusste keine Antwort mehr darauf.

Mein Vater war unterdessen verschwunden; er hatte sich seit über einem Jahr nicht gemeldet; selbst wenn ich gewollt hätte, ich hätte nicht gewusst, wo ich ihn suchen, wie ich ihn finden sollte. Mein älterer Bruder war eines Tages aus dem Haus gegangen, hatte »ciao« gesagt und war, statt in die Schule zu gehen oder eine Verlobte zu besuchen, mit dem Moped nach Dänemark gefahren; dort war er geblieben und arbeitete in einer Eisdiele.

Eine der positiven Eigenschaften meiner Mutter war das völlige Fehlen von Angst. Als sie ihn an jenem Abend nicht nach Hause kommen sah, machte sie sich überhaupt keine Sorgen. *No news, good news* war ihre Devise, die ihr erlaubte, unbekümmert durch die Stürme des Alltags zu segeln.

Eines Tages, als ich aus der Schule kam, war Red nicht da, um mich wie üblich zu begrüßen. Ich ging in die Küche und sah sein kleines Klappbett zusammengefaltet in der Ecke stehen, sein Halsband mit der Marke hing am Ventil des Heizkörpers. Meine Mutter kochte, ich sah sie von hinten.

»Wo ist der Hund?«, fragte ich.

Sie schnitt weiter Gemüse, ich glaube, für einen Sugo.

»Wir mussten ihn einschläfern lassen«, sagte sie, ohne sich umzudrehen, »er war krank.«

Natürlich war der Hund überhaupt nicht krank, er

war einfach lästig geworden. Mein armer, unschuldiger, plumper Red, die einzige Gefühlsstütze, die mir im Leben geblieben war – auch er war jetzt verschwunden.

An Sommerabenden flattern die Nachtfalter wie wild um die Lampen: Sie sind Nachtgeschöpfe und verlieren angesichts einer unerwarteten und starken Lichtquelle völlig die Orientierung.

Auf einmal verlor auch ich plötzlich die Orientierung.

Da begann mein Leben in den Wartezimmern von Psychiatern.

Meine Mutter erzählte, dass ich schon von Geburt an anders geweint hätte als andere Kinder; schon im Kindergarten hätte die Kindergärtnerin sie vor einer möglichen Geisteskrankheit gewarnt, die unter diesen braven Zöpfen verborgen schlummerte. Schließlich habe auch sie sich den Tatsachen fügen müssen, sie habe alles daran gesetzt, mich zu retten, habe es aber nicht geschafft. Im Übrigen habe es in der Familie schon andere Fälle von nicht ganz normalen Personen gegeben.

Als ein Arzt sie am Ende ihres herzzerreißenden Berichts aufforderte, zur nächsten Sitzung ihren Mann mitzubringen, sprang meine Mutter auf und sagte: »Sie ist die Verrückte, nicht wir«, und ging empört und türschlagend hinaus.

Sie hat nie mehr einen Fuß in diese Praxis gesetzt.

Infolge dieser Episode wurde beschlossen, dass ich aus dem Haus geschafft werden sollte. So begann eine lange Odyssee. Ich kam in Internate, wurde in Familien untergebracht oder in Zimmern zur Miete; ich empfand Schmerz, sicher, Trostlosigkeit, aber auch eine gewisse Erleichterung. Endlich konnte ich ruhig schlafen, in Frieden essen, Annehmlichkeiten, die ich schon lange nicht mehr gewohnt war.

Eines Tages nahm der Psychiater mich im Auto mit, und bevor ich ausstieg – ich weiß nicht mehr, ob als Antwort auf meine Frage –, sagte er zu mir: »Deine Mutter ist eine schwer kranke Person.«

Gong! Gong! Gong!

An diesen Satz klammerte ich mich wie an einen Rettungsring. Also stimmte, was ich erahnt hatte. Frau A, B, C und D existierten! Ich hatte keinerlei Schuld, es war keine Verrücktheit in mir, es handelte sich vielmehr um etwas Subtiles, Dunkles, Metaphysisches, das mein Leben von Geburt an überschattet und bestimmt hatte.

Das Ende dieser qualvollen Periode in meinem Leben will ich mit dem Trinkspruch besiegeln, der gewöhnlich bei Geburtstagen und anderen frohen Anlässen in unserem Haus erklang.

Cin cin, cin cin, prosit!

Die Gläser hoch, und alle gemeinsam im Chor: »Dass dein Tod schrecklicher sei als der meinige!«

Schule der Ruchlosigkeit.

25

Ich habe einen Großteil meines Lebens gebraucht, um mich von dem Gift zu befreien, das mir eingeflößt worden war. Auch jetzt noch träume ich bisweilen von der Schlupfwespe, die mich mit ihrem Stachel paralysiert.

Homöopathisch betrachtet, hat mir das Gift aber auch als Antidoton gedient: In der Tat habe ich in meinem Leben keine Beziehungen zugelassen oder längerfristig gepflegt, in denen ich Anzeichen von Manipulation oder Falschheit entdeckte. Das hat mir die Dinge gewiss nicht einfacher gemacht, denn Manipulation und Falschheit liegen mehr oder weniger sichtbar einem Großteil der menschlichen Beziehungen zugrunde, oder jedenfalls denen, die nicht bewusst und mit Umsicht geführt werden.

Die lange Askese meiner Kindheit und Jugend hat mir erlaubt, völlig frei von den Fesseln jeglicher Sentimentalität zu werden. Mein Antrieb ist allein der Durst nach Wahrheit und ich gebe mich mit den kleinen Belohnungen des Ego nicht zufrieden, auf die jene so großen Wert legen, die die scheinbare Trostlosigkeit des Verzichts nicht ertragen.

Sich an nichts binden.

Nichts begehren.

Nichts erwarten.

Wissen, dass man nichts ist.

Wie viele Bücher über Askese muss man lesen, wie viele spirituelle *Retreats* muss man mitmachen, wie oft muss man den Gong des Meisters ertönen hören, um diese spirituelle Erkenntnis zu erlangen!

Mir dagegen hat es gereicht, auf die Welt zu kommen und zu atmen.

Bei Erreichen der Volljährigkeit herrschte die absolute Leere in mir, die vollkommene Distanz von jeder Form banalen menschlichen Strebens. Vom Eisberg zum Bettvorleger, vom Bettvorleger zum Sprung in den Marianengraben: Mit Eifer hatte ich den ganzen Weg zurückgelegt, um den kalten Blick des Entomologen zu erlangen.

Meine Bindungen waren eine nach der anderen zerstört worden, nicht einmal der Hund hatte diesen heilsamen Reinigungsprozess überlebt. Da ich viel Wärme in mir trage, habe ich versucht, den Motor wieder in Gang zu bringen, aber an einem gewissen Punkt hat der Anlasser, von den vielen Fehlzündungen verbraucht, endgültig geklemmt.

In der Mystik ist die Wüste eine obligate Etappe, und das ist richtig so, denn erst, wenn man die Leere durchquert, wenn man alle Illusionen aufgegeben hat, sieht man den Weg, der in eine andere Dimension führt. Der Lärm der Welt und die Zerstreuungen machen es unmöglich, diesen Schritt zu tun. So werden traditionellerweise auch die Felder nach der Ernte abgebrannt, um der Erde zu ermöglichen, das neue Leben der Samen in sich aufzunehmen.

Die Wüste ist jedoch ein Übergangszustand, und zu ihren Eigenschaften zählt nicht die der Ruhe. Die

Wüste ist der Ort, wo Fata Morganas erscheinen, wo die Gedanken sich jagen und die Dämonen sich zeigen.

Meine treuesten Dämonen sind Gewalt und Angst; sie treten immer gemeinsam auf und bringen sich ständig gegenseitig hervor. Die Angst verursacht als Gegenreaktion den Wunsch zu überwältigen, zu verletzen, zu zerstören und zu zertrampeln.

Auch jetzt noch höre ich in Momenten besonderer Stille die Schritte des Mörders in meinen Tagen widerhallen. Rousseaus Illusion – dass der Mensch von Natur aus gut sei – überlasse ich den naiven Gemütern, all denen, die nie gezwungen waren, der wahren Natur des Menschen ins Auge zu blicken. Das Böse ist flüchtiger Natur, leicht, geruchlos und unsichtbar, mühelos macht es sich überall breit, es dringt in die Personen ein, ohne dass sie es bemerken. Von dieser mangelnden Innenschau rührt die Suche nach einem Sündenbock her. Das Böse ist nicht in mir, sondern im anderen, aus diesem Grund muss er vernichtet werden.

Ist nicht vielleicht das der Ursprung aller menschlichen Zerstörungswut? Dabei würde es genügen, den Blick ehrlich in unser Inneres zu richten, um festzustellen, wie unnütz es ist, den Bock in die Wüste zu schleppen und ihn rituell vom Felsen zu stürzen.

Und doch ist der Dämon absolut notwendig. Ohne ihn bleibt man in der Schalheit der guten Gefühle stecken, rosarote Mäntelchen werden über das Tier gebreitet, das in uns brüllt. Wie das taoistische Symbol des Yin und Yang meisterhaft zeigt, kann das Schwarze nicht ohne das Weiße sein und das Weiße nicht ohne das Schwarze. Sie bringen sich gegenseitig hervor in einer ständigen Bewegung, und jedes von beiden braucht, um zu existieren, das Prinzip des anderen.

In die Höhe zu streben, ohne in die Tiefe hinabgestiegen zu sein, ist nicht ratsam, denn eine solche Bewegung braucht echte Verwurzelung. Ebenso wenig ist es ratsam, sich auf das Gebiet des Schreibens zu begeben, wenn man in den Schattenzonen der eigenen Tage nicht die Schritte des Mörders widerhallen hört.

In diesen wirren Jahren ohne ein festes Zuhause begann ich wieder öfters meine Großmutter zu sehen. Oder besser, als sie die Situation endlich begriffen hatte, war sie diejenige, die auf mich zukam und eine Beziehung herzustellen suchte. Von Gefühlsbindungen wollte ich jedoch mittlerweile nichts mehr wissen, also musste sie sehr viel Mühe aufbringen, um eine Bresche in die unüberwindliche Mauer zu schlagen, die mich umgab.

Mit ihrem weißen Renault kam sie mich an den verschiedenen Orten besuchen, wo ich wohnte, oder ich besuchte sie im Sommer in ihrem Haus auf dem Hochplateau. Wir waren zwei starke Charaktere und prallten heftig aufeinander; die Wirklichkeit, die sie mir anbieten wollte, konnte ich nur ablehnen. Mein Nervensystem war mittlerweile zerrüttet, ich ging wie auf einem gespannten Seil, ich konnte nicht riskieren, mein labiles Gleichgewicht noch einmal aufs Spiel zu setzen.

Und doch, allmählich, Tag für Tag gelang es ihr, mit der Geschicklichkeit eines Graveurs einen Spalt zu öffnen und zu meinem Herzen vorzudringen.

Ich habe mich oft gefragt, wie es ihr möglich war, dieses Wunder zu vollbringen, ich glaube, niemand anderem wäre das gelungen. Ich glaube nicht, dass die Blutsverwandtschaft dabei eine Rolle spielte, ebenso wenig das mütterliche Gefühl, sich ganz selbstverständlich um jemanden zu kümmern, denn das entsprach nicht ihrem Wesen. In der Tat bekannte sie mir einmal, dass sie ihre Kinder auf die Welt gebracht hatte, um der Konvention zu genügen, nicht aus wirklicher innerer Überzeugung.

Ich glaube, was uns letztlich miteinander verband, war das gemeinsame Bestreben, zum wahren Wesen von Beziehungen vorzudringen. Ihr ganzes Leben lang hatte sie unter der Oberflächlichkeit von Beziehungen gelitten, die sie zunächst als Tochter, dann als bürgerliche Hausfrau und Mutter unterhalten musste. Sie sah den Schleier, die dicke Schale, die verhinderte, dass man zum Glutkern eines Menschen vordrang, und doch wusste sie nicht, wie sie diese durchbrechen konnte. Aber das Verlangen nach diesem Kern war in ihr ein beständiges Feuer, das nicht zu löschen war, bis sie der Freundin begegnete, die Auschwitz überlebt hatte.

Wie ich hasste sie den Moralismus, und wie ich verabscheute sie die Verpflichtung, sich aus bloßer Konvention gernzuhaben. Nicht die Verwandtschaft machte eine Beziehung notwendig, sondern etwas Tieferes. Auf die Wahrheit zugehen, in der Wahrheit gehen, war ihre Devise. Und in diese Richtung zu gehen, bedeutete: Tag für Tag die Lüge zunichtemachen, die ewig langweiligen und verfälschenden abgedroschenen Phrasen und vorgefertigten Gedanken ausmerzen. Es bedeutete auch, keine Angst zu haben davor, in eine tiefere Dimension vorzudringen, die der Liebe nämlich, die nichts verlangt, nichts trennt und die unempfänglich ist für jede Form der Urteils.

Unser enger Geist sucht stets nach Unterscheidungen, Trennungen, geordneten Schubfächern, in die er die Dinge stecken kann, er sucht nach Definitionen, mithilfe derer er die Menschen einteilen kann. Diesem Geist macht diese Form der Liebe ungeheure Angst, weil sie sich in gewisser Weise in eine *kenosis* verwandelt, in eine Leere.

Durch meinen Vater war ich seit frühesten Kindertagen an das Nichts gewöhnt – ein Wüsten-Nichts, kahl, unfruchtbar, in dem gelegentlich etwas Dornengestrüpp oder eine Blechdose umherrollte, die der Wind vorwärtsstieß. Im Unterschied dazu war das Nichts, das meine Großmutter meinte und das mit der Vernichtung von Auschwitz zu tun hatte, ein Prinzip der Erneuerung und der Erlösung.

Diesem Prinzip habe ich die letzten Zeilen von *Geh, wohin dein Herz dich trägt* gewidmet: »Lausche still und schweigend auf dein Herz ...«

Wäre ich meiner Großmutter nicht begegnet, hätte sie sich mir nicht still und beharrlich in den Weg gestellt, ich hätte mich nicht retten können. Vielleicht hätte auch sie sich nicht retten können, das heißt, sie hätte die Erfüllung ihrer Tage nicht gefunden, wenn sie nicht ihrer Freundin begegnet wäre, die den Naziterror überlebt hatte. Und diese Freundin hatte auf ihrem Weg gewiss auch jemanden getroffen, der ihr eine andere Dimension des Daseins erschlossen hat.

In einer Welt von Monaden rettet sich keiner.

Es sind Begegnungen in ihrer geheimnisvollen Dynamik, die uns erlauben weiterzumachen.

26

Im Lauf dieser katastrophalen Ereignisse streifte mich nie auch nur einen Moment lang der Gedanke, dass mich die Kunst in irgendeiner Weise etwas angehen könnte.

Die Schwierigkeiten in der Schule, das Nicht-Verstehen der einfachsten Dinge, hatten mich mit meiner mangelnden Intelligenz konfrontiert. Was sollte ich mit meinem Leben anfangen, außer meine Tage in Steinhof zu beschließen, dem Irrenhaus von Wien – in Triest hatte sich Franco Basaglia bereits für die Auflösung der Anstalten eingesetzt.

Unterdessen war ich aber volljährig geworden, und eine Entscheidung stand an. Eine Arbeit, die ich gern gemacht hätte, war die des Försters: Ich stellte mir vor, den ganzen Tag im Wald unterwegs zu sein, zu Fuß oder zu Pferd, glücklich fernab von menschlicher Gesellschaft. Aber damals waren Frauen zu diesem Beruf nicht zugelassen. Auch das Meer zog mich sehr an. Schiffe und Wellen lagen in der DNA meiner Familie, aber auch da hatten Mädchen keine Chance.

Im letzten Ausbildungsjahr – am Ende schaffte ich mit Mühe und Not den Abschluss an der Lehrerbildungsanstalt – brachte mir ein Freund, den ich noch vom Gymnasium her kannte, die Welt der russischen Dichtung näher. Beim Lesen dieser Verse begann eine Saite meines slawischen Erbguts zu schwingen.

Also überlegte ich, Russisch zu studieren, um den anderen eine glaubwürdige Perspektive zu bieten. In der Zukunft, dachte ich, könnte ich übersetzen, im Grunde war auch das eine Tätigkeit, die man in Einsamkeit verrichten konnte. Aber ich war ganz und gar nicht überzeugt. Vor allem hätte das bedeutet, dass ich studieren musste, und dazu fühlte ich mich absolut nicht imstande; aber selbst wenn es mir gelingen sollte, würde ich den Rest meiner Tage am Schreibtisch sitzend verbringen müssen, ein Wörterbuch neben mir.

Etwas Schädlicheres konnte ich mir für meine Gesundheit nicht vorstellen! Mein ganzes Leben war geprägt von einer außerordentlichen physischen Unruhe, mein Kopf stand ständig unter Strom und machte es mir unmöglich, die Unbeweglichkeit der intellektuellen Arbeit als erstrebenswert anzusehen. Mich im Freien zu bewegen, hat meinen Gedanken stets Sauerstoff und Festigkeit gegeben.

Eine normale Arbeit zu suchen, kam nicht infrage. In der Tat war ich mir mittlerweile über meine Unangepasstheit ziemlich im Klaren; ich wusste zum Beispiel, wenn ich Torten hätte servieren müssen, dann wäre das zwei oder drei Tage lang gut gegangen, aber am vierten oder fünften hätte ich dem ersten etwas unfreundlicheren Kunden die Torte ins Gesicht geworfen.

Bis dahin hatte ich Erfahrung nur als Babysitter; das hatte ich nicht ungern gemacht, denn wenigstens brauchte man bei Kindern die Abwehr nicht allzu hoch zu fahren, aber das schien mir keine Arbeit für immer.

Ich hätte an einem Wettbewerb für eine Grundschullehrerstelle teilnehmen können, aber auch da wäre die Sache mit den Torten wieder hochgekommen, und außerdem war auch kein Wettbewerb in Sicht.

»Was tun?«, wie der Titel eines Buches lautet, das damals sehr in Mode war.

Ja, denn in der Zwischenzeit waren die mythischen Siebzigerjahre angebrochen, und unter allen möglichen Optionen gab es für die jungen Leute meiner Generation auch die der Revolution. Der Terrorismus brachte Unruhe und Tod und hatte der bis dahin scheinbar vorherrschenden Unbeschwertheit in der italienischen Gesellschaft ein Ende gesetzt.

Zum Terrorismus gesellte sich auch ein mächtiges Verlangen nach Erneuerung, das wie ein Windstoß alle Arten von Beziehungen über den Haufen warf. Wenn man einen Freund hatte und in ihn verliebt war, musste man sofort alles zerstören, was an der Beziehung selbstverständlich und alltäglich war. Ja, man fühlte sich sogar gezwungen, sich für das Bedürfnis nach Ausschließlichkeit, das man ihm gegenüber hatte, zu schämen. Die finstere Epoche des Privateigentums war vorbei, nichts war mehr für immer; Eifersucht war verpönt, weil der Körper nicht der Privatbesitz eines Einzelnen sein durfte, schließlich hatte diese Denkweise im Lauf der Geschichte so viel Leid hervorgebracht.

Wir alle gehörten allen, wir alle waren für alle da, endlich frei.

Endlich tat sich das großartige Schlaraffenland vor unseren Augen auf, das den reichen Westen über vierzig Jahre lang täuschen sollte. Und so gesellte sich zu meiner privaten Konfusion auch noch die Unsicherheit einer besonders wirren geschichtlichen Situation.

Im Lauf dieser Monate verfiel ich dem Dämon der Acedia. Wo ich auch war, was ich auch tat, ich hätte anderswo sein wollen, anderes tun wollen.

Dann, eines Tages, geschah das Wunder.

Im Fernsehen zeigten sie einen Film von einem Regisseur, den meine Großmutter sehr liebte. Um halb neun saß sie vor dem riesigen Schwarz-Weiß-Apparat im Sessel, während ich im Haus hin und her ging. Das war für mich die einzige Art und Weise, meine Energie loszuwerden.

Nach einer Weile aber setzte ich mich zu ihr. Die Szene, die ich im Fernseher sah, zeigte einen Jungen in einem enormen Loch, der versuchte, eine Glocke zu gießen. Er strengte sich furchtbar an, und niemand ringsum schien an seinen Erfolg zu glauben. Am Ende gelang das Gießen, und da warf er sich zu Boden, brach in Schluchzen aus und wiederholte immer wieder: »Ich habe das nie vorher gemacht ... Es ist das erste Mal ... Ich hatte es noch nie gemacht!«

Als der Film zu Ende war, blieb ich lang im Sessel sitzen und starrte auf den Bildschirm.

Am nächsten Morgen beim Aufstehen sagte ich zu meiner Großmutter: »Jetzt weiß ich es! Ich weiß, was ich machen will!«

»Was?«

»Ich will Geschichten erzählen!«

Der Film war *Andrej Rubljow* von Andrej Tarkowskij.

Ein paar Monate zuvor hatte es im Friaul ein Erdbeben gegeben: Wo ich lebte, wurde die Erde eine volle Minute lang mit Gewalt geschüttelt, und in der einen Minute wurde die ganze Welt meiner Kindheit und Jugend zerstört. Schon vor einem Jahr war meine Familie nach Triest zurückgekehrt, aber ich war in der Stadt geblieben, wo wir zuletzt zusammengelebt hatten, da unsere Leben ja mittlerweile getrennt verliefen.

Der 6. Mai war ein besonders heißer Tag, das Thermometer stieg auf 30 Grad Celsius, und am Nachmittag hatte ich Nasenbluten gehabt.

Ich teilte das oberste Stockwerk eines baufälligen Hauses mit anderen Studentinnen, und ich hatte seit Kurzem einen neuen Hund, Bella, den ich aus dem Tierheim geholt hatte; da war auch eine Katze, und beide waren seit Stunden merkwürdig unruhig.

Auf einmal merkte ich, dass alles anfing zu beben. Zuerst dachte ich an Bella, vielleicht kratzte sie sich einfach und ließ die alten Dielen schwanken, aber als ich sie im Zimmer erblickte, sah ich, dass sie mich reglos mit geweiteten Augen anstarrte.

Einen Augenblick später brach das Chaos aus.

Solang man keine Katastrophe erlebt hat, begreift man nicht gleich, dass sich gerade eine ereignet. In diesen Momenten denkt man nicht nach, sondern man handelt nach Instinkt, und der Instinkt sagte mir, dass die einzige Lösung die Flucht war. Also tat ich genau das, was ich in einem so alten Haus niemals hätte tun dürfen: Ich stürzte zur Treppe. Nach ein paar Stufen sah ich, dass Bella, gelähmt vor Schreck, mir nicht folgte; da kehrte ich um, packte sie und lief mit ihr im Arm ins Freie.

Ich konnte mir nicht erlauben, noch einen Hund zu verlieren!

Auf den darunter gelegenen Stockwerken begegnete ich mehreren verwirrten älteren Personen im Nachthemd, aber ich stieß sie beiseite und schrie: »Ich bin jung! Ich muss leben!« Der Überlebenstrieb ist kein Gentleman, der höflich um Entschuldigung oder Erlaubnis bittet. Mit achtzehn ist der Lebenswille natürlich größer als mit achtzig.

Auf der Straße fand ich mich inmitten einer verwirrten Menge wieder, alle liefen hierhin und dahin, ohne zu wissen, was zu tun war. Die Straßen lagen komplett im Finstern, man lief über Schutt.

Um mich in Sicherheit zu bringen, musste ich, so meine Überlegung, auf einen großen Platz gelangen, wo die Häuser nicht über einem zusammenstürzen konnten. Auf meinem Weg kam mir der junge Mann entgegen, in den ich damals verliebt war, und zusammen mit ihm lief ich zur Wohnung einer gemeinsamen Freundin, die am Stadtrand wohnte, wo die Felder begannen. Es gab weder Radio noch Fernsehen, die uns Nachrichten hätten geben können, die Leute um mich herum sagten, in Norddeutschland habe es ein Erdbeben gegeben. Während ich da am Boden lag, neben mir der Mann, den ich in weniger wirren Zeiten »meinen Verlobten« genannt hätte, stand mir das Bild eines Europa vor Augen, das dem Erdboden gleichgemacht war: Die Gewölbe der Kathedralen waren eingestürzt, und Wölfe streiften darin umher.

Wenn es uns schon so schlecht ging, in welchem Zustand mochte da der Rest der zivilisierten Welt sein?

In dieser Nacht taten wir kein Auge zu. Die Erdstöße

folgten einander immer noch. Es war merkwürdig, unter unseren Körpern die Bewegung der Erde zu spüren. Die Bäume neigten und senkten sich, die Wipfel rauschten, es sah aus, als wollten sie sich verbeugen, auch wenn kein Windhauch ging.

Dann geschah im tiefen Dunkel der Nacht etwas Unglaubliches: Von einem nahen Maulbeerbaum drangen Kaskaden von Tönen, Koloraturen und Triller zu uns. Zum ersten Mal in meinem Leben hörte ich eine Nachtigall singen: Über dieser Landschaft von Zerstörung und Tod breitete sie unbeirrt die königliche Schönheit ihres Gesanges aus.

Ein paar Stunden später tauchten am Himmel Hubschrauber auf, und die Sirenen der Rettungswagen heulten in den Straßen.

Europa existierte also noch!

Wir trennten uns am nächsten Morgen. Mit dem Hund als einzigem Gepäck, in kurzen Hosen und T-Shirt ging ich zum Bahnhof und nahm den erstbesten Zug nach Triest. Von den letzten Jahren meines Lebens blieben nur Trümmer. Metaphorische und reale Trümmer.

Ich habe keinen Zweifel: Wenn ich dort geblieben wäre, hätte ich nur zwei Wege vor mir gehabt: Drogen oder Alkohol. Beide sind leicht zugängliche Surrogate der Wirklichkeit für Menschen, die von innerer Leere verwüstet sind. Die äußere Katastrophe zwang mich zu einer jähen Richtungsänderung.

In den folgenden Monaten litt ich unter fast vollkommener Schlaflosigkeit: Stress durch posttraumatische Störung. Maria, die Busenfreundin meiner Großmutter, kannte einen sehr alten Arzt, der Akupunktur praktizierte und lange in China gelebt hatte. Alle zwei Tage fuhren wir nachmittags mit dem weißen Renault auf die Höhe von Muggia, wo er lebte. Er empfing mich in einem Salon mit einem großen Fenster, das auf den Golf hinausging. Dort, vor einem großen steinernen Buddhakopf, setzte er die Nadeln.

Während der ganzen Sitzung schwiegen wir, der Buddha, er und ich, und betrachteten das Meer.

27

Nach Triest zurückzukehren, hieß in gewisser Weise, zu meinen Wurzeln zurückzukehren. Das Wehen des Windes hatte mir sehr gefehlt, wie auch der Karst eine Sehnsucht in mir hinterlassen hatte, die durch nichts gestillt worden war.

Mit dieser Schroffheit, dem grellen Weiß des Kalksteins identifizierte ich mich viel mehr, als mit den weichen Endmoränenhügeln, die die friaulische Ebene umgeben. Es gab tiefe Abgründe im Karst, Verborgenes, Mühsal, Beschwerliches: Alles gedieh hier zum Trotz, trotz des Windes, trotz der dünnen Erdkrume, trotz fehlenden Wassers.

Das Leben auf dem Karst war ein Leben der Widerstände. Es wachsen keine großen Bäume dort oben, sondern nur ein niederer Wald mit Wurzeln, die sich im Felsen festkrallen. Es ist ein Leben, das sich hartnäckig behaupten muss.

Wie sollte ich mich nicht mit diesen Lebensbedingungen identifizieren?

Darüber hinaus war der Karst in jener Zeit auch geteiltes Land. Die Grenze zu dem, was sich einmal Jugoslawien nannte, verlief wenige Kilometer von dort entfernt, wo ich lebte, und das war eine andere Art von Grenze als beispielsweise die zwischen Italien und Frankreich. Hier hörte der Westen auf, und es begann der Osten, wobei man unter »Westen« die ganze freie Welt verstand und als »Osten« all die Länder bezeichnete, denen die Freiheit von den kommunistischen Regimen geraubt worden war.

Zu dieser Zeit – das Abkommen von Osimo war noch nicht unterzeichnet worden – wurde das Hochplateau in Zone A und Zone B unterteilt, und wir Einwohner bekamen einen Passierschein, die *propusnica*, der uns erlaubte, hin und her zu fahren, ohne die größeren Grenzübergänge zu benutzen. Als wir Kinder waren, fuhren wir oft zum Einkaufen in die Zone B, wo alles günstiger, aber auch ärmlicher und grauer war.

Wenn es mir gelungen ist, mich nicht vom Lockgesang der Ideologie verführen zu lassen, der meinen Altersgenossen das Denken weitgehend abnahm, so hat dazu, glaube ich, auch diese frühe und illusionslose Beziehung zu den Ländern beigetragen, in denen der Kommunismus kein Traum, sondern bedrückende Wirklichkeit war. Alle Picknicks und Ausflüge unserer Kindheit waren gezeichnet von der Angst vor Militärübungen, vor Gewehrläufen und Maschinengewehren, die auf uns gerichtet werden konnten, sobald wir auch nur einen falschen Schritt machten. Wir fürchteten die großen Steine, von denen wir wussten, dass es keine Steine sondern getarnte Geschütze waren, wir fürchteten die Hunde, die ständig bellten und nicht zu den Ausflüglern gehörten, sondern zu den Patrouillen, die Tag und Nacht auf der Suche nach eventuellen Grenzgängern unterwegs waren. Zufällige Grenzgänger wie wir Picknickausflügler oder Flüchtlinge. Es waren

Leute auf der Flucht vor einer Welt, von der im Westen viele träumten.

Außer dieser angsteinflößenden überwachten Grenze gab es hier und da auf dem Hochplateau auch Felsklüfte, deren Eingang durch eine Steinplatte mit einem Kreuz darauf versiegelt war. Da war insbesondere eine, in deren Nähe wir oft Zyklamen pflücken gingen, die an dieser Stelle größer und duftender waren als anderswo.

»Was ist da drin?«, fragte ich eines Tages meine Großmutter, während ich auf dem kühlen Marmor saß, mit den Beinen baumelte und ein Blumensträußchen in der Hand hielt.

»Tote«, erwiderte sie. »Da unten sind viele Tote.«

Die übliche einsilbige Antwort. Dieses Mal erging sich meine Großmutter nicht in Erklärungen über die Ereignisse des Zweiten Weltkriegs, sondern es war mein Bruder, der mich als begeisterter Leser der Zeitschrift *Storia illustrata* belehrte.

Er erzählte mir, man hätte sie zu zweit zusammengebunden, die Gefangenen, und dann, um Munition zu sparen, einen von beiden erschossen, so wurde der andere mit hinuntergerissen und starb auch, womöglich nach Tagen der Agonie, erdrückt von anderen Körpern.

Neben diesem Detail, das sicherlich zu viel für meine empfängliche Seele war, machte mein Bruder mich auch mit den Geheimnissen des Nationalsozialismus vertraut. Der Bunker in Berlin war eines seiner Lieblingsthemen. »Es gibt keinen Beweis«, wiederholte er, um mich zu beruhigen, »dass Hitler dort tatsächlich umgekommen ist; man hat weder den Leichnam gefunden noch den Schädel, nichts.« In Wirklichkeit habe er nur so getan, als würde er sich mit Zyankali vergiften.

Schon längst habe der Diktator als vorausschauender Mensch, so mein Bruder, unter dem Atlantischen Ozean Gänge graben lassen, durch die er mit seinen Getreuen nach Südamerika gelangt sei. Dort lebe er unbehelligt in den Anden, und bald würde er mit einem neuen Heer in umgekehrter Richtung durch die Gänge kommen, durch die Kloaken aufsteigen und Europa zurückerobern. Seine Getreuen stellte ich mir als riesige Ratten vor, ich sah ihre schwarzen und hochempfindlichen Nasen bebend aus der Kloschüssel auftauchen: *Schnüffel, schnüffel, schnüffel, deisch,* ich rieche Judenfleisch.

Sollte ich da nicht an Tante Letizia und ihre Erzählung aus dem Zweiten Weltkrieg denken? Eines Tages in Venetien klopfte an der Tür des Hauses, wo sich ihre Familie versteckt hielt, ein Trupp Deutscher an. Es folgten Momente der Panik. Was tun? Schließlich schritt Tante Letizia mit der ihr typischen Haltung einer Königin zur Tür und öffnete sie. »Sie wünschen?« »Haben Sie Salami?« Unhörbarer, riesiger Seufzer der Erleichterung. »Salami? Aber natürlich!«

Ich glaube, diese Deutschen sind von dem Haus mit Ketten von Würsten abgezogen, behangen wie der Baum im Schlaraffenland. Sie waren zu hungrig und zu müde, um die orientalischen Züge im Gesicht der Frau zu bemerken, die sie ihnen um den Hals legte. Ich erinnere mich noch an das schallende Gelächter von Tante Letizia, als sie mir diese Geschichte erzählte. »Salami? Aber natürlich. Auch Schinken, Würste, Presssack, Blutwurst ...«

Doch die Ratten würde man nicht täuschen können! Jahrelang ist ihr Geruchssinn darauf getrimmt worden, auch das kleinste Molekül dieses schändlichen

Volkes aufzuspüren. Besser also, man klappte jeden Abend den Klodeckel herunter, besser noch, man verschloss ihn auch tagsüber mit einem Gewicht darauf.

Wenn ich in jenen Monaten durch den Karst streifte, kamen all die Gedanken, all die Ängste wieder hoch, die die Geschichte im Lauf meiner Kindheit tief in meine Seele gelegt hatte: die Angst vor dem überall lauernden Ende; die Angst wegen der Unkontrollierbarkeit der Ereignisse; die Angst davor, dass ich der menschlichen Spezies angehörte – von allen Lebewesen das blutrünstigste.

Wäre ich in der sanften Hügellandschaft der Marken, in der Pontinischen Ebene oder auf Capri aufgewachsen, wäre mein Lebensgefühl ein völlig anderes gewesen. Hingegen war ich hier, lebte zwischen diesen kümmerlichen Sträuchern und diesen Steinen, die nach Menschenopfern lechzten. Stundenlang streifte ich zwischen Gestrüpp und gelblichen Feldern umher, im knackenden Unterholz der Schwarzkiefern und auf den weißen Felsen, die zum Meer hin abfielen. Ich ging morgens los und kam abends wieder, es gab keine Schlucht, keine Doline, die mir unbekannt waren. Mir war nicht klar, ob ich etwas verfolgte oder vor etwas floh. Unterdessen ging ich weiter, plötzlich gerührt vom unerwarteten Auftauchen einer Blume, eines Enzian oder einer Kuhschelle, die mich an die Existenz des Schönen erinnerten.

An windigen Tagen ging ich bis zu einem gewissen Pass, über den die Bora mit besonderer Gewalt hinwegfegte. Dort wartete ich auf die Böen, und wenn sie kamen, breitete ich die Arme aus und legte mich mit meinem ganzen Gewicht in ihre Umarmung. Ich hätte fallen müssen, doch solange der Wind mit mir war, schwebte ich in der Luft.

Der Wind, der pfeift und heult, verändert zutiefst und unerlaubt das Gleichgewicht eines Körpers. Am auffälligsten sieht man das an der Haltung. Man krümmt sich, schwankt, versucht verzweifelt, sich an etwas festzuklammern. Dieser Verlust der aufrechten Position bringt weitere Erschütterungen mit sich. Die Lymphe, das Blut, die Substanz, von der das Gehirn umgeben ist, sie alle unterbrechen ihren normalen Fluss, und die Gedanken werden plötzlich aus ihrer logischen Bahn geworfen, sie verwirren sich, und die Gefühle verändern sich plötzlich unter dieser unsichtbaren Geißel, sie bäumen sich auf wie scheuende Pferde.

In der chinesischen Medizin gilt das Element »Wind« als äußerst destabilisierend, weil sich durch den Wind die Poren öffnen und verdorbene Ausdünstungen ins Innere dringen. Die abendländische Medizin muss zu einem ähnlichen Schluss gekommen sein, da in etlichen Ländern ein Verbrechen, das an einem Tag mit starkem Wind begangen wurde, milder beurteilt wird.

Die Wohnung meiner Großeltern mütterlicherseits lag genau gegenüber vom Justizpalast: ein enormes und bedrückendes Gebäude, errichtet während des Faschismus. Ich erinnere mich, dass sich in Nächten mit starker Bora eine kleine Menschenmenge vor dem Eingangstor zusammenfand. Sie kamen nach und nach und blieben den Großteil der Nacht, wetterten mit erhobenen Fäusten gegen die Fassade dieses düsteren Gebäudes, und zusammen mit den starken Windböen wiegte mich dieser unverständliche Singsang in den Schlaf. Eine der Statuen, die die Fassade des Palasts schmückten, hielt eine Waage in der Hand, und gegen sie richtete sich der Protest der dort unten Versammelten. Gibt es wirklich Gerechtigkeit in der Welt der Menschen? Selbst mit einem Minimum an Lebenserfahrung wird man die Frage negativ beantworten. Diese Waage ist eine heuchlerische Lüge. Die irdische Gerechtigkeit gilt nur in sehr beschränktem Maß für die Menschen: Justizpaläste, Akten, Anwälte und Richter sind nichts weiter als eine bescheidene Inszenierung, um diese Wahrheit zu verschleiern. Und genau das brachte die Menschen dort unten auf und verletzte sie.

Der Wind hebt also den Deckel von den Töpfen, er deckt Konventionen auf, bringt die Gedanken aus ihrem gewohnten Trott und lässt neue Richtungen erkennen, in die man sich bewegen könnte.

Vor Jahren habe ich einen Wissenschaftler kennengelernt, der zu analysieren versuchte, inwieweit die destabilisierende Wirkung des Windes die Prosa von James Joyce beeinflusst haben könnte. Um den Einfluss des Windes auf den Satzbau zu studieren, muss man nur den Triestinern zuhören: Sie sprechen alle sehr schnell, als ob am Grunde ihres Atems eine Windböe eingeschlossen wäre.

Kurzum, der Wind bringt jede Art von Instabilität mit sich, und es ist ebendiese Instabilität, die es erlaubt, sich für andere Welten zu öffnen.

Schon als Heranwachsende hatte ich die Poesie für mich entdeckt, dank meiner Freundschaft mit Luisa.

Nicht die Schule hatte uns einander nähergebracht – sie besuchte das humanistische Gymnasium –, sondern diese subtile Form der Unzufriedenheit, die uns jäh und auf geheimnisvolle Weise von den anderen unterscheidet: Man beschnuppert sich, erahnt Ähnlichkeiten, und das verbindet mehr als jede Blutsverwandtschaft. Das unterscheidet im Grunde genommen die Menschen am deutlichsten voneinander: die Fähigkeit, sich über das Unsichtbare zu beunruhigen oder es überhaupt nicht wahrzunehmen. Von den beiden Haltungen ist Letztere vorzuziehen, denn es ist klar, dass die Welt getragen und beherrscht wird von denen, die diese glückliche Blindheit besitzen. Trotzdem, ohne die erste Fähigkeit wäre unser aller Leben unendlich viel ärmer.

Die Herausforderungen, denen sich Kunst und Wissenschaft stellen, entspringen genau dieser Unruhe: Die Unruhigen verbünden sich miteinander, und dafür braucht es nicht viele Worte.

Luisa und ich waren in die Poesie verliebt.

Wir lasen vor allem die französischen Dichter, weil wir beide an der Schule Französisch lernten, und mit dem übertriebenen Pathos der Jugend konnten wir stundenlang über die Bedeutung ihrer Verse diskutieren. Villon, Baudelaire und Rimbaud waren unsere Lieblingsdichter, weil wir bei ihnen einen Extremismus erkannten, der damals vollkommen mit unserem eigenen übereinstimmte. Wir träumten davon, nach Paris zu gehen, wenn wir groß waren, die französische Hauptstadt war unser Mythos, wie es für die jungen Leute von heute, vermutlich dank Harry Potter, London ist. Dort würden wir im Wirbel der Bohème leben: Es erwarteten uns große Lieben, Alkohol, ab und zu etwas Opium und ein Leben fernab von der Banalität des Alltags.

Was für großartige Tage wir miteinander verlebt haben! Alles war uns zu klein, zu gewöhnlich. Luisa lebte in einem hübschen kleinen Dorf auf den Hügeln in einem ungünstig gelegenen Haus nahe einer Bahnüberführung. Ich ging sie oft besuchen, und dort phantasierten wir dann stundenlang über das wunderbare Leben, das funkelnd vor uns lag, sobald es uns gelingen würde, dem erdrückenden Grau des Alltags zu entfliehen.

In gewisser Weise hat Luisa diesem Vorsatz die Treue gehalten, denn sie hat einen echten Dichter geheiratet, und sie haben glücklich zusammengelebt, bis der Tod – sein Tod – sie schied.

Wir lasen Gedichte, das stimmt, aber ich kann mich nicht erinnern, dass wir welche schrieben. Diese Verse begeisterten mich wegen ihrer Kraft, wegen der umstürzlerischen Gewalt, die aus ihren Worten sprach, aber um ehrlich zu sein, war das Echo in uns eher gering. Mit der russischen Poesie ging es etwas besser, aber die wahre Öffnung von Geist und Herz kam für mich mit der deutschen Dichtung.

Vor allem mit Rilke. Über den Karst schweifend, gelangte ich eines Tages zu den weißen Felsen von Duino und ich schlug die *Duineser Elegien* an einer beliebigen Stelle auf.

Wer hat uns also umgedreht, daß wir,
was wir auch tun, in jener Haltung sind
von einem, welcher fortgeht? Wie er auf

dem letzten Hügel, der ihm ganz sein Tal
noch einmal zeigt, sich wendet, anhält, weilt –,
so leben wir und nehmen immer Abschied.

Als ich das las, wurde mir plötzlich im Innersten und ansatzweise klar, dass irgendwo zwischen mir und den Worten ein Schicksal aufgezeichnet war.

28

Der Sommer 1976 ging seinem Ende entgegen, und mein Vater tat eines der wenigen nützlichen Dinge in seinem Leben, außer mich in die Welt zu setzen: Er informierte sich, ob es in Rom eine Schule für Regisseure gab.

Die Schule gab es, und wer sie besuchte, kam auch in den Genuss eines Stipendiums. Das einzige Problem war die Aufnahmeprüfung, an der man teilnehmen und die man natürlich bestehen musste, um zugelassen zu werden. Nun wusste ich, dass ich Geschichten erzählen wollte, aber ich war nicht sonderlich am Kino interessiert. In Triest hatte ich meine Großmutter und ihre Freundin Maria oft ins Cappella Underground begleitet, ein Programmkino, das vorwiegend Autorenfilme zeigte, das war alles.

Da ich meine intellektuellen Gaben eher gering einschätzte, versetzte mich außerdem die Vorstellung, eine Prüfung bestehen zu müssen, in absolute Panik.

Aber bisweilen verpasst uns das Schicksal unsichtbare Tritte in den Hintern, um uns voranzubringen; das erste Auswahlverfahren bestand aus einer schriftlichen Prüfung, die per Post einzureichen war: Auf diese Weise hielten sich das Trauma und die mögliche Beschämung in Grenzen. So nahm ich Papier und Stift und schrieb eine Seite über die Gründe, weswegen ich diese Schule besuchen wollte. So war die Aufgabe gelöst, und ich brauchte weiter keinen Gedanken an diese Bewerbung zu verschwenden.

Umso größer war die Aufregung, als im September die Einladung zur mündlichen Prüfung kam! Da wandte ich mich an einen der Betreiber des Cappella Underground. Ich verbrachte einen ganzen Nachmittag mit ihm und versuchte, mir so viel Wissen wie möglich über die Welt des Kinos anzueignen.

Am Tag der Prüfung stand ich pünktlich um neun vor der römischen Filmhochschule, aber als ich die anderen Kandidaten sah, war mir sofort klar, dass ich ein Tongefäß unter Metallgefäßen war. Alle waren um einiges älter als ich, fast alle hatten einen Studienabschluss, viele hatten sich schon in früheren Jahren beworben und vor allem waren sie, im Unterschied zu mir, alle eifrige Cineasten.

Während der Wartezeit klopfte mir jemand väterlich auf die Schulter und sagte: »Nur Mut, du bist jung, du hast noch viele Gelegenheiten, es zu probieren.«

Kaum öffnete sich vor mir die Tür zu dem Raum, in dem die Prüfungskommission versammelt war – ich erinnere mich an einen vollbesetzten langen Tisch –, tat ich das Einzige, was möglich war: Ich erklärte sogleich laut und vernehmlich, dass ich von der Materie rein gar nichts verstand. Im Übrigen, bemerkte ich, welchen Sinn konnte es haben, eine Schule zu besuchen, wenn man schon alles wusste, was man dort lernen sollte?

Ich wollte nur lernen, Geschichten zu erzählen.

Ich erinnere mich noch an das Lächeln der Kommissionsmitglieder. Nach dem Defilee von gut vorbereiteten Kandidaten muss meine Naivität wie ein Sonnenstrahl gewirkt haben. In der Tat war ich absolut die jüngste von allen Bewerbern: jung den Ausweispapieren nach, aber noch jünger vom Aussehen her.

Als er meine Erklärung hörte, nahm ein Herr mit grau meliertem Haar – später habe ich erfahren, dass es sich um Miklós Jancsó handelte – ein großes Buch mit merkwürdigen Schwarz-Weiß-Fotos zur Hand und sagte: »Erfinde eine Geschichte.«

Wir gingen etliche Fotos durch, und ich erfand ebenso viele Geschichten. Am Schluss wurde ich ohne weiteren Kommentar entlassen.

Zurück in Triest, hielt ich das römische Zwischenspiel für endgültig vorbei, ich streckte mich auf dem Diwan aus, neben meiner Großmutter, die immer eine Schachtel Lokum in Reichweite hatte, und fing wieder an, Romane zu lesen. In der Tat verschlang meine Großmutter außer diesen türkischen Süßigkeiten, auf die sie besonders versessen war, ein Buch nach dem anderen, und in diesen Monaten des Wartens und des Nichtstuns steckte sie auch mich an.

Doch eines Tages kam der Postbote und händigte mir ein Telegramm aus, und dieses Telegramm war für mich wie ein Gewehrschuss.

Ich hatte die Aufnahmeprüfung bestanden!

Es gab zwanzig Plätze auf tausend Bewerber, und einer von diesen zwanzig Plätzen war meiner; in ein paar Wochen würde ich nach Rom ziehen müssen. Panik. Totale Ablehnung. Ich lief durch die Wohnung und schrie: »Das Kino ist mir egal, niemals gehe ich in diese schreckliche Stadt!«

An diesem Punkt meines Lebens erschien mir die Idee, den Winter lesend auf einem Diwan zu verbringen, die beste aller Optionen; unter meinem Gewicht würden die Kissen langsam nachgeben und die Sprungfedern sich nachhaltig verbiegen, und allmählich würde dieser Diwan, den ich noch immer besitze, mein Gewicht in sich aufnehmen, wie die Asche die Körper der unglückseligen Bevölkerung von Pompeji umhüllte und versteinerte.

Buch um Buch lesend würde auch ich mich eines Tages auf den Ellbogen stützen und sagen können: »Erkenne dich selbst«, da mir klar zu werden begann, dass die Bücher mir den Weg der Erkenntnis wiesen.

In jenen Tagen las ich gerade *Oblomow*, und ich kam zu der Überzeugung, dass seine Art, das Leben anzugehen, unbedingt die beste war.

Aus diesem Anlass kaufte meine Großmutter mir einen neuen Pullover, ein Hemd und Hosen, legte alles zusammen mit anderen Sachen in einen Koffer meines Großvaters – einen von diesen großen, steifen Koffern aus Naturleder, wie man sie noch in alten Filmen sieht –, kaufte die Fahrkarte, machte mir belegte Brote und setzte mich in den Zug nach Rom.

Solange ich das Meer vor Augen hatte, blieb ich reglos am Fenster stehen, wie Ruben in *Kopf in den Wolken*. Das Blau meines Pullovers verschmolz mit der Farbe der immensen, von der Sonne beschienenen Fläche.

Als wir am Schloss von Duino vorbeikamen, verspürte ich einen Stich im Herzen. Ausgerechnet jetzt, da ich etwas zu ahnen begann, ausgerechnet jetzt, da sich an diesem Ort eine Wurzel in mir herauszubilden begann, war ich gezwungen, erneut aufzubrechen in eine mir unbekannte und potenziell feindliche Welt.

Rom war das Rom der Siebzigerjahre: Das Dolce Vita war verweht, und an seine Stelle waren die politischen Demonstrationen getreten – Straßenkämpfe und Sirenen, die Tag und Nacht durch die Stadt heulten.

In der wie eine Krake um sich greifenden Metropole erwartete mich mein Vater.

Wenn auch mit sechs Jahren Verspätung hatte ich endlich meinen Traum verwirklicht, bei ihm zu leben.

Auch in seinem Leben hatte es in der Zwischenzeit Veränderungen gegeben. Er war in China gewesen, mit der Absicht, dort zu leben, aber als er entdeckte, dass er, um Beziehungen zum schönen Geschlecht anzuknüpfen, ein Flugzeug hätte nehmen und die Wochenenden in Hongkong hätte verbringen müssen, war er nach Italien zurückgekehrt und hatte aufgehört, Chinesisch zu lernen. Er war jetzt 46 Jahre alt, und seine finanzielle Lage wurde von Jahr zu Jahr schwieriger, daher verschaffte ein Freund ihm eine Stelle als Korrekturleser. So musste er sich an diesem Punkt seines Lebens unter das abscheuliche Joch der täglichen Arbeit begeben.

Mein plötzliches und unvorhergesehenes Auftauchen – ich gab ihm erst zehn Tage vorher Bescheid – muss für ihn wie ein Blitz aus heiterem Himmel gewesen sein.

Im Gegensatz zu sechs Jahren zuvor gab es jedoch einen Vorteil: Ich war mittlerweile erwachsen, und es würde nicht nötig sein, sich um mich zu kümmern. Ja, ich glaube im Grunde seines Herzens – und wahrscheinlich sogar recht vordergründig – hoffte er, dass ich mich um ihn kümmern würde. In seinem kargen Gefühlshaushalt war die Leere, die seine Schwester

Marisa hinterlassen hatte, stets präsent. Er hoffte, ich würde wie Schneewittchen, von einem Meer von Seifenblasen umschwebt, singend auffegen, und würde köstliche Gerichte zubereiten, deren Duft bis zur Eingangstür des Wohnhauses ziehen würde; ich hingegen hoffte, endlich einen Vater zu finden.

Wir enttäuschten uns gegenseitig.

Zur Abwechslung lag seine Wohnung wieder einmal im Souterrain, zugeschnitten auf einen einzigen Bewohner und daher recht eng; sie bestand aus einem Schlafzimmer, einem Bad, einer winzigen Küche und einer Art Wohnzimmer; alles war unglaublich ordentlich und unglaublich schmutzig. Ich tendierte zum Gegenteil, ich lebte lieber in der Unordnung, aber in sauberen Räumen, und allein das machte unsere Welten unvereinbar. Er kaufte ein Klappbett und stellte es im Wohnraum auf.

Sein Traum, eine Tochter zu haben, die geschickt in der Küche ist und sich nichts mehr wünscht, als ihn zu verwöhnen, zerplatzte nach dem ersten Monat. Nach Jahren des unsteten Lebens war das Einzige, was ich mit einer gewissen Bravour konnte, Büchsen zu öffnen. So blieb er weiterhin ein eifriger Besucher von Garküchen, mit dem einzigen Unterschied, dass er Reiskroketten und Frikadellen nun nicht mehr allein verzehrte, sondern mit seiner Tochter neben sich.

Wir sahen uns wenig.

Ich ging früh morgens aus dem Haus, um zur Cinecittà zu fahren, und kam zum Abendessen wieder. Um die Zeit war er bei der Arbeit, so sagte er wenigstens, und kam viel später heim. Da er mittlerweile an

Schlaflosigkeit litt, schaltete er seinen winzigen Fernseher ein und schaute, zu Füßen meines Klappbetts sitzend, unentwegt rauchend, die ganze Nacht Filme an.

Sonntags gingen wir manchmal zusammen ins Restaurant, womöglich in einem anderen Viertel, im Flaminia-Viertel oder im Portuense, um so zu tun, als machten wir einen Ausflug. Vor diesen Unternehmungen hatte er immer etwas an meiner Kleidung zu beanstanden. In der Tat hätte ich seiner Meinung nach außer Schneewittchen auch Vorläuferin von Jessica Rabbit sein sollen: mit Netzstrümpfen, schwindelerregenden High Heels, tiefem Dekolleté und dem geschmeidigen Gang einer Raubkatze.

Zu seinem Unglück habe ich mich immer lieber wie eine Sportlerin der tschechoslowakischen Nationalmannschaft beim Auswärtsspiel gekleidet, und nicht selten kam es vor, dass der Kellner fragte: »Und was nimmt der junge Herr?«, was meinen Vater vor Wut erröten ließ.

Schon damals hatte ich Schuhgröße zweiundvierzig, und wenn ich in ein Schuhgeschäft ging, erntete ich immer zwei Arten von Kommentaren: »Soll es ein Geschenk sein?« oder »Ist die Signorina Deutsche?« Als ob das nicht genug wäre, habe ich immer enorm große Hände und sehr lange Arme gehabt, sehr breite Schultern, sein genetisches Erbe, und außerdem fehlte mir vollkommen eine Wespentaille.

Weder der Geist noch der Körper von Jessica Rabbit waren je meine Sache, mir war eine verborgene Weiblichkeit stets lieber als eine zur Schau gestellte. Ein Mangel an Verehrern war, zur Freude meiner Großmutter, nie mein Problem gewesen, bis zu einem gewissen Zeitpunkt in meinem Leben hatte ich eher das gegenteilige Problem.

»Vielleicht doch ein anderes Paar Schuhe, hm ...?«, sagte mein Vater ratlos mit Blick auf meine Füße, und ich zuckte als Antwort nur gleichgültig mit den Schultern.

Während er eine klare Vorstellung davon hatte, wie ich mich kleiden und benehmen sollte, hatte ich nur eine ziemlich konfuse Vorstellung davon, wie ein Vater zu sein habe; und ich hatte auch keine Gelegenheit, es herauszufinden, weil er, obwohl er allmählich in die Jahre kam, Gefangener seiner Egozentrik blieb. Er fragte mich nichts, er sah mich nicht, er redete nicht über Dinge, die mich in irgendeiner Weise etwas angehen konnten. Wenn er bei diesen Restaurantbesuchen statt seiner Tochter einen Karton mit zwei darauf gemalten Augen vor sich gehabt hätte, wäre das genau dasselbe gewesen.

In bestimmten Momenten der Stille, zum Beispiel, wenn er das Lamm aufschnitt, versuchte ich, mich zwischen seine immer gleichen Monologe hineinzudrängen und erzählte ihm von der Hochschule, von den Kommilitonen, meinen Träumen; sobald ich jedoch den Mund zumachte, setzte er erbarmungslos seinen Monolog dort fort, wo er ihn unterbrochen hatte. So wie ein kaputter Plattenspieler immer die gleiche Stelle der LP abspielt – so nannten sie mein Bruder und ich – wiederholte er die immer gleichen Themen. Eine seiner liebsten »LPs« war damals die über die Feldzüge Tamerlans und Dschingis Khans durch China und die Steppen Zentralasiens. Eine andere »Platte«, die er dauernd auflegte, betraf die Welt der chinesischen Ideogramme, die seiner Ansicht nach die Wirklichkeit in wesentlich tieferer Weise erfassten als unsere sechsundzwanzig Buchstaben. Dann folgte die über die italienische Politik, deren ständiger Refrain lautete: »Ein Haufen Clowns.« Dann gab es ein paar »Single-Platten«, besonders beliebt war die über das Problem der Tiger in Indien und des Braunbären in den Abruzzen. Wie war es denn möglich, wiederholte er, dass keiner den Mut hatte zu sagen, dass man das Gewehr in die Hand nehmen und sie abknallen musste, statt Geld auszugeben, um sie zu schützen?

Mit der Zeit habe ich verstanden, dass jede Unterhaltung mit ihm einem Gang über vermintes Gelände glich; um nicht einen dieser stets wiederkehrenden Refrains zu vermeiden, musste man darauf achten, wohin man seinen Fuß setzte. Bevor ich also den Mund aufmachte, musste ich alle möglichen logischen und unlogischen Verbindungen vorhersehen, die mein Satz womöglich auslösen konnte, und entsprechend handeln. Wenn ich ahnte, dass ein Wort von mir eine Platte in Gang setzen konnte, änderte ich abrupt die Richtung meines Gesprächs.

Ich war zu jung und unerfahren – ich wünschte zu sehr, wenigstens einen Lumpen von einem Vater zu haben –, um zu bemerken, dass er schwerer Alkoholiker war und dass er, wie alle suchtabhängigen Menschen, absolut unfähig war, die Menschen zu bemerken, die ihm nahestanden. Kinder haben das absolute Bedürfnis, ihre Eltern zu bewundern, stolz auf sie zu sein, sie sind bereit, sich an alles zu klammern, um in ihnen etwas Würdiges und Großes zu sehen, und wenn dies nicht möglich ist, breitet sich ein Schatten von Demütigung und Entwürdigung über ihr Leben, wie ich in *Erhöre mein Flehen* an einer Stelle geschrieben habe, die ich sehr liebe.

Ich erinnere mich nicht, wie lange wir zusammenlebten; ich weiß nur, dass ich irgendwann eine andere Unterkunft fand – ein Zimmer zur Miete in einer schäbigen Wohnung, bewohnt von Studenten von auswärts. Dort zog ich mit meinen paar Habseligkeiten ein.

Das Studium an der Hochschule war leider wirr und mit einem erstickenden Ballast von Ideologien befrachtet. Eigentlich gab es den Regiekurs nicht mehr, weil der Regisseur nunmehr als die faulige Frucht einer bürgerlichen und individualistischen Gesellschaft betrachtet wurde. Zu meiner großen Überraschung entdeckte ich, dass die Hochschule, die ich besuchte, mir am Ende der drei Jahre den Titel »Referent für audiovisuelle Kommunikation« verleihen würde. Hätte ich das vorher gewusst, hätte ich mich gleich an der Fernuniversität eingeschrieben!

Bei Erlangung des Diploms habe ich daher das offizielle Dokument gar nicht erst abgeholt, es wäre lächerlich gewesen, einen Titel dieser Art in der Wohnung aufzuhängen, wenn ich nicht einmal in der Lage war, einen Videorekorder anzuschließen. In jenen Jahren gab es keine Spezialisationskurse mehr – Schnitt, Montage, Kulisse, Schauspiel –, denn in einer wirklich demokratischen Welt mussten alle alles machen können, und keiner durfte den anderen überlegen sein.

Die Geschichten, die ich hätte erzählen wollen, interessierten natürlich niemanden. Die gefragtesten Themen damals waren: die Lage der Stahlarbeiter, der demokratische Kampf der Prostituierten und die Diktaturen in Lateinamerika. Da ich in keinem dieser Themen bewandert war, tat ich mich, als es darum ging, das Thema der Abschlussprüfung des zweiten Studienjahres zu wählen, mit einer Gruppe Studenten zusammen, die meisten Ausländer, die ein Studio für Zeichentrickfilme aufzogen.

Der *spiritus rector* der Gruppe war ein Junge, oder besser ein junger Mann, da er die dreißig schon überschritten hatte, der aus Argentinien kam. In kürzester Zeit wurden wir gute Freunde. Seine Partnerin war Italienerin, und er schrieb Gedichte. Ich war oft bei ihnen und blieb bis spät, um seinen Gedichten zu lauschen. Enrique – der dann nach Argentinien zurückkehrte und nicht Regisseur, sondern Schriftsteller wurde – hat mir den Zugang zur großen und wunderbaren Welt der lateinamerikanischen Literatur eröffnet.

Die vier Stunden, die ich jeden Tag auf dem Weg zur Cinecittà und zurück in öffentlichen Verkehrsmitteln verbrachte, widmete ich ganz der Lektüre von Romanen. Im Sitzen oder im Stehen, mich irgendwo irgendwie festhaltend, vom plötzlichen Bremsen vor und zurück geschleudert, eingequetscht zwischen korpulenten Hausfrauen und zudringlichen Lüstlingen, folgte ich unbeirrt, ohne mich ablenken zu lassen, den Abenteuern meiner Helden.

Am Wochenende klapperten wir zusammen mit Enrique und anderen mittellosen Kommilitonen unermüdlich sämtliche Programmkinos der Stadt ab. Für das anspruchsvolle Kino waren das wirklich außergewöhnlich fruchtbare Jahre: Wim Wenders, Fassbinder, Tarkowskij, Truffaut; jeder Abend lieferte eine Fülle von Emotionen, Intuitionen, eröffnete neue geistige Horizonte. All dieser Reichtum versetzte uns in einen Zustand glücklicher Hochstimmung und ließ uns für ein paar Stunden das Klima des Terrors vergessen, in dem das Land versunken war.

An dem Tag, als Giorgiana Masi beim Ponte Garibaldi starb, war ich ganz in der Nähe des Tatorts; ich war nicht auf einer Demo, sondern kam von einem Arztbesuch. Ich erinnere mich an die Polizei-Attacken, an das Tränengas, die Schüsse, an die Flucht in eine Bar, kurz bevor die Rollläden heruntergelassen wurden.

Ich erfuhr von der Entführung Aldo Moros, als ich in der Filmhochschule ankam. Der Unterricht war suspendiert, und ich setzte mich auf die Eingangsstufen, den Kopf in den Händen. Ich war überzeugt, dass es in wenigen Stunden einen Staatsstreich geben würde und wir alle würden fliehen müssen, um uns irgendwo in Sicherheit zu bringen.

Ich bereute es, in Holzpantinen aus dem Haus gegangen zu sein, das tat ich sonst nie; auch am Tag des Erdbebens hatte ich Flipflops an den Füßen. Auf diesen Stufen sitzend dachte ich, dass der Film meines Lebens *Flucht in Pantoffeln* heißen könnte.

In der Zwischenzeit war ich mehrfach umgezogen, mit kurzen Zwischenstopps im Souterrain meines Vaters. Die längste Zeit lebte ich in einer Art verrückter Kommune. Wir lebten alle auf einem Haufen, in einer poetisch-revolutionären Promiskuität, unter den Dächern eines Hauses im historischen Zentrum. Die Mansarde war nicht bewohnbar, und wenn es stark regnete, mussten wir mit Schüsseln überallhin laufen und Plastikplanen über die Betten und über die Decken legen. Das Wasser machte *pling pling*, wenn es auf die glatte Oberfläche traf, genau dann, wenn man einzuschlafen versuchte.

Wir hatten ein winziges Klo auf der Treppe und eine ebenso winzige Küche. Zwischen dem Herd und der Spüle war eine Badewanne eingezwängt, eine Sitzbadewanne, wie man sie heute, glaube ich, nur noch in Antiquitätenläden findet. Einer von uns kochte, während der andere ein Bad nahm, ohne Schamgefühle.

Es war mir endlich gelungen, meine geliebte Hündin Bella nach Rom zu holen, sie musste die Wohnung allerdings mit einem anderen Hund teilen, einer Art schwarzer Bracke, mit dem sie sich zum Glück auf Anhieb verstand. Ich glaube, heute würde man uns Punks nennen, aber damals waren wir nur exzentrische Bewohner unserer Zeit.

In dieser Wohnung, unter der Plastikplane, las ich zum ersten Mal *Schuld und Sühne*. Als ich es ausgelesen hatte, bekam ich plötzlich und ohne andere Krankheitssymptome hohes Fieber. Die Krankheit, an der ich litt, waren nur die Worte, die ich gerade gelesen hatte.

Der Älteste unter uns war schon vierzig, und mir kam er älter vor als Methusalem. Er war Anhänger von *Potere operaio* gewesen und musste wohl in ziemlich gefährliche Aktionen verstrickt gewesen sein, aber er entstammte einer alten Adelsfamilie. Ich erinnere mich noch an seine Verlegenheit, als eines Tages auf der Straße eine ältere und bescheiden aussehende Frau ihn umarmte und unterwürfig mit »Herr Marquis« anredete. Trotz seiner politischen Militanz war er ein raffinierter Dekadent. Er liebte die Oper sehr und hatte seinem Hund mit Arien der Callas das Singen beigebracht. Ein guter Kenner der Literatur, hatte er den Vers Baudelaires *il faut être toujours ivre* – man muss immer trunken sein – zu seinem Lebensmotto gemacht. Er war imstande, morgens nach dem Aufwachen eine Flasche Rasierwasser zu trinken, als ob es Kaffee wäre. Seine Freundin war Schauspielerin. Ich teilte indes mein Dachzimmer mit Maria, einer angehenden Tänzerin aus Gallarate.

Das Motto des Hausherrn wurde auch das von uns allen.

Wir waren ständig total high. Deshalb kam ich am Tag der Entführung von Aldo Moro mit Holzpantinen in die Cinecittà.

Ich erinnere mich an diese Jahre wie an eine große – aber nicht traurige – Verwirrung. Wir lebten in absoluter und fröhlicher Anarchie, ohne jede Beziehung zur Wirklichkeit. Wir sagten Gedichte auf, erfanden Bühnenstücke, wir verkleideten uns, liefen nachts mit unseren Hunden durch die leeren Straßen und sangen Opernarien.

Wenn ich an diese Jahre diffuser Bewusstseinsstörung denke, dann sehe ich sie als die ersten und einzigen Ferien von mir selbst, die ich mir in meinem Leben gegönnt habe. Mit einem Schlag hatte ich meine schmerzliche Vergangenheit ausgelöscht; über die Zukunft stellte ich mir keine Fragen mehr. Rom mit seiner polypenhaft-einlullenden Weichheit, mit seiner schändlich verkommenen Schönheit, mit seinem Leben-und-Leben-Lassen war das Antidoton zur grausamen Härte meiner Kindheit. Die Schrauben, die Käfige, die Rüstung gaben nach. Ich wusste nicht, warum, ich konnte auch kein Urteil über diese Veränderung abgeben. Ich hatte ganz einfach aufgehört, mich zu befragen. Ich lebte und basta, das genügte, um wieder Luft zu schöpfen.

Wäre Kafka für ein paar Jahre nach Neapel gegangen, hätte er wahrscheinlich länger und glücklicher gelebt.

In Zeiten der Globalisierung scheint es lächerlich zu denken, die Orte hätten einen Einfluss auf die Menschen, auf die Künstler und ihre Werke, und doch ist es so: Was außen ist, bestimmt in nicht unerheblicher Weise das, was sich innen abspielt.

In dieser wirren Zeit tauchte jedenfalls irgendwann ein Mann auf, von dem ich wusste, dass er ein bekannter Esoteriker war. Er kam oft zu uns zum Essen, weil er ganz in der Nähe eine esoterische Buchhandlung betrieb. Er redete gern über die Alchemie und die Kabbala, und seine Reden führten mich in die Geheimnisse von Prag ein.

An einem relativ ruhigen Nachmittag rief er mich zu sich – er sprach immer sehr leise – und fragte mich nach meinem Geburtsdatum. Am nächsten Tag kam er wieder.

»Ich muss mir dir reden ...«

Leicht beunruhigt ging ich zu ihm und setzte mich

neben ihn. Er zeigte mir mein Horoskop und fragte: »Sagt dir das etwas?«

Ich schüttelte den Kopf, die Zeichnung sagte mir nichts.

Er redete eine Weile und verwendete dabei mir unverständliche Fachausdrücke – Feuer, Erde, Wasser, Häuser, Aszendent, Medium Coeli, Opposition, Quadrat –, irgendwann deutete er mit dem Finger auf eine Stelle in der Zeichnung und bemerkte:

»Siehst du, genau hier passiert es ...«

»Was passiert da?« fragte ich verwundert.

»Zwischen fünfunddreißig und vierzig wird in deinem Leben eine plötzliche und mächtige Veränderung eintreten.«

»Werde ich sterben?«

»Nein, du wirst eine berühmte Künstlerin.«

Diese Vorhersage versetzte mich in einen Zustand großer Erregung. Es stimmte, ich besuchte die Hochschule für audiovisuelle Kommunikation, aber dieser Weg schien mir in keiner Verbindung zu stehen mit der viel nobleren Dimension, als die ich die Kunst betrachtete. In meinem noch naiven Bewusstsein war der Künstler par excellence der Musiker, daher sagte ich als Erstes untröstlich: »Aber wenn ich doch kein Instrument spiele!« Dann dachte ich an meine Zimmernachbarin und setzte hinzu: »Und ich kann auch nicht tanzen.«

Mein Gesprächspartner blieb reglos wie eine Sphinx. »Sag mir wenigstens etwas mehr«, drang ich in ihn, erschüttert von dieser Prophezeiung, »gib mir ein Zeichen, sag mir eine Richtung, in die ich gehen kann ...«

Die Sphinx schloss die Augen halb; ich sah die Pupillen schimmern wie Nadeln.

»Ich kann nicht«, entgegnete er mir. »Der Weg ist deiner, wenn der rechte Augenblick da ist, wirst du verstehen.«

29

Der Pfeil war abgeschossen und das Gift war mir ins Fleisch gedrungen. Die Sterne sagten, dass ein großes Geschick vor mir lag. Ich verstand nichts von den Sternen, und bei der Geringschätzung, die ich mir selbst entgegenbrachte, konnte ich mir, abgesehen von Unglück, nichts Großartiges vorstellen. Dennoch, diese dürren Worte hatten mich in einen Zustand großer Unruhe versetzt.

Die Idee, der Mann könne mich auf den Arm genommen haben, streifte mich nicht einen Augenblick, er war kein Spaßmacher, und außerdem, warum sollte er das getan haben? Eher schon konnte er einen Bock geschossen haben.

Ja, vermutlich handelte es sich um einen Bock; dennoch quälte mich diese Vorstellung tagelang, monatelang.

Wir sind es nicht mehr gewohnt, vor der Metamorphose eines Schmetterlings Staunen zu empfinden. Geblendet von den Wundern der elektronischen Welt, kommt uns diese unglaubliche Verwandlung mittlerweile nur armselig vor. So als krame eine alte Lehrerin ihr überholtes Wissen hervor. Aus der Raupe entsteht der Schmetterling, und der Schmetterling ist unendlich viel schöner als die Raupe. Man sollte innehalten und über die unendliche Zeit und über die Komplexität nachdenken, die diese Verwandlung in jeder ihrer Phasen mit sich bringt: Materie, die sich bildet, sich auflöst, sich verändert; Teile verflüssigen sich, andere werden fest. Was am Ende herauskommt, erscheint nicht viel anders als das Ergebnis eines Zaubertricks: Das Tuch ist im Zylinder des Magiers verschwunden, und das Kaninchen kommt heraus. Voilà!

Wenn ich auf diesen Seiten all die Wege zurückverfolge, die mich zum Schreiben geführt haben, so wird mir klar, dass der Prozess nicht sehr viel anders war als die Metamorphose des Schmetterlings: das Abstreifen der Haut, die Bildung eines seidenen Kokons, die Eingeweide, die sich im dunklen Inneren der Puppe verflüssigen, und neue Teile, die sich zu formieren beginnen, Antennen, die hervorwachsen, riesige, zusammengefaltete und feuchte Flügel, noch unfähig, sich zu öffnen und zum Flug anzusetzen.

Ohne es zu bemerken, hatte ich im Lauf meines sehr komplizierten Lebens all diese Phasen durchlaufen. Plötzlich und unvorhergesehen hatte die astrologische Prophezeiung die Puppe aufgerissen und mit der Puppe den Schleier vor meinen Augen.

Der Körper war schon geformt, aber die Flügel waren noch schwer von der Feuchtigkeit im Kokon. Vorerst gefangen in dieser Reglosigkeit, konnte ich auf die Macht meiner Antennen vertrauen.

Sie waren die große Gabe in meinem Leben; sie erlaubten mir, zu sehen, was nicht zu sehen ist, zu hören, was nicht vernehmbar ist.

Damit nahmen meine Ferien ein jähes Ende. Ich trat wieder in die Ränge des Leidens ein. Mit einem Mal wusste ich, dass ich mich auf die Suche machen musste, ich wusste nicht, wonach und wo. Ich wusste nur, dass ich mich in Bewegung setzen musste.

Plötzlich waren meine Tage von einer Art Raserei bestimmt. Wo ich auch war, was ich auch tat, ich fühlte mich fehl am Platze. Irgendwo gab es ein Anderswo, und dieses Anderswo, da war ich mir sicher, würde mein Terrain sein, ich sah aber kein Zeichen, keinen Hinweis auf die Richtung, die ich einschlagen musste.

Ich war wie ein Fuchs mit brennendem Schweif, ich rannte, um das Feuer loszuwerden; ich wälzte mich im Sand, warf mich in Flüsse, aber der Brand verfolgte mich weiterhin. Sein Schein hielt mich auch nachts wach. Es gab keinen Schlaf mehr für mich, keine Ruhe mehr. Meine Nächte waren wieder bevölkert von Skeletten, Gespenstern, Heuschrecken.

Im Dunkel meiner Zwanziger tauchten jedoch nicht sie wieder auf – im Grunde liebe alte Freunde –, sondern das viel nüchternere und schrecklichere Bild des Nichts, das in aller Stille die Existenzen auffraß. Ich spürte seinen verborgenen dunklen Schlund in jedem Moment, ich sah das Leben ringsum wie eine eher schlecht gespielte Komödie; am Ende würde niemand applaudieren, also verstand man den Grund für so viel Hektik nicht.

Der Tod ist Herr über jeden Augenblick, und das ist, dachte ich – und denke ich noch heute –, für uns Menschen die einzige Gewissheit.

Und doch ...

Und doch begann ich gewahr zu werden, dass die Wirklichkeit in der Lage war, mit einem Mal den Schleier zu lüften – wie eine Mimose, die mit ihrem sonnigen Gelb vor einer Hauswand am Stadtrand erblüht –, und unseren staunenden Augen eine andere Dimension zu enthüllen. Die der Überraschung, die einem den Atem verschlägt.

Ja, es gibt noch mehr, in seinen Falten birgt der Alltag Schätze, und der Künstler ist der Minenarbeiter, der nach ihnen sucht. Er muss sich hinablassen in die Tiefen der Erde, er muss sich in den Gängen verlieren, sich abmühen, verzweifeln und das Ah! der Entdeckung ausstoßen. Er ist es, der Künstler, der mit dem Edelstein in der Hand wieder heraufkommt und denen, die an der Oberfläche geblieben sind, seinen funkelnden Schatz darbietet.

Begleitet von meinem inneren Feuer kehrte ich in diesem Sommer zurück auf den Karst, und auf einem Dorffest traf ich Marko. Er war ein Jahr jünger als ich und studierte Filmregie an der Hochschule in Zagreb. Dieselbe Welt, dieselben Leidenschaften, dieselbe Raserei.

Wir erkannten uns im Nu und wurden unzertrennliche Weggefährten. Viele der Dinge, die ich in *Anima Mundi* erzähle, sind inspiriert von unserer Freundschaft. Stundenlang saßen wir in der Bar und beobachteten die Viehtransporter, die ihre traurige Last zum Schlachthof karrten. Wir atmeten die giftigen Abgase dieser langen Reihe von Lkws aus Osteuropa ein, die tagtäglich über die Hauptstraße des Dorfes rollten. Wir besuchten sämtliche Buschenschänken. Sämtliche

Anhöhen des Karsts, der Monte Orsario, der San Leonardo gehörten uns.

Mit glühender Seele streiften wir unentwegt herum, das Geheimnis der Kunst war Inhalt all unserer Gespräche. Wir gingen über die Grenze, um zum Haus von Srečko Kosovel zu pilgern; in diesem bescheidenen Haus, in dem noch der Schatten des Todes anwesend war, sagten wir unser Lieblingsgedicht auf:

Ich bin eines Kreises
zerbrochener Bogen.
Und bin eines Standbilds
zerschlagener Umriss.
Die verschwiegene Ansicht
von irgendwem.
Ich bin die Gewalt, von
glatter Schärfe durchtrennt.

Da war ein großer Bruch in uns, und all diese Bewegung war nichts anderes als ein Versuch, die Teile zusammenzufügen.

Wir waren auf der Jagd nach Epiphanien.

Wir wussten, dass der Schleier sich lüften konnte, wir wollten, dass er sich hob, in unseren langen schlaflosen Nächten warteten wir, dass er fiele, die Worte Rilkes unsere steten Begleiter.

Aber erweckten sie uns, die unendlich Toten, ein Gleichnis,
siehe, sie zeigten vielleicht auf die Kätzchen der leeren
Hasel, die hängenden, oder
meinten den Regen, der fällt auf dunkles Erdreich
im Frühjahr. –

Und wir, die an steigendes Glück
denken, empfänden die Rührung,
die uns beinah bestürzt,
wenn ein Glückliches fällt.

Von den Grenztürmen bis zu den Felsen von Duino, das war unsere Welt. Die verzweifelte Hektik Roms, dort oben verwandelte sie sich in etwas anderes. Verfolgt vom Wind waren wir, gegen den Wind geworfen, dem Wind anheimgegeben. Der Wind war unsere Medizin, unsere Plazenta, unsere Nahrung, unsere Vision. Wind, perverse Schwäche unseres Nervensystems.

Aus den Höhlen des Ural führte die Bora uns, versteckt in ihren Böen, Worte heran; sie warf sie wahllos auf einen Tisch wie billigen Modeschmuck. Es waren welche auf Italienisch und welche auf Slowenisch dabei, ein paar für mich und ein paar für Marko. Wir wühlten darin, diese Fragmente waren Teile eines Puzzles, wir suchten mit Händen, beharrlich und gierig. Wir wussten, da war das Wort verborgen, das zugleich Öffnung und Fundament, solider Schlussstein sein würde.

Auch Marko ist Schriftsteller geworden. Wenn wir uns im Café treffen, ist es, als wäre seit der Zeit unserer Jugend kein Tag vergangen. Wir sprechen über Poesie und Kunst, als wären es wirkliche Dinge und nicht Marketingprojekte.

Auch wenn ich einen fröhlichen und optimistischen Charakter habe und die Freuden des Lebens liebe, kann ich doch nicht leugnen, dass meine Tage hauptsächlich im Zeichen des Leidens standen. Menschliches Leiden vor allem, dann Leiden am kreativen Schaffensprozess.

Welchen Neid ich empfinde auf Leute, die einem sagen: »Ich möchte einen Roman schreiben« und die dann bei einer Tasse Kaffee die ganze Handlung erzählen!

Ich habe immer in der totalen Unsicherheit bezüglich meiner Kreativität gelebt. Die Tatsache, dass ich mittlerweile zwanzig Bücher veröffentlicht habe, ändert keinen Deut an meiner Verfassung, die aus Unsicherheit, Unruhe, beständigem Zweifel am rechten Weg besteht.

Bevor ich zu schreiben begann und begriff, dass die astrologische Prophezeiung die Schriftstellerei meinte, durchlebte ich eine Zeit absoluten Schmerzes. Ich verspürte eine erschreckende Energie, die sich hinter meinem Rücken ansammelte, aber ich konnte ihr keinen Namen und kein Gesicht geben. In der Einsamkeit der Nacht kehrte oft die Befürchtung wieder, dass es sich nicht um Kunst handle, sondern um Wahnsinn. Knistern, Pfeifen, kleine Rutschbewegungen: alles Zeichen, dass der Damm unter dem Druck des Inhalts nachzugeben begann.

Schließlich, eines Morgens im Mai, während ich den Ponte Sisto überquerte, brach der Deich. Es ist schwer zu erklären, was da geschah. Ich kann nur dies sagen – mit einem Mal begannen die Worte in meinem Kopf zu fließen.

Ich lief in einen Tabakladen, kaufte ein Heft mit orangefarbigem Einband und einen Kugelschreiber, dann setzte ich mich auf eine Stufe in der Nähe und begann zu schreiben. Einer meiner ersten Sätze war: »Ich bin eine Antenne mit offen liegenden Drähten.«

Dreißig Jahre sind vergangen, und ich habe nicht mehr aufgehört.

30

Seit dreißig Jahren führe ich Tagebuch, denn das Tagebuch ist Präludium, Steinbruch, wichtige Grabungsstätte für jede andere Form des Schreibens.

Ich kann nicht sagen, wie viel Zeit vergangen ist seit jenem Moment auf dem Ponte Sisto und dem Verfassen des ersten Romans. Ich erinnere mich, dass ich in der Zwischenzeit Gedichte schrieb, aber schon beim Schreiben war mir klar, dass es sich dabei nur um ein Zwischenstadium handelte. Meine Bestimmung war eine andere.

Ich weiß jedoch, dass ich in diesem Mai erst dreiundzwanzig Jahre alt war.

Ich hatte mit meinem damaligen Verlobten eine Woche in Wien verbracht, und am letzten Abend hatten wir uns *Die Zauberflöte* angesehen. Während die Königin der Nacht sang, geschah in meinem Kopf etwas. Am nächsten Morgen, nachdem ich ihn zum Flugplatz gebracht hatte – er kam aus einem Land im Fernen Osten –, fand ich mich allein wieder und ohne jede Lust, nach Hause zu fahren.

Da bemerkte ich vorbeifahrende Autobusse, darunter einen, der nach Illmitz fuhr. Dieser Name – Illmitz, Grenze – gefiel mir, und ich stieg ein.

Die Ortschaft am Rand der ungarischen Tiefebene war umgeben von flachen sumpfigen Seen, auf den

Dächern nisteten Störche. Ich mietete mich in einer Pension ein, öffnete das Heft, das ich bei mir hatte, und begann zu schreiben. Ich schrieb zwanzig Tage lang ununterbrochen, und als ich die letzte Seite schrieb, war mir klar, dass ich einen Roman in den Händen hielt.

Zurück in Triest eröffnete ich es meiner Großmutter: »Ich habe einen Roman geschrieben«, sagte das aber in einem Ton, mit dem ich hätte sagen können: »Ich habe Mist gebaut.«

Ich hatte mein Möglichstes getan, um zu widerstehen, hatte versucht, meine Aufmerksamkeit in jeder Weise von diesem Projekt abzulenken, aber am Ende hatte diese außergewöhnliche Kraft all meine Widerstände überwunden.

Großmutter las ihn. »Ich bin vielleicht voreingenommen, aber mir kommt er sehr schön vor«, kommentierte sie. Dann war ihre Freundin Maria dran, die ihn zurückgab und dazu sagte: »Wunderbar!«

Nun war der Augenblick gekommen, ihn Tante Letizia zu geben, dem dritten Element in dem liebevollen Triumvirat älterer Damen, die meine Schritte verfolgten.

Tante Letizia!

War es nicht vielleicht ihretwegen, dass ich in jenen Jahren hartnäckig gegen den Dämon angekämpft hatte, der an meine Tür pochte? Allein die Vorstellung zu schreiben war mir peinlich, ich hatte das Gefühl, ich springe auf ein Pferd auf, das andere gezähmt haben, und tue so, als sei es wild. Auch Tante Letizias Vater hatte in seiner freien Zeit nach der Arbeit Bücher geschrieben. Kein Verleger hatte sie aber für würdig gehalten, gedruckt zu werden, und so hatte er sich am Ende damit abgefunden, sie auf eigene Kosten drucken zu lassen. Um die beiden Ebenen seines Lebens nicht durcheinanderzubringen, wählte er ein Pseudonym.

Italo Svevo statt Ettore Schmitz.

Deshalb schämte ich mich zu schreiben, es kam mir lächerlich, wenn nicht gar unmöglich vor, dass es in ein und derselben Familie zwei Schriftsteller geben sollte. In einem Land, das an übertrieben starken Familienbanden leidet, erschien es mir auch eine Sache von sehr schlechtem Geschmack – wie wenn man auf einen Karren aufspringt, der das Rennen schon gewonnen hat, sich von Scheinwerfern anstrahlen lässt, die schon für andere eingeschaltet wurden.

Tante Letizia las das Buch jedenfalls und gab es mir zurück mit den Worten: »Du hast wirklich ein schönes Talent!«

In Rom ließ ich es meine Freundin Irene lesen, überaus treue und unverdrossene Begleiterin in diesen Jahren der Qual. Ich kann sagen, dass es mir aufgrund ihres liebevollen Beistands gelungen ist, den großen Sprung zu wagen: Ohne jemanden, der einen wie ein Kind fest bei der Hand hält, ist es in der Tat unmöglich, lang am Rand des Abgrunds zu wandeln. Auch ihr gefiel der Text sehr.

Da sagte meine Großmutter, wenn ich wirklich Schriftstellerin sei, müsse ich mit anderen Schriftstellern Umgang haben, und so brachte sie mich zu dem einzigen Schriftsteller, den sie kannte, Giorgio Voghera.

Voghera verbrachte den größten Teil seiner Vormittage im Café San Marco, in fröhlicher Runde. Zu den Getreuesten gehörten die Kusine Alma Morpurgo und Piero Kern. Das Café war vollkommen anders als heute, da es nach der Renovierung in neuem Glanz erstrahlt; alles war verstaubt und schäbig, die Kellner schlurften, Metalltabletts in der Hand und Schweißränder an den Jacken, durchs Lokal.

Die Gäste hatten Stammplätze, und der von Voghera war ganz hinten rechts, ein Platz, den es nicht mehr gibt. Man munkelte, Giorgio Voghera sei der Autor von *Il segreto*, ein in den Sechzigerjahren bei Einaudi erschienenes Buch, firmiert von einem mysteriösen »Anonimo Triestino«. Er leugnete standhaft und behauptete, es sei in Wahrheit das Werk seines Vaters, der Mathematiker war und in den Jugendtagebüchern des Sohnes gestöbert hatte. Wer auch immer der Autor war, ich hatte das Buch jedenfalls gelesen und liebte es sehr; ich konnte gar nicht anders, als mich mit diesem Kind zu identifizieren, das ständig zögert und stets in seine Gedanken versunken ist.

Und dann teilte ich mit Voghera die Leidenschaft für die Naturwissenschaften. In seinen Jahren im Kibbuz hatte er lange das Verhalten von Hühnern studiert, und darüber diskutierten wir ausgiebig. Die Verhaltensforschung von Mensch und Tier stand häufig im Mittelpunkt unserer Gespräche. Wir waren nie allein, sondern immer umgeben von einem Kreis von Personen, die im Lauf des Vormittags wechselten. So gab es den Moment, in dem wir gemeinsam das Bilder- oder das Kreuzworträtsel lösten, das die Triestiner Tageszeitung *Il Piccolo* an den Tag brachte. Dann gab es den

Moment, in dem die Nachrufe erörtert und die Karikatur kommentiert wurden oder es kam zu Diskussionen über das letzte Buch von Isaac B. Singer und Konrad Lorenz' Erkenntnisse über Hunde. Oft rezitierte die Cousine Alma Morpurgo ihre jüngsten Verse, und der Geistesgestörte vom Dienst zeigte sich in der Runde und stellte Fragen, die unmöglich zu beantworten waren. Voghera, immer schlecht rasiert und das Hemd voller Flecken, hörte zu, nickte leicht mit dem Kopf und gab allen eine Antwort, als wäre er ein Orakel.

Ich war das einzige jüngere Mitglied der Gruppe, aber das störte mich überhaupt nicht, weil es mich von Kindheit an glücklich gemacht hatte, mit älteren Personen zusammen zu sein.

Dieser Winkel des Cafés San Marco war der letzte Zipfel einer europäischen Kultur, die am Erlöschen war. Es gab noch keine Computer in den Wohnungen, und in jedermanns Leben waren noch Schatten erlaubt. Das Zeitalter der Vulgarität, des Konsums, des Zwecks, der die Mittel heiligt, der um sich greifenden narzisstischen Selbstdarstellung, der stets brennenden Lichter, die nie wirklich etwas erhellen, der umfassenden Manipulation der Geister, der Information, die als Wissen verkauft wird, war noch nicht angebrochen. Nur meine Großmutter hatte irgendwann angefangen zu sagen: »Weißt du, ich bin froh, dass ich sterbe, denn die Welt, die ich da heraufziehen sehe, gefällt mir überhaupt nicht.«

Als sie krank wurde, ging ich vormittags nicht mehr ins Café, denn bei meinen kurzen Aufenthalten in Triest wurde meine ganze Energie von der Pflege der

Großmutter absorbiert. Das hat mir sehr leidgetan, denn Giorgio Voghera mit seinen Büchern und seiner Person war einer der wichtigen Gefährten auf meinem abenteuerlichen Lebensweg.

Auch er hatte mein Buch gelesen und es sehr gemocht. Aus eigener Initiative hatte er es an den Adelphi-Verlag geschickt, weil er ein Freund von Bobi Bazlen gewesen war und es noch immer von Luciano Foà war.

Foà empfing mich persönlich in Mailand. »Das Buch ist interessant«, sagte er freundlich »aber wir verlegen leider nur tote Autoren.«

Ich konnte mich von Voghera nicht mehr verabschieden, bevor er starb, aber ich denke, wenn er jetzt irgendwo in irgendeinem anderen Café sitzt, in einer anderen Dimension, dann sagt er zu seinen Gefährten: »Ich hab's euch doch gesagt, das Mädel steckt voller Talent ...«

In der Zwischenzeit hatte auch meine Tante Letizia sich bemüht und hatte das Buch mit einem Begleitbrief an sämtliche Verleger geschickt, die sie kannte. »Mir scheint, meine Nichte hat ein gewisses Talent zum Schreiben«, hatte sie geschrieben. Aber alle antworteten ihr negativ und hielten ihre Zeilen für eine senile Anwandlung von Mitleid. Wenn es nach ihnen ging, sollte ich wie Letizias Vater meine Bücher auf eigene Kosten publizieren.

Das Internet gab es noch nicht, ebenso wenig wie E-Mail-Kontakte oder all die literarischen Agenturen, die in den Achtziger- und Neunzigerjahren wie die Pilze überall aus dem Boden geschossen sind, und ebenso wenig den ganzen Glamour, der heute die literarische

Welt umgibt. Einen Verleger zu suchen, bedeutete, einfach aufs Postamt zu gehen und Pakete aufzugeben und sie nach ein paar Monaten wieder abzuholen.

Die Angestellte im Postamt um die Ecke, eine Frau mit junonisch-üppigen Formen, interessierte sich nach ein paar Jahren für mein Schicksal. »Neuigkeiten?«, fragte sie mit mütterlicher Anteilnahme, kaum erschien ich am Schalter. Ich schüttelte immer den Kopf. »Nein, keine.« Da legte sich betrübte Mutlosigkeit über ihr Gesicht.

Wer weiß, ob sie mitbekommen hat, dass die Absenderin dieser Pakete, die acht Jahre lang durch ihre Hände gegangen waren, schließlich eine Autorin geworden ist, die von Millionen Menschen gelesen wird.

Großonkel Ettore und ich hatten viele Gemeinsamkeiten: das Sternzeichen Schütze; den gleichen familiären Hintergrund – die überaus stumpfsinnige und geniale Familie Veneziani; die Stadt, in der wir aufgewachsen sind – Triest; die beharrliche Ablehnung vonseiten der Verleger; die Liebe zweier Personen – Tante Letizia und Großmutter Elsa; Letztere war nicht nur in der gleichen Villa aufgewachsen, sondern hatte eine Weile auch sein Londoner Exil mit ihm geteilt; außerdem war uns gemein, dass wir der italienischen Kultur als vollkommene Fremdkörper gegenüberstanden; und schließlich verband uns das Familiengrab und das genetische Erbe zweier Vorfahren – Abramo Moravia und Sara Levi.

Sein Werk und das meine berühren sich in einigen Punkten. Der Hund Argo in seiner Erzählung ist derselbe Hund Argo aus *Geh, wohin dein Herz dich trägt*, so wie eine der Töchter Malfenti in *Zenos Gewissen* sich auch in der Mutter der Heldin von *Geh, wohin dein Herz dich trägt* wiederfindet.

Auch im Umgang mit der Psychoanalyse gibt es Ähnlichkeiten. Eines Tages bei Tisch erklärt man der Mutter der Protagonistin von *Geh, wohin dein Herz dich trägt*, dass, wer von Spaghetti träumt, Angst vor dem Tod hat, weil Spaghetti die Würmer symbolisieren, die nach dem Tod den Körper zerfressen. Da erwidert sie, ungerührt weiter essend: »Und wenn ich von Makkaroni träume?«

So sah sie aus, die Meinung, die man in unserer Familie von der Psychoanalyse hatte: Man betrachtete sie mehr als bizarres Spiel, als unerschöpfliche Quelle für Witze und Kalauer, als eine wunderbare literarische Unterhaltung, aber nie und nimmer als ernst zu nehmende Praxis. »Es ist nicht gut für einen Mann«, sagte der Großonkel oft, »zu zeigen, wie er innerlich beschaffen ist.«

Bruno, der Bruder von Urgroßmutter Dora, war lange bei Freud in Behandlung. Er war homosexuell, und das Gerücht, dass es in Wien einen Arzt gebe, der das heilen könne, was man damals als Krankheit betrachtete, war bis nach Triest gedrungen. Also hatte er beschlossen, in die österreichische Hauptstadt aufzubrechen.

»Ich habe Deiner ersten Behandlung bei Doktor Freud bereitwillig zugestimmt,« – schreibt der Vater Gioacchino an ihn – »es schien, sie würde nützen, aber dem war nicht so, denn danach hast Du eine weitere bei einem anderen Arzt, Doktor Groddeck, unternommen, und dann noch eine bei dem jetzigen Arzt, aber mit welchem Ergebnis? Wozu sollen Dir diese Behandlungen nützen, die man nicht ganz versteht und die zu keinem vorteilhaften Ergebnis führen? Sie dauern so lang und es ist kein Ende abzusehen! Das hat Dich ein Vermögen gekostet, und wenn Du so weitermachst, kostet es Dich noch eins …«

Dies war das Umfeld, in dem Svevos und folglich auch meine Beziehung zur übermächtigen Rolle der Psychoanalyse im zwanzigsten Jahrhundert entstand. »Wenn wir es wirklich brauchen«, sagte eines Tages James Joyce zu Onkel Ettore, »dann halten wir uns doch besser an die Beichte.«

Meine Familie mütterlicherseits erlebte zwischen der Mitte des neunzehnten und der des zwanzigsten Jahrhunderts einen kometenhaften Aufstieg, und ihr Auftritt auf der gesellschaftlichen Bühne vollzog sich im Herzen der Kultur des Habsburgerreichs, mit ihrer ganzen Vielfalt, Komplexität und Tiefe.

Dank einer geheimen Formel, die ein Urahn entdeckt hatte, lackierten sie Schiffe in der ganzen Welt, und mit dem typischen Heißhunger der Neureichen schöpften sie mit vollen Händen aus der Kunst und dem Denken ihrer Zeit. Musiker, Philosophen, Schriftsteller und Dichter lösten sich all die Jahre hindurch auf den Diwanen der Villa Veneziani ab. Jetzt werden Bücher über diese Personen geschrieben, man hält Seminare über sie, aber damals waren sie einfach nur Freunde, die zum Tee vorbeischauten.

Unter all den von meiner Familie lackierten Schiffen war auch die *Titanic*, und so wurde meine Urgroßmutter mit ihrem Mann zur Jungfernfahrt eingeladen, aber als sie entdeckte, dass sie schwanger war und folglich an Übelkeit litt, verzichtete sie darauf mitzufahren.

Vielleicht bin ich deshalb, dank der glücklich vermiedenen Katastrophe, mit großen, offenen Ohren auf die Welt gekommen, bereit, die ersten Signale des Schiffbruchs aufzufangen.

31

Die Schnelligkeit, mit der sich der gesellschaftliche Wandel vollzieht, hat sich notwendigerweise auch auf die literarische Welt ausgewirkt, und Schriftsteller zu sein ist ein Beruf wie jeder andere geworden; ein Beruf, in dem Schlauheit, Geschicklichkeit und die Fähigkeit, in den Medien präsent zu sein, häufig wirkliches Talent ersetzen.

Wohlgemerkt, in den Ferien am Strand bin ich dem Autor eines fesselnden Buches mit gutem Plot zutiefst dankbar, ich bin also frei von jedem Moralismus oder intellektuellem Hochmut. Ein Buch ist gut und wertvoll, wenn es wenige Leser hat – das ist eine glatte Lüge, denn alle großen Klassiker sind Bestseller und Longseller, dennoch kann ich nicht umhin, mich zu fragen, ob ein Roman wirklich nur das ist: bloß eine Form von Unterhaltung.

Ich erinnere mich an meine absolute Verwunderung vor ein paar Jahren angesichts der Äußerungen eines leitenden Angestellten in einem großen Verlagshaus, der als Antwort auf einige simple Fragen von mir ausrief: »Sag mir, wie viel du willst. Ich zahle dir, was du willst, aber du sollst wissen, dass du oder ein anderer für mich dasselbe seid. Ich finde Tausende wie dich.«

Ich, die ich zu einem Verleger immer eine menschliche und professionelle Beziehung gesucht habe und nie ein hohes Honorar, war sprachlos. Mir war noch nie aufgefallen, dass zwischen meiner Arbeit und dem ältesten Gewerbe der Welt eine so enge Verbindung bestand. Wie viel willst du? Ich kaufe dich, ich verkaufe dich. Und wenn du dich nicht verkaufst, stoße ich dich ab, ich finde bald eine oder einen anderen. Man braucht nur anzuhalten und das Fenster herunterzukurbeln.

Kaum boomt ein Bestseller, gibt es jede Menge Nachahmer. Nach *Geh, wohin dein Herz dich trägt*, erschienen unentwegt Bücher, die das Wort »Herz« im Titel führten und womöglich Großmütter als Heldinnen hatten. Auch nach *Drachenläufer*, einem wunderbaren Buch, kam die unfruchtbare Mode von Kreiselspielern, Schmetterlingsfängern und anrührenden Abenteuern rund um arme vorderorientalische Jungen auf.

Natürlich hat keine dieser Nachahmungen wirklich das Herz und den Geist der Leser erreicht, denn damit das geschieht, bedarf es stets einer geheimnisvollen Alchemie, nicht eines ausgeklügelten Plots voller überraschender Wendungen oder einer guten Marketingstrategie.

Sicher, das Marketing vermag viel, wie auch die Manipulation durchs Fernsehen viel vermag, aber letztendlich handelt es sich in den meisten Fällen doch um Strohfeuer.

Im Grunde lassen die Verlage keinen sonderlichen Respekt vor den Lesern erkennen, wenn sie sie als mehr oder weniger undifferenzierte, leicht zu manipulierende Masse betrachten. Dass Bücher nichts anderes sind als Schuhe, die dank einer gut geölten Maschinerie wenn nicht auf unbegrenzte, so doch auf eine sehr lange Zeit in gleichbleibender Qualität seriell hergestellt werden können, ist leider die fixe Idee vieler Verantwortlicher im Verlagswesen. Ein Buch hingegen, ein schönes Buch, ist etwas viel Komplexeres, etwas Zartes und schwer zu Handhabendes. Es entsteht nicht auf Kommando, wie man es auch nicht auf Kommando durchsetzen kann.

Ich glaube, dass viele in der Branche mich für gescheitert halten, weil ich nach den Millionen verkaufter Exemplare von *Geh, wohin dein Herz dich trägt* nie wieder einen solchen Erfolg erzielt habe. Ich würde gerade das Gegenteil für Scheitern halten. Sicher, ich hätte nicht eine, sondern zehn Fortsetzungen schreiben und dabei immer mehr an Qualität und Intensität verlieren können, ich hätte ein Paar Schuhe nach dem anderen verkaufen können, und anstelle von Schuhen bloße Schachteln mit meinem Namen darauf auf den Markt bringen können. Aber ich habe nie, keinen Augenblick lang, gedacht, dass der letzte Zweck der Literatur sein könnte, Geld zu verdienen. Ich habe immer großen Respekt vor der Intelligenz und Sensibilität meiner Leser gehabt. Das sind keine Goldesel, sondern Menschen, mit denen man ein Stück Weges gemeinsam geht. Wie ich auch immer Furcht und Zittern gegenüber meiner Berufung verspürt habe, die ich niemals hätte verraten wollen.

Was heißt also schreiben?

Wenn ich das Talent als Gabe betrachte, kann ich nicht umhin, die Vererbung als einen der Wege zu begreifen, auf denen diese Gabe weitergereicht werden kann. Abramo Moravia, der Vorfahr, durch den Großonkel Ettore und ich verbunden sind, war kein Intellektueller, sondern ein Metzger, der sich auf die *Schechita* verstand, also das traditionelle Schächten in der jüdischen Gemeinde. Mit einem scharfen, schartenfreien Messer durchtrennte er mit einem einzigen gezielten Schnitt Gurgel, Luft- und Speiseröhre des Tiers, das auf diese Weise sofort das Bewusstsein verlor. Anschließend war seine Aufgabe, es ausbluten zu lassen, das zu Boden geströmte Blut mit Erdreich zu bedecken und das im Körper verbliebene mit Wasser auszuschwemmen.

Es gibt Gemeinsamkeiten zwischen dem Schlachten und dem Schreiben: Es sind die perfekte Klinge, die sichere Hand, die Tatsache, dass man ständig in den Wechsel von Leben und Tod eingebunden ist – immer zwischen Distanz und Mitleid pendelnd, immer in dem Wissen, einen Akt zu vollbringen, der in seiner Tragweite unser Verständnis übersteigt, und deshalb immer begleitet von Furcht. Man muss die Anatomie des Objekts ganz genau kennen und gleichzeitig Mitleid haben, aber das Mitleid darf die Hand nicht unsicher werden lassen, denn das würde den Schnitt unnötig zur Qual machen.

Schreiben gleicht dem Schlachten.

Ausschlachten des eigenen Lebens, das in jedem seiner Momente dieser Tyrannei unterliegt, Ausschlachten der Wirklichkeit, wie sie sich unseren Augen darbietet. Aber im Unterschied zum vernichtenden Schlachten hat dieses Schlachten in jedem Augenblick seinen Sinn. Man schlachtet, um Licht werden zu lassen, nicht um die Finsternis zu bestätigen.

Großonkel Ettore hatte das Glück, zu sterben, bevor sich die großen Gräuel des zwanzigsten Jahrhunderts ereigneten. Obwohl er nach außen hin das Leben eines ruhigen Bürgers führte, hatte er hellhörig das Knacken in dieser bis dahin so soliden Welt vernommen. Ich, die ich kurz nach dem Grauen geboren wurde, wusste von Anfang an, dass dieses Knacken sich schon in unüberhörbaren Lärm verwandelt hatte.

Schreiben heißt, den Dingen auf den Grund gehen, mit Klarsicht und Grausamkeit, ohne sich von irgendetwas blenden zu lassen. Es bedeutet, mit dem Messer jeden Hauch von Fett wegschneiden, die Sehnen vom Fleisch trennen. Man darf sich nicht von den »schönen Worten« verführen lassen, darf nicht auf die Sirenen des Narzissmus hören, die uns anderswohin zu führen versuchen.

Alle Bücher, die ich geschrieben habe, sind Reisen in die Tiefe des menschlichen Herzens – der komplexeste, unbekannteste und faszinierendste Kontinent, den zu erforschen uns gegeben ist.

Alle meine Bücher sind Reisen durch die Dunkelheit, nicht um ihrer selbst willen, sondern um den Punkt zu entdecken, an dem sich das Dunkel mysteriöserweise in Licht verwandelt.

Alle meine Bücher erkunden das Land der Unruhe und der Verwirrung, denn erst wenn einem bewusst wird, dass man richtungslos ist, beginnt man wirklich, nach einem Weg zu suchen. Erst in dem Moment, da man die Unruhe als grundlegende Kondition akzeptiert, tritt man wirklich ins Menschsein ein.

Wir leben in Zeiten der Vereinfachung für die Massen, folglich ist die Unruhe das verpönteste aller Gefühle. Du magst unglücklich sein, gewiss, ja, du musst es wohl sein, weil alle Dinge, von denen man dir aufschwatzt, dass du sie kaufen sollst, nur Surrogate des Glücks sind, aber die Unruhe ist dir nicht vergönnt, weil das ein Zustand ist, der Fragen aufwirft, und die Fragen verlangen Antworten, und um Antworten zu finden, muss man sich auf Reisen begeben wie Abraham, und am Ende der Reise entdeckst du vielleicht, dass nicht die Dinge dir Frieden geben, sondern die Tiefe der Gefühle, die deinem Herzen entquellen.

Nun, ich glaube, Bücher existieren genau deshalb, um uns auf dieser Reise Gesellschaft zu leisten, uns auf dem mühseligen Weg Trost zu spenden. Sie existieren und bleiben bei uns, weil der Mensch vor allen Dingen aus Gedächtnis besteht und sein Leben das Leben der Generationen ist, die ihm vorausgegangen sind. Wenn ich nicht davon überzeugt wäre, hätte ich keinen einzigen Nachmittag an meinem Schreibtisch gesessen, wenn ich das nicht glauben würde, hätte ich meine Tage nicht dieser strengen Tyrannei unterworfen.

Ja, denn außer dem Prozess des Schlachtens ist das Schreiben auch Verlust der Gesundheit und ein außerordentliches Opfer. Ich weiß, dass ich aus der Zeit gefallen, dass ich praktisch ein Dinosaurier bin, weil solche Gedanken und solche Reden in Zeiten rasanter Schnelligkeit längst überholt sind. Trotzdem halte ich hartnäckig an diesem Gedanken fest. Der Mensch braucht die Schönheit.

Ohne diese Hinwendung zum Schönen tut sich vor uns nichts als die Barbarei auf, die Welt des *homo homini lupus*. Und das Wort – das begründete und begründende Wort – ist eine der Formen, in denen die Schönheit sich manifestiert, es ist das ruhelose, tiefe Band, das den Menschen an seine eigene Zerbrechlichkeit bindet.

Da kommt mir ein Traum in den Sinn, den ich vor ein paar Jahren hatte: Ich befinde mich in einer Stadt ganz aus rotem Backstein, von der ich weiß, dass es Ferrara ist. Es ist Nacht, es sind frühere Zeiten, es gibt keine Autos, es ist kalt, und es fällt dichter Schnee. Mit einem Mal sehe ich eine kleine Tür, durch die Licht und Wärme dringen, ich beschließe einzutreten und beginne Treppen hinunterzusteigen; sie sind schmal und gewunden, ich lege etliche Absätze zurück, bevor ich in einen Raum voller Menschen komme. Es ist eine Bäckerei, deshalb ist hier nachts offen, und deshalb kamen Licht und Wärme durch die Tür. Es sind da viele Leute mit weißen Schürzen, die sich an den Öfen zu schaffen machen; keiner scheint mich zu bemerken, bis plötzlich ein Mann auf mich zutritt, mir ein Tablett mit frisch gebackenen Keksen in die Hand gibt und zu mir sagt: »Bring sie an die Oberfläche!« Die Kekse haben eine seltsame Form. Als ich sie genauer betrachte, sehe ich, dass es *Aleph, Beth, Gimel* sind, die ersten Buchstaben des hebräischen Alphabets. Ich gehorche, und kaum bin ich draußen im Schnee, geschieht das Unglaubliche. Die Kekse verwandeln sich in viele winzige Flämmchen.

Das ist also die Hoffnung: dass in uns die Sehnsucht wiedererwacht nach Worten, die zu brennen vermögen.

32

Viele der Personen, von denen ich in diesem Buch berichtet habe, sind nicht mehr auf dieser Welt.

Als Erster ist mein Vater gegangen. Mit der Zeit war sein Leben immer einsamer und bizarrer geworden. Da ich sein darwinistisches Credo nicht teilte, kümmerte ich mich bis zuletzt um ihn, in dem Maße, wie er es zuließ. Solange ich in Rom lebte, aßen wir mit einer gewissen Regelmäßigkeit zusammen, als ich dann aufs Land zog, kam er mich ab und zu besuchen.

In den letzten Jahren arbeitete er in Pomezia, wohin er, statt mit einem Roadster mit einem Auto aus dritter Hand gelangte. Als er mit fünfundsechzig in Rente ging, kam er zu mir zum Feiern. Aus dem Anlass schenkte ich ihm eine Pfeife, über die er sich wie ein Kind freute; er drehte sie beständig in den Händen hin und her und wiederholte: »Ich habe mein Lebtag kein Geschenk bekommen.«

»Jetzt werde ich einen Haufen Vorteile genießen«, wiederholte er immer wieder. »Kinoermäßigung, Bahnermäßigung ... die ermäßigte Dauerkarte für die Autobusse.« Er betrachtete die Zeit, die sich vor ihm auftat, als Goldenes Zeitalter.

Wieder in Rom, beschaffte er sich die Dauerkarte für das Gesamtnetz des römischen Verkehrsverbunds – ATAC – und begann, von morgens bis abends mit den

Autobussen herumzufahren. Ab und zu rief er mich an: »Das ist wirklich ein Luxus, weißt du, sich den ganzen Tag von einem Fahrer herumkutschieren zu lassen.« Oft meldeten sich meine römischen Freunde am Telefon und sagten: »Ich habe deinen Vater in der Via Tiburtina gesehen ... im Portuense-Viertel ... in der Via Nomentana ... in Prati ... auf der Piazza dei Cinquecento.« »Was hat er gemacht?«, fragte ich dann. »Nichts«, antworteten sie mir, »er ging so dahin ...«, »er schaute aus dem Fenster ...«, »er saß auf einer Bank.«

Bisweilen verschwand er völlig vom Radarschirm, wie die Schiffe im Bermudadreieck. Er stöpselte das Telefon aus, und da er kein Handy hatte, war es unmöglich, ihn zu erreichen.

»Ich werde mit siebzig sterben, wie mein Vater«, wiederholte er oft, »aber es kann sein, dass ich mich vorher umbringe.«

Er diente mir als Vorlage für den Professor Ancona und dessen einsamen Niedergang in *Erhöre mein Flehen*.

Zu den Freunden von früher hatte er keinen Kontakt mehr, und ich glaube, auch das Kapitel »Frauen« hatte er abgelegt. Er war immer in seine Gedanken versunken, die immer schwerer zu ergründen waren; man sah ihm sein Alter überhaupt nicht an, er wirkte eher wie ein Kind; er wunderte sich, lächelte über Kleinigkeiten, als sähe er seine Umgebung zum ersten Mal.

Ich glaube, er hat nie eins meiner Bücher gelesen, aber als ich Erfolg hatte, freute er sich, denselben Nachnamen zu haben wie ich. Mehr als der Erfolg an sich berührte ihn, glaube ich, dass ich dank der Autorenrechte seinem Credo hatte treu bleiben können, das da lautete, einen festen Arbeitsplatz möglichst zu meiden. »Lass dich von niemandem einsperren, lass dich nicht festnageln«, wiederholte er mir immer wieder, »das sind alles nur Dünnbrettbohrer.« Er bezog sich auf die Journalisten, die er dank seiner Anstellung als Korrekturleser bei einer namhaften Wochenzeitschrift sehr gut kannte. Als gebildeter Mensch mit einem besonderen Interesse für Geschichte, graute ihm vor den zahllosen Grammatikfehlern, die er korrigieren musste.

Als ich ihn schließlich 1998 zur Einweihung meines ersten wirklichen Hauses auf dem Land einlud, wurde er nicht müde, hin und her zu gehen und begeistert zu wiederholen: »Aber hier ist alles ungewöhnlich groß!« Das Appartement, in dem er die letzten Jahre lebte, war knapp fünfzehn Quadratmeter groß, vielleicht kamen ihm deshalb meine hundertsechzig wie ein Königspalast vor. Da ihm seine Einzimmerwohnung gekündigt worden war, hatte ich ihm eine Wohnung neben der meinen gekauft, aber er schaffte es nicht mehr, dort einzuziehen.

Das letzte Mal, dass seine Schritte auf meinem Terrakottafußboden widerhallten, war an Ferragosto desselben Jahres; er war gerade siebzig geworden, und wir hatten den Tag mit meinem großen Bruder und dessen Töchtern verbracht.

Während ich ihn zum Auto begleitete, drehte er sich plötzlich zu mir um und sagte: »Ich muss baldmöglichst mit dir reden, es geht um etwas Wichtiges.«

Dieser Wunsch erstaunte mich, in vierzig Jahren hatte er sich nie in dieser Weise an mich gewandt. In ein paar Tagen wollte ich in die Ferien ins Gebirge aufbrechen, deshalb versprach ich ihm, ihn bei meiner Rückkehr anzurufen.

Häufig hatte ich mir in den letzten Jahren seinen Tod vorgestellt; ich war mir fast sicher, dass man seinen leblosen Körper nach Betriebsschluss in einem Autobusdepot finden würde oder aber zusammengesunken auf einer Parkbank, mit Tauben, die um ihn herumliefen. Das wäre ein gefundenes Fressen für die Zeitungen gewesen. »Der Vater der berühmten Schriftstellerin stirbt als Bettler.« »Sie hat ihn in Einsamkeit und Armut zurückgelassen« und so weiter mit reißerischen Leckerbissen dieser Art.

In Wirklichkeit hat er es viel besser gemacht.

Zurück aus dem Gebirge, rief ich ihn an, wie versprochen, aber er ging nicht ran. Das war eher normal, das machte er oft. Ich versuchte es am nächsten Tag wieder, zu verschiedenen Tageszeiten, aber ohne Erfolg. Am dritten Tag wusste ich instinktiv aus dem Bauch heraus, dass er tot war.

Da rief ich eine Freundin in Rom an – ich war bei mir zu Hause auf dem Land – und bat sie, nachzuschauen, ob das Auto in der Garage war. Es war da. Auf Klingeln antwortete er jedoch nicht. Also bat ich sie, die Feuerwehr zu verständigen, dann rief ich meine Mutter an und sagte: »Ich glaube, Papa ist von uns gegangen.« »Sag mir Bescheid, wenn es sicher ist«, antwortete sie, »ich will mit Freundinnen ins Kino.«

Während ich in den Wagen steigen wollte, um nach Rom zu fahren, rief mich jemand an und sagte: »Er ist tot, aber, wie es scheint, ist er keines natürlichen Todes gestorben. Vermutlich wurde er während einer erotischen Begegnung getötet.« Konnte es ein gefundeneres Fressen geben für die in den Massenmedien vorherrschende Hyänenmentalität? Noch während ich auf der Autobahn unterwegs war, titelten die Fernsehnachrichten reißerisch: »Nackter Mann in der Wohnung der Tamaro gefunden.«.

Bei meiner Ankunft in Rom war das Gedränge der Journalisten und Fernsehkameras so groß, dass das Polizeipräsidium mich mit einem Streifenwagen am Piazzale Clodio abholen ließ. »Die Spurensicherung ist vor Ort und nimmt alles auf«, sagte man mir. »Man hat ihn nackt gefunden, blutüberströmt, mit einer Flasche Wein neben sich und einem umgeworfenen Tisch.«

Anscheinend hatte man sogar eine Pistole am Tatort gefunden.

Von Polizeibeamten eskortiert, ließ ich das Blitzlichtgewitter hinter mir und stieg zur Wohnung hinauf, wo ich zu meinem größten Glück als diensthabende Staatsanwältin Lucia antraf, eine meiner besten Freundinnen, die sofort zu mir sagte: »Mach dir keine Sorgen, es ist alles in meinen Händen.«

Ich trat ein und sah meinen Vater unter einem weißen Tuch quer im Raum liegen; praktisch nahm er die ganze Wohnung ein. Es waren viele Leute im Raum, ich sah auch jemanden, der von unten auf den Balkon heraufkletterte, um das Tausend-Dollar-Foto zu schießen: »Die Autorin sentimentaler Bücher bricht in Tränen aus beim Anblick des Vaters, der während einer Sexorgie gestorben ist.«

Ich hob das Tuch nicht hoch, weil meine Freundin ihn bereits identifiziert hatte, so bat ich darum, ein wenig mit ihm allein gelassen zu werden. Ich setzte mich im Lotussitz neben ihn und sah ihn an. Nur eine Hand und seine Haare kamen unter dem Tuch hervor: noch schwarze Haare, fein wie bei einem Kind, die Hand genauso wie meine, nur etwas größer.

Als ich aufschaute, sah ich, dass der Telefonstecker gezogen war, und ich begriff, dass er hingefallen war, während er zum Apparat gehen wollte, um Hilfe zu rufen.

Nicht weit von seinem Körper, dessen Umrisse die Spurensicherung schon aufgezeichnet hatte, lagen ein Blatt Papier und ein Stift, die zu Boden gefallen waren; bevor er starb, hatte er noch etwas aufschreiben wollen. Mit Sicherheit war es für mich bestimmt, weil er wusste, dass ich ihn finden würde. Auf dem Blatt war nur eine gerade Linie, das hätte alles sein können, aber ich, wer weiß warum, sah darin den Ansatz zu einem V. V für Verzeihung.

Eingetaucht in tiefe Stille blieben wir lange so beisammen, er und ich.

Da erinnerte ich mich, wie wir zuletzt gemeinsam abends im Restaurant waren. »Weißt du«, bekannte er mir da, »das ganze Leben lang habe ich versucht zu verstehen, was die Liebe ist, aber ich habe es nicht geschafft. Jetzt fühle ich mich sehr verloren.« Da ich sah, dass seine Augen feucht wurden, sagte ich nichts, aber ich erinnerte mich an den Satz, den sein Vater ihm gern sagte, sobald er ihn sah: »Du hättest sterben müssen, nicht Marisa!« Da nahm ich die große, mittlerweile steife und kalte Hand, streichelte sie und sagte: »Jetzt weißt du es. Die Liebe, das wären wir gewesen, das Leben, das du gezeugt hast.«

Ein paar Tage später fand die Beisetzung statt, in dem kleinen Ort, wo ich bis heute lebe, heimlich, wie unter Verschwörern. Wir wollten die Anwesenheit der Presse vermeiden, die sich in diesen zwei Tagen in Artikeln von seltener Obszönität über mich ausließ. »Seit sie berühmt ist, hat sie ihn seinem Elend überlassen«, hatte der eingebildete Zeitungsfritze vom Dienst geschrieben.

Natürlich stellte sich heraus, dass er nicht ermordet worden war, sondern eine innere Blutung gehabt hatte, eine Folge der Leberzirrhose.

Zur Beerdigung kam aus Triest auch meine Mutter. Sie war besorgt, dass die Kirche leer sein könnte. »Er war allein wie ein Hund«, wiederholte sie immer wieder, »wer soll da schon kommen? Es wird entsetzlich trist werden.«

Dagegen war die Kirche voll; es waren viele Leute da, die meinetwegen kamen. Während wir dem Sarg folgten, zu Fuß auf der von Eichen gesäumten Straße, die zum Friedhof führt, sagte mein kleiner Bruder zu mir: »Ich habe nicht die geringste Ahnung, wer die Person ist, hinter deren Sarg ich hier hergehe.«

Ein paar Tage später vertraute meine Mutter mir an, dass sie, wenn der Augenblick gekommen wäre, mit ihm begraben sein wollte und nicht mit den anderen Ehemännern. »Mit ihm, mit Giovanni, dem Vater meiner Kinder, dem Mann, den ich immer geliebt habe.«

Meine Großmutter war schon lange zuvor von uns gegangen. Der Tod ereilte sie 1992, aber ihr Geist war schon acht Jahre früher in den Tunnel der Alzheimer'schen Krankheit abgetaucht.

Wir hatten einen Pakt geschlossen: dass sie mindestens hundert Jahre alt würde, bei guter Gesundheit, wie ihre Mutter und viele ihrer Freundinnen, aber sie hat ihn nicht eingehalten. Außer dem damals unveröffentlichten Roman *Illmitz* konnte sie keines meiner Bücher lesen und sich auch nicht daran freuen, dass es mir endlich gelungen war, eines zu veröffentlichen, weil die Dunkelheit sie schon eingehüllt hatte.

Sie war meine Zwillingsseele, die große Gefährtin meines Lebens, und sie in den Tunnel der Krankheit begleiten zu müssen, war eine der verheerenden Erfahrungen in meinem Leben.

Tante Letizia, die sieben Jahre älter war als meine Großmutter, starb mehr oder weniger zur selben Zeit. Ich erfuhr es in einem Hotel in Wolfsburg, als ich mit meinem ersten Buch auf Lesereise war.

Als ich sie zum letzten Mal besuchte, gab sie mir zum Abschied einen Umschlag. Ich wartete mit dem Öffnen, bis ich am Lungomare di Barcola war. Mit ihrer schönen regelmäßigen Schrift hatte sie mit Bleistift ein paar Verse aufgeschrieben. Sie erzählten von der verzehrenden Ungeduld einer Mutter, die nicht sterben kann, obwohl sie sich nichts sehnlicher wünscht, als wieder bei ihren Kindern zu sein.

Während ich bis Miramare spazierte, hatte ich Mühe, die Tränen zurückzuhalten.

Meine Mutter glaubte, ihre Gene und ihr Charakter würden ihr ein langes Leben bescheren. Dagegen ging sie, zu unser aller Bestürzung, in einem Alter – zweiundsiebzig Jahre –, das heute als noch jung gilt. Wir Kinder waren in der Gewissheit aufgewachsen, dass sie uns begraben würde. Im Übrigen sagte auch meine Urgroßmutter Dora – die an der Schwelle der hundert starb – zu meiner Großmutter, ihrer Tochter: »Elsa, ich weiß nicht, wie ich das machen soll, wenn du stirbst ...«

In der ungewöhnlichen Kraft meiner Mutter hatten sich Risse gebildet, und wie bei großen Bäumen, die wegen Pilz- oder Käferbefalls plötzlich mit einem Schlag umstürzen, hatte sich durch diese Risse die Krankheit eingeschlichen, die sie in wenig mehr als einem Jahr unter grausamen Qualen zum Tod führte.

Witwe – und vor allem Großmutter – geworden zu sein, hatte sie etwas weicher gemacht.

Zwischen einer Witwenschaft und der nächsten hatten wir uns wieder angenähert. Wenn sie nicht gezwungen war, Mutter zu sein, war sie eine reizende Person, unterhaltsam, fröhlich, ironisch, mit der man sich unmöglich langweilen konnte.

Ich hätte sie hassen sollen dafür, wie sie mich behandelt hatte, hingegen habe ich den längeren und beschwerlicheren Weg der Vergebung gewählt. Was hätte ich mit meinem Hass anfangen sollen, wenn sie tot war? Wie ein Eissplitter wäre er mir für immer im Herzen stecken geblieben.

Der Hass ist ein Gift, von dem man sich so bald wie möglich befreien muss, denn er lässt dem Leben keine Chance auf Wiederauferstehung.

Da ich wusste, wie wichtig die Erinnerung ist, wusste ich auch, dass es grauenhaft sein würde, weiterzuleben mit einem schwarzen Loch anstelle einer Mutter: Wie hätten die Frauen B, C, D und E die schreckliche Leere in mir ausfüllen können?

Also beschloss ich, auf der Suche nach Frau A noch einmal ins Dunkel einzutauchen. Wo war sie geblieben, die Frau, die eifrig Decken strickte?

Der Weise sucht im Leben die Einheit, meine Mutter dagegen ist ihr Lebtag der Vielfalt nachgelaufen. Der Wendepunkt war, glaube ich, der Zusammenbruch ihres Traums einer Familie; von da an hat sie unzählige Gesichter angenommen, eins unglücklicher als das andere.

Allein geblieben, mit einer Tochter an der Seite, die sich um sie zu kümmern verstand – und um die sie sich nicht zu kümmern brauchte –, konnte sie endlich ihren Panzer ablegen. Wir haben zwei denkwürdige Reisen zusammen gemacht: eine nach Israel, die andere nach Namibia. Im Sommer nahm ich sie mit zum Campen. Sie liebte dieses Leben, die quietschenden Liegen, den Sand und das Essen aus Dosen. Vielleicht fühlte sie sich da zum ersten Mal in ihrem Leben frei.

Eines Tages sah ich sie am Meer unter Pinien ruhen und dachte, dass sie vielleicht in diesem Augenblick wirklich glücklich war. Und was sonst wünscht sich ein Kind, als dass seine Mutter glücklich ist?

Ich glaube, meine Mutter war mir dankbar, dass ich sie nie verurteilt habe; das hat ihr erlaubt, sich einen Spaltbreit der Liebe zu öffnen, dem Wesen, das sie gern gewesen wäre und nicht imstande war zu sein.

Zu meinem vierzigsten Geburtstag schenkte sie mir die polierte Wurzel eines Lindenbaums, in der deutlich die Figur einer Mutter mit einem Kind auf dem Arm zu erkennen war. Kurz bevor sie erkrankte, drückte sie mir dann verstohlen eine Holzschachtel in die Hand mit einem kleinen gezeichneten Herzen darauf und einem Zettel darin, auf dem stand: »Ich hab dich lieb, auch wenn ich dich nicht verstehe.«

Ich habe sie das ganze Endstadium ihrer Krankheit hindurch begleitet, und ich war ihr nah im Augenblick des Todes; ich habe gespürt, wie ihre Hand in nur wenigen Augenblicken erkaltete. Ich halte es für ein großes Privileg, Sterbenden beistehen zu dürfen.

Es war halb sechs Uhr morgens. Draußen wehte eine wütende Bora, eine Bora mit Schnee und Eis, wie an dem Tag, als ich zur Welt kam. Ich öffnete das Fenster, ließ den Wind ins Zimmer und erlaubte ihrer Seele hinauszugehen. Während ich auf den Gerichtsmediziner wartete und es draußen hell wurde, erinnerte ich mich an das, was sie mir einmal anvertraut hatte: »Ich fühlte mich sehr allein als Kind. Eines Tages fand ich im Garten die Knolle einer Narzisse, ich trug sie den ganzen Tag mit mir herum und schloss Freundschaft mit ihr, und abends legte ich sie mir unters Kissen.« Alle brauchen wir Vergebung, alle brauchen wir Barmherzigkeit.

Im Wohnzimmer habe ich in dem Korb mit ihren Wollknäueln lange den Pullover betrachtet, den sie gerade für mich strickte und den sie nie mehr würde zu Ende bringen können. Wie die Heldin von *Unter dem Schnee* hat sie unglaublicherweise ihr Leben lang nichts anderes getan als Dutzende von großartigen Pullovern zu stricken, die für mich bestimmt waren. Mit ihnen hat sie vielleicht versucht, mir die Wärme zu vermitteln, die sie mir anders nicht zu geben vermochte.

Am Tag nach ihrem Tod fand ich in ihrem Nachtkästchen, versteckt unter anderen Zeitschriften, eine Handarbeitszeitschrift aus dem Jahr 1957: Darin war das Strickmuster für meine rosa-blau-weiße Decke.

33

Endlich ruhen meine Eltern Giovanni und Anna Livia nebeneinander – meine Mutter hieß wirklich so, als Hommage an Anna Livia Plurabelle aus *Finnegans Wake* von James Joyce, der ein Freund der Familie war. Sie liegen nebeneinander in einem kleinen Friedhof auf einem Hügel in Mittelitalien.

Meine Mutter strahlt vor Glück auf dem Foto, während mein Vater anderswohin schaut, wie am Tag seiner Hochzeit. Vor ihrem Grab steht eine Bank, und wenn ich sie besuchen gehe, setze ich mich dorthin und verbringe ein wenig Zeit mit ihnen.

In der schönen Jahreszeit bringe ich meiner Mutter ihre Lieblingsblumen mit, im Winter gehe ich hin, schneide ihre Rose zurück und nehme die verwelkten Blätter ab. Ich betrachte ihre Gesichter und versuche zu verstehen, was von ihnen in mir ist. An materiellen Gütern haben sie, die beide mittellos starben, mir nicht viel hinterlassen. Von meinem Vater habe ich eine kleine Buddhafigur aus Holz bekommen; einen indischen Elefanten, ebenfalls aus Holz; seine Bücher; das Auto aus dritter Hand; zwei Millionen Lire auf der Bank, die übrig waren von seiner Abfindung; ein Abonnement für das Gesamtnetz der ATAC für den Monat September des Jahres 1978 und einen Pappkarton mit einem Essservice. Die Erbschaft meiner Mutter hingegen bestand aus einem Hund, ihrem Hund, einem bösen alten Foxterrier – der, kaum bei mir auf dem Land angekommen, sofort meine geliebten Katzen zerfleischte –, zwei Ringen, einem Heft mit Rezepten, einem Korb mit Wollknäueln – die Reste von all meinen Pullovern – und einem Pappkarton mit einem weiteren Essservice. Aus unerfindlichen Gründen sind die beiden Service fast gleich – beide aus bemalter Keramik, wie sie typisch für Apulien ist.

So dürftig das materielle Erbe war, so reich war hingegen das charakterliche. Jetzt, da ich ebenfalls die Mitte des Lebens überschritten habe, weiß ich, dass ich viel von meinen Eltern habe.

Von meiner Mutter habe ich die Charakterstärke, die Fähigkeit, aus allen Schwierigkeiten immer wieder und unter allen Umständen mit einem Lächeln auf den Lippen hervorzugehen, die Fröhlichkeit, die Leidenschaft für jeden Augenblick des Lebens; mit ihr teile ich auch die Vorliebe für manuelle Arbeiten: Kochen, Gartenarbeit, Zeichnen, Sticken und jede Form von Bastelei.

Von meinem Vater hingegen habe ich den ausweichenden Charakter, die totale Gleichgültigkeit gegenüber allen Äußerlichkeiten und dem, was den Appetit der Menge anregt, die Ferne von allen Seilschaften der Macht, von aller Falschheit, die die Beziehung unter den Menschen verdirbt. Wie er bin ich völlig unfähig, menschliche Beziehungen irgendeinem Zweck unterzuordnen. Wie er habe ich einen freien Geist, der gegen jede Form der Festlegung aufbegehrt.

Der ganze schwere Ballast an Negativität, den sie mir auf die Schultern geladen haben, hat in mir einen bisweilen nur schwer erträglichen Schmerz verursacht, aber genau dank dieses Ballasts konnte ich die werden, die ich bin.

Wenn ich ein sanfter Mensch bin, so, weil ich weiß, dass ich auch extrem gewalttätig sein kann. Wenn ich mutig bin, so nur, weil das vorherrschende Gefühl bei mir die Angst ist. Wenn ich Geschichten zu schreiben weiß, die das Herz vieler berühren, so, weil mein Herz ständig offen und bereit ist, die Unruhe, die Widersprüche und den Schmerz der Welt in sich aufzunehmen.

Leben ist ein kontinuierlicher Prozess der Transformation, das zeichnet den Menschen aus. Die Tiere leben in einer unschuldigen Zirkularität, wir dagegen sind stets angehalten, vorwärts zu gehen, unsere Fehler und unsere Mängel einzusehen und sie in Vorzüge umzuwandeln.

Kämpfen, damit das Licht immer mehr Raum in uns einnimmt, uns dem Dunkel entreißt, das ist die Aufgabe, die jeden erwartet, der sich auf die Suche nach der wahren Freiheit macht. In der Tat hätte ich dieses außergewöhnliche Abenteuer nicht antreten können, wenn meine Eltern mir nicht das Leben geschenkt hätten, und dafür bin ich ihnen ewig dankbar.

Und Gianna, die Gefährtin unserer glücklichen Nachmittage, die Gefühlsquelle, die uns das Überleben ermöglichte?

Ich hatte mich nie mit ihrem Verschwinden abgefunden. Wenn ich in Triest durch die Stadt ging, hoffte ich immer, sie auf der Straße zu treffen, ich sah im Telefonbuch nach auf der Suche nach einem Zeichen, einem Hinweis. Einmal fragte ich meine Mutter: »Ist es möglich, dass du nie mehr etwas von Gianna gehört hast?«

»Ich habe gehört, dass sie geheiratet hat und nach Australien gegangen ist«, antwortete sie unbestimmt.

Australien! Wie sollte ich sie dort je finden?

Ich hatte mich bereits damit abgefunden, mit diesem Loch in mir leben zu müssen, als ich vor ein paar Jahren auf meiner offiziellen Homepage eine E-Mail bekam. Sie war von Umberto, Giannas Lebensgefährten. Er schrieb mir, dass es mit ihr langsam auf das Ende zugehe und dass sie immer den Wunsch gehabt habe, »ihre Kinder« wiederzusehen, aber sie habe Angst gehabt zu stören, sie war sich nicht einmal sicher, ob wir uns an sie erinnerten. Er schrieb mir ohne ihr Wissen, in der Hoffnung ihr vor ihrem Tod diese Freude zu bereiten.

Diese E-Mail löste bei mir und meinem Bruder einen furchtbaren Sturm der Gefühle aus. Erst in diesem Augenblick bemerkte ich, dass ich vierzig Jahre lang auf einer dünnen Eisschicht gegangen war. Jetzt war das Eis gebrochen, und wir waren in den Abgrund gestürzt, der sich unter uns auftat. Der Abgrund des Verlassenwerdens, des untröstlichen Schmerzes.

Gianna lebte keineswegs in Australien, sondern wenige Kilometer von Triest entfernt, unweit der stufenförmigen Gedenkstätte von Redipuglia, die mir in meiner Kindheit solche Angst gemacht hatte.

Sobald ich konnte, fuhr ich sie besuchen. Während der Autofahrt war ich sehr aufgeregt. Wie wird sie sein? fragte ich mich, wird da noch etwas sein zwischen uns, oder wird es nur ein förmliches Treffen geben? Ich wusste nichts von ihrem Leben, sie war noch sehr jung, als sie zu uns kam; womöglich war sie eine Person geworden, der ich nicht mehr viel zu sagen hatte.

Welche Erleichterung, als ich sah, wo sie wohnte!

Es war ein weißes Häuschen auf dem Land, sonnig, mit Hunden und Katzen, die friedlich auf der Wiese schliefen, daneben ein kleiner Gemüsegarten, ein Kakibaum und einige Weinreben.

Als ich eintrat, sah ich Gianna im Bett liegen, in Gesellschaft von drei oder vier Katzen, die schnurrten und sie warmhielten. Sie hatte alle meine Bücher gelesen und geliebt, sagte sie mir, und sie hatte meinen Werdegang in all diesen Jahren diskret aus der Ferne verfolgt. Mit dem geliebten Umberto teilte sie Vorlieben, die auch meine waren: Reisen auf zwei Rädern, Campingferien, Gartenarbeit und Weinanbau, Spaziergänge, Liebe zum einfachen Leben und zu den Tieren. Sie hatte ihr ganzes Leben als Krankenschwester gearbeitet, und als sie in Pension ging, hatte sie zusammen mit ihrem Freund, der pensionierter Werftarbeiter war, angefangen, auf Pilgerreisen zu Fuß durch Europa zu ziehen.

Gianna war ein wunderbar freier Mensch, deshalb war sie mir als Kind so nah gewesen. Ein letztes Mal ihre Hand in meinen Händen halten zu dürfen, war eine außerordentliche Gnade.

Sie starb zwei Tage, bevor *Mein Herz ruft deinen Namen* erschien, mein letztes Buch. Als ich sah, dass sie es nicht mehr würde lesen können, bat ich Umberto, ein Exemplar davon zu kaufen und es ihr ins Grab zu legen.

Das hat er getan, und so sind wir endlich zusammen. Für immer.

Von allen Personen, die ich auf diesen Seiten erwähnt habe, war die langlebigste ausgerechnet die kränklichste: Maria, die Busenfreundin meiner Großmutter, die tragende Säule meines Altentriumvirats.

Sie starb im März 2011, mit hundertunddrei Jahren.

Ich war erst unlängst bei ihr gewesen. Schon seit Jahren ging sie nicht mehr aus dem Haus und lebte an den Rollstuhl gefesselt. Sie begrüßte jeden meiner Besuche mit kindlicher Freude: »Was für ein Schatz du bist!«, rief sie, »du denkst immer an mich!«

Wie es alten Leuten häufig ergeht, war ihre Aufmerksamkeit schwankend, und ein Schleier hatte sich über ihre Augen gelegt und sie dunkel gemacht, wie die von Neugeborenen. Sie saß den ganzen Tag und betrachtete einen kahlen Baum vor dem Fenster; sie hatte ihre Freude daran, die Sperlinge zu beobachten, die Meisen und Drosseln, wie sie sich um die Brotkrümel rissen, die sie jeden Morgen aufs Fensterbrett streuen ließ.

An diesem Morgen lag das Zimmer im Halbschatten. Ich nahm einen Stuhl und rückte ihn neben sie; ich hatte nie gewagt, sie zu duzen: Ich konnte mich noch erinnern, wie sie in der Schule in der blauen Schürze aus der Nachbarklasse kam.

»Maria, wie bringen Sie die Zeit herum?«, fragte ich sie, »Die Tage sind so lang!«

Sie drehte sich um und sah mich lange an, bevor sie antwortete, dann lächelte sie »Ich segne! Ich segne meine Schüler, alle meine Schüler, vor allem die, die es am meisten nötig haben.«

»Können Sie sich an alle erinnern?«, fragte ich.

»Kein einziges Gesicht habe ich vergessen.«

Dann schwieg sie. Der Wind heulte und ließ die

alten Fensterläden erzittern, die Zweige des Baums vor dem Fenster schienen am Himmel kratzen zu wollen.

Plötzlich streckte sie die Arme in die Höhe und bewegte die Hände in der Luft wie ein Dirigent. »Und ich segne das Leben! Ich segne die Bäume, die Primeln, die Bora, die Tauben, die Kinder und das Unkraut! Denn alles ist heilig, alles ist gesegnet.«

Aus dem Gedicht »Schneidende Rhythmen« von Srečko Kosovel (*Hundert Gedichte / Sto pesmi*) wurde zitiert mit freundlicher Genehmigung der Edition Rapial in der Übersetzung von Jozej Strutz.

Die Übersetzung von Luigi Pigarelli, »Das Testament des Hauptmanns«, stammt von Barbara Kleiner.